RADICALLY HUMAN

How New Technology Is Transforming Business and Shaping Our Future

ラディカリー・ヒューマン

人間の本質に迫る、革新的AI活用のアプローチ

ポール・R・ドーアティ
Paul R. Daugherty
H・ジェームズ・ウィルソン
H. James Wilson
［著］

保科学世
Gakuse Hoshina
［監修］

山田美明［訳］

東洋経済新報社

Radically Human: How New Technology Is Transforming Business and Shaping Our Future
By Paul R. Daugherty and H. James Wilson

Published by arrangement with Harvard Business Review Press,
through Tuttle-Mori Agency, Inc., Tokyo

日本語版への序文

アクセンチュア
ＡＩグループ日本統括　ＡＩセンター長
保科 学世

前著『HUMAN＋MACHINE　人間＋マシン――ＡＩ時代の８つの融合スキル』の刊行から４年の歳月が流れ、世の中のデジタルトランスフォーメーション（ＤＸ）、とりわけ人工知能（ＡＩ）の導入は日本でも大きく進展した。日本はアジア各国に先駆けて少子高齢化時代を迎え、ＡＩやロボティクス技術（マシン）の活用は経済成長を維持するに必須な状況にあったが、これに加え、新型コロナウイルス感染症の世界的大流行というパンデミックにより、人々の働き方は否応なしに変化した。もはやコロナ前の状態に戻ることはないだろう。人々は新しい働き方に迅速に適応せざるを得ない状況にあり、このパンデミックがＤＸを急速に進める契機となったのだ。

実際にIDC Japanの調査によると、２０２２年におけるＡＩシステムの利用形態は、「全社的に利用」と「事業部門で利用」を合算した実利用の割合が53・１パーセントと、２０１８年の34・３パーセントから大きく上昇した。この数年の間に、日本でも人々の働き方が一変し、常時であれば10年はかかるような変革がたった数年で起きつつある。

企業のデジタル化が急速に進み、企業のあり方が変化を遂げた結果、これまで見たことのない未来の姿が今、急速に見えつつある。そのような中、本書では、実ビジネスにおけるリーダーたちの視点をふんだんに取り入れつつ、これから訪れるだろう未来に向け、企業を変革するための新しいフレームワークを提示している。

本書では一般的に重要な技術として語られるクラウド、ＡＩ、その他の新しいテクノロジーについてももちろん触れているが、前著から一貫して提示している〝人間中心〟のテクノロジーの活用、そしてそれを実現するためのフレームワークを提示している点に重要な意味がある。大きな時代の転換点を迎えている今、新しいテクノロジーが企業や社会にどのような変革をもたらすのか。〝人間からインスパイアされた〟最先端のテクノロジーについて理解を深め、これらのテクノロジーによってより〝人間中心〟で〝信頼に基づいた〟そして〝持続可能な〟ビジネスをいかに創造するのかを、本書を通じて考えていただきたい。

人間とＡＩ・テクノロジーの関係の進化は３段階のステージを進む。

ステージ１は、機械中心の自動化だ。このステージは人間の〝機械的な〟作業を文字どおり機械に置き換えるステージである。この置き換え作業が注目され、人間vs.機械、あるいは人間の仕事が機械に奪われるといった議論が日本においても一昔前にメディアを賑わせたのは多くの読者の皆さんもご記憶かと思う。ただこのステージ１は単なる序章に過ぎず、本当の意味でのＡＩ活用ではない。

ステージ２は、人間と機械との協働で、人間をＡＩに置き換えるのではなく、人間の能力を拡張するために如何にＡＩを活用するのかが問われるステージである。人間とマシンのコラボレーション（協働）が生み出す力を活用して、機械的な作業を人間中心の作業へと変え、事業や業績を改善していく。

ステージ３は、人間中心のテクノロジーの導入だ。人間が機械に合わせるのではなく、機械が人間に寄り添う、今ある技術が人間中心のテクノロジーへと転換を果たす段階がこのステージだ。

日本の現状を見ると、まだステージ１、すなわち、既存の業務ありきでその業務をそのまま「効率化する」「自動化する」という発想に留まっているケースが大半であるように見える。前

図表0-1　AI時代に重要な5つの原則：MELDS

著では、企業がＡＩを使いこなすための5つの原則としてＭＥＬＤＳ（Ｍ：マインドセット、Ｅ：実験（エクスペリメント）、Ｌ：リーダーシップ、Ｄ：データ、Ｓ：スキル）を取り上げたが、この1つ目のマインドセットを変えることから進める必然性を今でも強く感じている。パンデミックを経験した今、従来とは異なるアプローチで仕事の進め方を考え直す、良いチャンスではないだろうか。

また前著では、ＡＩ時代を生き抜くためのスキルとして8つの融合スキルを挙げた。

これらのスキルは、単に人間とＡＩがインタラクション（相互作用）するだけでなく、人間とマシンがお互いから学びを得て常にパフォーマンスが改善される好循環を生み出すために必要となるスキルである。このようなスキルをもとにして今求められているのは、より人間を中心とした新たなアプローチ、すなわち「Radically Human（ラディカリー・ヒューマン）」な転換であり、これは本書のタイトルにもなっているコアメッセージだ。

図表0-2　AI時代を生き抜くための8つの融合スキル

	スキル	定義
人間によるマシンの補完	1.人間性回復	人間同士でのやり取り、創造、意思決定など、人間にしかできない作業の時間を増やす。
	2.責任ある定着化	人間とマシンの相互作用の目的とあり方が、個人やビジネス、社会の認識に沿ったものになるように責任を持って構築する行為。
	3.判断統合	倫理的な判断など、マシンが何をすべきかわからなくなったときに、マシンの行動の方向性を決める判断力。
AIによる人間へのスーパーパワー付与	4.合理的質問	必要な知見を手に入れるために、さまざまな抽象度で、AIにどのような質問をするのが適切かを理解する。
	5.ボットによる強化	AIエージェントと共に働き、自分の能力を拡張して、業務プロセスと仕事上のキャリアにおけるスーパーパワーを手に入れる。
	6.総合的融合	プロセスの結果を改善するために、AI・マシンと総合的（身体的かつ精神的）に融合する能力。
人間とマシンのハイブリッド活動	7.相互学習	AIエージェントと共に、お互いが新しいスキルを獲得できるような形でタスクを実施すること。
	8.継続的再設計	単に古いプロセスを自動化するのではなく、新しいプロセスやビジネスモデルをゼロからつくりあげる行為を規範として根付かせること。

　人間と機械の協働からさらに歩みを進め、人間中心のテクノロジーを実現するためには、我々人間がどのように物事を理解し、感じ、考えるか。そういった人間の本質的・根源的（Radical）な転換が求められる。人間のスキルが新たなテクノロジーと共に進化する一方で、テクノロジーも進化する人間に合わせてさらに進化し、人間への適応を進めることで、これまで実際に人類が経験したイノベーションを超えた、ビジネスにおいて競争条件を変える革新的アプローチ「Radically Human」な転換が可能だ。

　本書のPART1では、イノベーションを転換する「IDEAS（Intelligence：知能、Data：データ、Expertise：専門性、Architecture：アーキテクチャ、Strategy：戦略）」の力について述べている。今、この５つの基本領域「ＩＤＥＡＳ」に対する考え方は一変しつつある。ビジネスリーダーはこれまで一般的に認識されている前提を覆す必要があり、これらのテクノロジーにおける「Radically Human」な転換がビジネスを大きく変えることになる。「ＩＤＥＡＳ」の各要素をここで簡単に解説しておく。

Intelligence：知能

機械はよりいっそう人間の感じ方、考え方、行動を模倣するようになる。多くの先進的な研究機関や企業は、より人間の根源的な能力に近い、実用的で適応性が高く、推理能力や汎用的な学習能力を持つアプリケーションを生み出しつつある。今日本でも脚光を浴びているディープラーニング技術の活用だけで満足することなく、日本企業もより人間中心のアプローチを強化する必要があるだろう。

Data：データ

従来のＡＩ技術は一般的に、膨大な量のデータとＣＰＵパワーを必要とし、日本の企業のほとんどを占める中小企業にとってＡＩは手の届かないものであった。しかし今後は、少ないデータで、処理速度も速く、柔軟性も高い、手頃な価格のトップダウン型のＡＩが登場してくるだろう。企業は、データの利用のしやすさ、信頼性、対応力、適時性にまつわる問題を克服しながら、データをより強力に、よりきめ細かく活用することで強い競争優位性を持つが、日本企業はこの新しい流れをいち早く捉えるべきである。これまでの莫大なデータを持つ米中の企業が圧倒的に優位な状況から、大量のデータを持たない企業にもチャンスが訪れるこの契機を逃すべきではない。

Expertise：専門性

これまでは、ボトムアップ型で膨大なデータを処理することで「学習」する機械（マシンラーニング）が主流であったが、これからはトップダウン型で、人間が経験や知覚、直感に基づき機械に教える（マシンティーチング）ことがいっそう進むだろう。日本では高齢化に伴い、匠の技術をはじめとする長年蓄積してきた人間の知見をいかに伝承するかが課題となっているが、こういった人間によるマシンティーチングを実践すべきフィールドが日本では溢れている。日本でこそ世界に先駆け「機械学習」から「マシン教育」へ、ＡＩ活用ステップを進化させる必要があるだろう。

Architecture：アーキテクチャ

従来のレガシーシステムに取って代わるのが、機敏に変化に適応できる「リビングシステム」

であり、クラウドのパワーや柔軟性、拡張性を利用し、さらにそれをＡＩやエッジコンピューティングと組み合わせることでビジネスの新時代を生み出すことが可能だ。新型コロナウイルスのパンデミックを経て、日本のあちこちでＤＸが進んでいるが、果たして技術スタックのさまざまなレイヤー（層）を超えて、テクノロジーとビジネス戦略を同じ方向に向かせる全体論的なアプローチが取れているだろうか。単なるデジタル化ではなく、レガシーシステムからリビングシステムへの転換ができているのか、今一度システムアーキテクチャを見直してみてはいかがだろうか。

Strategy：戦略

もはやすべての企業がテクノロジーを抜きに企業経営を考えることはできない。ほぼ全ての企業がテクノロジー企業となりつつある。これまでは、ＡＩや関連技術を部分的に導入するのが主流であったが、もはやテクノロジー導入は企業戦略と一体となって推進する時代を迎えている。日本は経営者・ＩＴ部門・業務部門の連携が不足していたり、経営層のテクノロジーリテラシーが低かったりするという調査結果をしばしば目にする。実際に筆者（保科）自身多くの経営者と接する立場にあるが、企業戦略にテクノロジーを深く結びつけ、単なる技術による効率化を超えた斬新な企業戦略を実行することに高いハードルを感じている。スモールスタートでも、重要な業務プロセスでＡＩをはじめとする先進テクノロジーの活用にまず着手し、その効果を、経営層と業務現場の両方目線で実感することが重要だ。

本書のＰＡＲＴ２では、未来を勝ち抜くための重要領域として〝人材〟〝信頼〟〝体験〟〝持続可能性〟の４つを取り上げている。

人材

今後、技術者も非技術者も、あらゆる従業員がテクノロジー企業の従業員と化し、知的テクノロジーに対する従業員のスキルが大きな差別化要因になるだろう。労働力不足かつ人口減少社会の日本においては、いち早く人々のテクノロジースキルが問われるようになる。生産人口減少は日本が先行しているものの、この日本の状況を、ドイツが約10年後、中国で約30年後、アメリカで約40年後に追いかけると予想されているが、そういった意味でも日本が先行して「Radically Human」なテクノロジーから最大限にその潜在能力を引き出すことができるか否か、世界からも注目されている。日本企業は、テクノロジーに関する革新的なトレーニングプログラムに資金を投じ、従業員にデジタルリテラシーを超えたデジタルフルーエンシー（デジタル活用力）を身につけさせることが求められている。

信頼

テクノロジーへの新しいアプローチを採用し、展開する際には、ＩＤＥＡＳフレームワークの各要素に信頼性を持たせ、ステークホルダーとの信頼関係を強固なものにする必要がある。日本には古くから「三方よし」の思想があるように、「社会正義へのこだわり」を重視する文化がある。また、モノづくり文化の中で培われた強い品質へのこだわりや、おもてなし文化に代表される高品質なサービスなど、海外から見るとモノやサービスに対する信頼は高い。この強みをデジタル時代の信頼に必要な５つの要素〝人間性〟〝公平性〟〝透明性〟〝プライバシー〟〝セキュリティ〟と融合させることで、単なる倫理的な信頼だけでなく、今の時代にふさわしいテクノロジーに裏打ちされた信頼を獲得することができるだろう。

体験

人間の心を強く捉えて離さない願望や関心をうまく活用し、人間的な体験を設計することが重要だ。本書で述べているように、人々がそれまで手が届かなかったような活動へアクセスできるようにする〝力を与える体験〟。個人的な成長を促したり、楽しみを提供したり、満足のいく共同作業を可能にする〝価値ある体験〟。個人のニーズや考え方、感性に合った「ちょうど良い」と思える快適で魅力的な体験を提供する〝ニーズにマッチした体験〟。個人を超え、地域やもっと広い世界にとって何が一番いいのかに注意を向ける〝責任ある体験〟など、「Radically

Human」なデザインの力が今後より重要性を増すだろう。日本の誇るホスピタリティとテクノロジーを融合させ、この分野でも日本が世界に負けない人間性豊かな体験を提供できることを期待したい。

持続可能性

持続可能性を促進する手段としてテクノロジーを利用しつつ、テクノロジー自体の持続可能性を向上させていく必要がある。ＩＤＥＡＳが示す「Radically Human」への転換は持続可能性に集約される。究極の解決策には、政府、企業、市民社会が前例のない規模で協力することが重要で、企業はレッドテックをグリーンテックに転換し、テクノロジーを使って持続可能性を推進すると同時に、テクノロジー自体の持続可能性を向上させることが必要だ。日本は言わずと知れた自然災害大国であり、近年は水害の経済的損失をはじめ異常気象による被害も深刻だ。こういった日本という国に生きているからこそ、我々自身が地球全体に関わる問題を目の前にある解決すべき課題として向き合うべきではなかろうか。

テクノロジー、特にＡＩにまつわる技術は、人間の知見を取り込みながら〝人間化〟を進めている。こうした人間とテクノロジーとの新たな関係が発展していくにつれ、私たち人間は、自分たち自身がどうすれば人間らしさを取り戻せるか、今まで以上に人間の本質に向き合うことになるだろう。今、新しい技術を用いて私たち自身の能力を向上させ、未来を一からつくりあげることができるか否か。これこそが、日本のこの先の明暗を分けるのではないだろうか。

企業経営者にとって、ビジネスや社会に関わる極めて対応の難しい課題への取り組みを支援する「テクノロジー」と「企業戦略」は切っても切れない関係にある。課題先進国である日本にとって、社会課題をテクノロジーの力で世界に先駆け解決することは、世界で戦う上での武器になり得るはずだ。

パンデミックをきっかけに、世界ではいち早くＤＸを実現した企業が存在する。そしてその他多くの企業もこれからは、自社も同じことを達成しようと考えるだろう。災害大国日本はこれまでに数多くの災害を経験し、またそこから驚異的な速さで復興してきた経験を持つ。こういった経験を活かし、パンデミックという災害を契機として一気にＤＸを進めることが日本でできないはずはない。

今、私たち自身の未来を一から能動的に築きあげるまたとない機会を迎えている。このまま単に世界の流れに身を任せるのか、あるいは率先してこのチャンスを捉え、ビジネスや社会に関わる極めて対応の難しい課題を解決していくのか。個人にとっても企業にとっても、大きな分岐点を迎えようとしている。

目次

PART1　イノベーションを転換する――IDEASの力

第1章　知能――人工的から人間的へ

文中〔 〕は訳者による注記を表す。

注記にある書誌情報やURLについては原書通りに記載している。

イントロダクション

人間の本質に迫る革新的な方向へ向かうテクノロジー

本書の執筆を始めた頃、まだ世界的なパンデミックは起きていなかった。生活やビジネスのどこにも混乱はなかった。ワクチンを必死で追い求めることもなければ、あらゆる予想や経験に反してわずか数カ月で1種類どころか数種類のワクチンが開発されることになるとも思っていなかった。

前著『HUMAN＋MACHINE　人間＋マシン――ＡＩ時代の8つの融合スキル』（邦訳は保科学世監修、小林啓倫訳、東洋経済新報社、２０１８年、以下『人間＋マシン』）では、先進的な企業が人工知能（ＡＩ）を人間の代わりとしてではなく、人間の能力を拡張するための手段として利用している姿を紹介した。そこで本書では、その続きとして、人間とマシンのコラボレーション（協働）など、ＡＩやイノベーションに関する長年の前提を覆すような最新トレンドを紹介するつもりだった。

ところがそこへ、新型コロナウイルス感染症の世界的大流行というパンデミックが起きた。そんな中、ワクチンの開発がこれほど早く成功した事実により、筆者の考えがほぼ正しかったことが明らかになった。それは、先駆的な研究者、大小さまざまな企業などの活動にも見て取れる。あらゆる職種の組織が、10年はかかると思われた技術革新を、1～2年に短縮して実現しようとしている。企業も個人も含め、私たちは皆、パンデミックによる一時的な混乱を乗り越えて以前の普通に舞い戻る道を選ばなかった。むしろこの緊急事態を受け、これまで遠い地平線の彼方にかすかな光として見えていた未来へと、急速に歩を進めている。それは、『人間＋マシン』で想定していたものをはるかに超えた未来だ。

テクノロジーの採用ペースの大幅な加速

それを証明する2つの調査がある。1つは、パンデミック前にアクセンチュアが実施した、企業のシステムやテクノロジーの採用に関する史上最大規模の調査である。22カ国、20の業種にわたる８３００以上の企業（半分はＩＴ企業、半分はそれ以外）の経営幹部を対象に、ＩＴシステム戦略、28種のテクノロジーの利用実態、人材や文化へのアプローチ、２０１５年から２０２３年（予測）までの具体的な業績評価指標に関するデータを収集した。[1] もう１つは、パンデミックのさなかにアクセンチュアが実施した、同範囲の問題を扱った調査である。こちらは、20カ国、20の業種にわたる４０００の企業（半分はＩＴ企業、半分はそれ以外）の経営幹部が対象である。[2]

この調査結果を見ると、パンデミックによりテクノロジーの採用ペースが加速したというどころの話ではない。パンデミック直前と比較すると、そのペースは70パーセントも増加したのだ。デジタル、ＡＩ、クラウド、関連テクノロジーの新規採用率は、平均して63パーセントに及ぶ。これを別の言い方で表現すれば、パンデミックを受けて、それまで採用していなかったいずれかのテクノロジーを採用した企業の割合が、63パーセントにも及んでいるということだ。しかも、こうした企業の多くは、急ピッチで採用を進めている。ヨーロッパのある大手食品メーカーの最高デジタル責任者は言う。「12～18カ月をかけて行なう予定だったＩＴ化を、わずか数日で行なった」

だが大半の企業は、これらのテクノロジーをライフラインとして利用しているだけで、イノベーションの原動力としては使っていない。後進的な企業や平凡な業績しかあげていない企業は、パンデミック以前からすでに圧倒的な後れを取りつつあった。実際、新型コロナウイルスが現れる前から、テクノロジーの採用やイノベーションをリードする上位10パーセントの先進企業は、下位25パーセントの後進企業の２倍以上のペースで収益を伸ばしていた。それはなぜか？　後進企業は、テクノロジーを体系的に採用しようとせず、関連性のないサイロごとにテクノロジーを隔離させており、テクノロジーが潜在的に持つ革新的な力を活用できていなかったからだ。一方、先進企業は最新の情報テクノロジーを幅広く採用し、それを「リビングシステム」として組み込んでいる。つまり、境界をできるかぎり取り除き、機敏な適応性を与え、人間とマシンのシームレスな統合を実現している。

　パンデミックにより企業がテクノロジー採用へと急速に歩を進めざるを得なくなると、先進企業と後進企業の差はさらに拡大した。先進企業は、歴史的な規模でデジタルテクノロジーに投資を行ない、業務上の新たな課題や急速に変化する顧客の需要に対応した。また、クラウドやＡＩなど主要テクノロジーへの投資を拡大した。それは、パンデミックによる衝撃を素早く吸収するだけでなく、その中で成長に再注力するのにも役立った。こうした企業は、生き残ったばかりか成長さえ実現し、後進企業をさらに驚くべきペースで引き離した。

　パンデミック前の２０１９年にアクセンチュアが実施した、企業のテクノロジー戦略やその業績への影響に関する大規模調査では、テクノロジーの採用に積極的な企業は、消極的な企業の２倍のペースで収益を伸ばしていただけだった。ところが、パンデミック中に実施した２度目の調査では、上位10パーセントの企業がさらなる飛躍を果たし、下位企業の５倍のペースで収益を増大させていた。パンデミックが起きた今、後進企業は新たなテクノロジーの採用に踏み切ったとはいえ、さらに大きな後れを取りつつある。もはや危険なほどの後れである。

この状況を分析するとこうだ。要するに、今ではあらゆる企業がテクノロジー企業と化している。同時に、テクノロジー・イノベーションに対する既存のアプローチとは正反対の、人間の本質に迫る革新的なアプローチが突如として現れ、それが企業を新たな方向へと導いている。

無邪気なイノベーション信仰の終わり

筆者が本書で取り上げるブレイクスルーは、過去10年間に発展してきたテクノロジーに対する悲観主義が高まってきた時代に生まれた。２０１０年代が始まった頃には、テクノロジー主導のイノベーションが前例のないほど開花した。ＡＩの登場により、自動運転車、ミスのない手術、生産性の飛躍的向上などが期待された。ソーシャルメディアの見事な活用により、米国初の黒人大統領が誕生した。住宅、施設、エネルギー供給網、および都市が「スマート」化され、ますます高性能化された。業界を一変させるチャンスが無数にあるように見えた。どのスタートアップ企業も、第二のウーバーやエアビーアンドビーになろうとした。

だが、２０１０年代が過ぎていくにつれ、無邪気なイノベーション信仰は終わった。自動運転車は時として命取りになった。法執行機関が広く利用している顔認識システムを連邦政府が大々的に調査したところ、アジア系やアフリカ系は白人に比べ、最大１００倍も誤認されやすいことが明らかになった。悪意のある仕掛人がソーシャルメディアを乗っ取り、米国の政治に影響を与え、欧州の民主主義を転覆させようとしているという噂が広まった。選挙コンサルティング会社のケンブリッジ・アナリティカは、８７００万人分の個人データを収集していた。２０１０年代が終わる頃には、世界中の国や自治体が、顔認識やデータマイニングといった先進テクノロジーを利用して、数十億もの市民データで訓練された機械学習モデルで広範なＡＩ監視システムを構築していた。２０２０年と２０２１年には、米国政府内の主要機関がハッキングされた。ランサムウェアによる攻撃を受け、交通が麻痺し、ガソリンが不足し、食肉加工が妨害され、食料不足が懸念される事態になった。

　これらは公になった事件だが、イノベーションの過程で現れた問題は、ほかにも目に見えないところで発生した。こうした目に見えない問題は、大ニュースになる事件より害がないように見えるかもしれないが、市民や企業、社会に及ぼす影響の大きさに違いはない。

　例えば、さまざまな企業や組織のアルゴリズムが偏った結果や説明のつかない結果を提示し、それがローンの申請者や求職者、刑事裁判の対象になった人々に直接的な影響を及ぼした。企業や機関では、「高額」なＩＴ資産を持つところと持たないところとの間で格差が広がった。というのも、ＩＴアーキテクチャの革新により、コンピューティング能力が1年で10倍も向上したからだ。２０１２年からの累積では、30万倍以上の向上になる。しかも、データを大量に必要とするＡＩシステムを訓練するのに必要なコストは飛躍的に増加している。スタートアップなど多くの企業や学術機関には、コンピューティング能力を向上させていこうにも、そのコストをまかなえるだけの資金がない。

だが、性能の悪い時代遅れのＩＴシステムでは新たなテクノロジーに対応できない。そのため、経営者がテクノロジーに賢明な投資をするのは、かつてないほど難しくなっている。筆者もコンサルティング業務の中で、よくこんなＣＥＯの言葉を耳にする。「テクノロジー企業にならなければならないことはわかっているのだが、どんなテクノロジーを採用すればいいのか？」

今や、新たな旅立ちの機は熟した。だがそれは、より力強いテクノロジーを導入して人間の関与をさらに減らす方向への旅立ちではない。イノベーションの軌道は今、劇的な変化を見せている。それは競争の条件を変えるとともに、より現実性の高い未来への道を示している。

これまでとはまったく違う人間の本質に迫るイノベーション

人間と知的テクノロジーとの関わり方は、第三の段階に入りつつある。第一の段階では、反復的な作業を自動化するために「ＡＩ」が利用された。人間はマシンに従属し、大抵はマシンに置き換えられた。多くの労働者が失業するディストピア（反理想郷）的な未来が訪れる、という悲観的な予測がなされたのはそのためだ。しかし、幸運にも第二の段階が訪れ、悲観主義者たちの考えが間違っていたことが証明された。『人間＋マシン』で解説したように、先進的な企業の多くが人間をＡＩに置き換えるのではなく、人間の能力を拡張するためにＡＩを利用した。テクノロジーにより人間は不要になるという従来の予想を覆したのだ。これらの企業は、人間とマシンのコラボレーション（協働）が生み出す力を活用して、機械的なプロセスを適応性の高い人間中心の作業へと変え、事業や業績を改善した。

　だが、人間とマシンが同等の立場で働くこの段階は今や、人間や人間的なものが主役となる第三の段階に道を譲ろうとしている。先進的な企業は、イノベーションにおいて競合他社に打ち勝つだけでなく、人間中心のテクノロジーへと決定的な転換を果たしつつある。それは、過去10年にわたって実践されてきたイノベーションの本質を一変させるような、人間の本質に迫る革新的な方向への転換である。

　この転換は、革新的であると同時に、根本的だ。競争の条件を書き換えるという意味で革新的であり、人間の根源的な特性である理解・感覚・思考に関わるという意味で根本的である。知的テクノロジーはこれまでずっと、人間に超人的な能力を与えてきたが、今ではそれが人間本来の姿をも取り込みつつあるのだ。人間特有のものの中には、人間の優れた能力だけでなく、人間の誤りやすい性質（可謬《かびゅう》性）も含まれる。行動経済学者が、かつて「陰気な科学」と呼ばれた経済学に人間の可謬性を取り入れたように、テクノロジーのイノベーターも、前世代のＡＩや関連テクノロジーに紛れ込んでいた偏見（バイアス）などの人間的欠点を考慮しようとしている。

この人間の本質に迫る革新的なアプローチにより、イノベーションの基本的な構成要素である知能、データ、専門性、アーキテクチャ、戦略に対する考え方は一変しつつある。本書では、この知能（Intelligence）、データ（Data）、専門性（Expertise）、アーキテクチャ（Architecture）、戦略（Strategy）を、まとめて「ＩＤＥＡＳ」と呼ぶことにしよう。このＩＤＥＡＳに対するこれまでの前提を覆せば、それがイノベーションの新たな枠組《フレームワーク》みとなる。大企業も中小企業も、それを利用することで、未来への新たな進路を定め、新たな世界に立ち向かい、収益成長を加速することが可能だ。その新たな世界とは、人間が、人道的なものが、企業を成功に導く手段となり、企業を評価する指標となる世界である。

・知能（Intelligence）

ディープラーニングのみに基づくテクノロジーは、人間がこの世の中を生きていく上で、当たり前のように捉えている因果関係、空間や時間の感覚といった基本的概念をほとんど理解していなかった。だが今では、多くの先駆的な研究機関や企業が、実用的で適応性の高い推理能力を持つアプリケーションやマシンを生み出している。これはつまり、人間が問題やタスクにアプローチする方法に近い能力を持つことを意味する。例えば、新世代のロボットは、倉庫のような実世界の環境で総合的な判断を下し、何をすべきか命令されなくてもアイテムを操作できる。また、自閉症の子どもたちが感情を理解・表現できるようにするための研究から発展した「感情ＡＩ」は、今では自動車に搭載され、シートベルトと同じようにドライバーの命を守ることができる「車載ＡＩ」に進化している。人間の最大の認知特性であるアウェアネス（気づき・認識）や適応性を利用するこれらのテクノロジーは、企業や社会の喫緊の課題に対して、これまで以上に知的な解決策を提示してくれる可能性がある。

・データ（Data）

ディープラーニングには膨大な量のデータだけでなく、それを維持する大規模なインフラも必要になるため、多くの企業にとってＡＩはますます手の届かないものになっている。だが将来的には、それほどデータを必要としない上に処理速度も速く、柔軟性も高い、手頃な価格のトップダウン型システムが登場するだろう。かつては、膨大な数の製品から生まれるノイズの多い大量のデータが、関連する一部のデータをかき消してしまっていた。だが今では、ネット通販会社のウェイフェアなどの企業が、そんな状況の中でも効果的にＡＩを訓練している。ＡＩは進化を続けており、データ・エコーイング（システムがデータを再利用する）、能動学習（システムが必要な訓練データを指示する）、合成データ（何もないところから利用可能なデータを生み出す）といった技術が開発されているからだ。データの量、形式、ソース、実装方法は変化しつつあり、その過程を通じて、これまで以上に効果的な知見や機敏な判断を企業に提供している。

・専門性（Expertise）

人間的な知的システムの登場により、新たなテクノロジーのエコシステムにおける人間や専門性の役割に関する考え方が一変しつつある。その変化とは、人間的な方向への極めて重要な転換、すなわち、山のようなデータを処理することで「学習」する機械（マシンラーニング）から、人間の経験や知覚、直感に基づき機械に教える人間（マシンティーチング）への転換である。つまり、ボトムアップ型の機械知能でシステムを訓練するのではなく、人間がトップダウン型の人間の知識でシステムを指導し、かつては人工的だったシステムに自然知能を与えるのである。

例えば、ロイヤル・ダッチ・シェルでは、エンジニアや社内の専門家が、AI掘削システムの上位レイヤー（層）にマシンティーチングを配置し、状況が変わったときに対処すべき方法をシステムが理解するまでの時間を大幅に短縮している。またテスラは、数十万もの自動車所有者を通じて、人間がありとあらゆる状況でどう運転するのかを自動運転機能に教えている。ビンテージ品や手作りグッズを売買するサイトを運営しているエッツィは、社内の専門家がスタイルという主観的概念をシステムに教え込むことで、これまでAIには難しいと言われていた美的感覚に基づく製品レコメンドシステムを開発している。どんな企業でもこのマシンティーチングを採用すれば、組織内でこれまであまり利用されてこなかった専門性が解放され、より多くの従業員が洗練された新たな方法でＡＩを利用できるようになる。

・アーキテクチャ（Architecture）

今では事実上、あらゆる企業がテクノロジー企業と化しているため、かつてないほどアーキテクチャが重要になっている。従来のＩＴシステムの技術「スタック」は、ソフトウェア・アプリケーション、ハードウェア、通信、設備、データセンターから構成されていた。だがこのシステムでは、モバイルコンピューティング、ＡＩアプリケーション、モノのインターネット（ＩｏＴ）、無数のデバイスから成る高度にデジタル化された世界にはまるで対応できない。また、イノベーションの新たな条件となる「知能」、「データ」、「専門性」に適応できるよう設計されてもいない。そのため革新的な企業は、硬直的な従来システムの代わりに「リビングシステム」を導入している。

「リビングシステム」とは、人間とマシンの相互関係をほどよく簡素化した、境界がなく、適応性が高い、人間の本質に迫る革新的なアーキテクチャである。その好例が、「アンリアル・エンジン」というソフトウェア・アーキテクチャを開発したエピック・ゲームズだ。このアーキテクチャは高速で適応性が高く、同時に８００万人以上のユーザーが高グラフィックゲームをプレイできる上、ＡＩ分析用に絶えず大量のデータを収集する。人間的なアーキテクチャは、クラウドのパワーや弾力性を利用し、それをＡＩやエッジコンピューティングと組み合わせることで、ビジネスの新時代を生み出す。この時代には、業種を問わずあらゆる競争がシステムをめぐる闘いとなる。

・戦略（Strategy）

先進的な企業は、戦略についてもまったく新しいアプローチを開発し、それにより強力な価値創造のエンジンを生み出している。知的なテクノロジーにより可能となるこのビジネスモデルでは、戦略と実行が前例のないほど統合されており、その両方をほぼ同時に推進する。デジタルトランスフォーメーションが大幅に加速され、新たな知的テクノロジーが次々と登場する状況では、企業にはもはや、戦略の立案、実験、実行を順次行なっている余裕はない。そのため先進的な企業は、さまざまな新しいビジネス戦略を導入している。

その中でも特筆すべきなのが、フォーエバー・ベータ、ミニマム・バイアブルＩＤＥＡ（ＭＶＩ）、コ・ラボの３つである。フォーエバー・ベータ戦略は、テスラなどの製品に見られる。クラウドを通じたアップデートを可能にし、購入した製品の価値や有用性が時間とともに低下するのではなく向上していることを顧客が実感できるようにする。

ＭＶＩ戦略は、ＩＤＥＡＳフレームワークの各要素を利用して、従来の産業における脆弱な部分の克服に狙いを定めたり、優れた顧客体験を提供したり、市場への迅速な参入を図ったりする。例えば、ネット保険の新興企業レモネードは、ＡＩチャットボット、機械学習、クラウドに、顧客を中心とした「ヒューマン・イン・ザ・ループ（ＨＩＴＬ）」のプロセスを組み合わせて、保険会社と顧客との間に生まれがちな相互不信を払拭している。コ・ラボ戦略は、科学など知識が重視される環境において、マシンの能力を活用した人間主導の発見で優れた成果を生み出す。新型コロナウイルスのワクチンが記録的な速さで開発された際にモデルナやファイザー／ビオンテックが果たした目覚ましい役割を考えれば、戦略と実行との統合やＩＤＥＡＳがもたらす力がよくわかるだろう。

このＩＤＥＡＳフレームワークがあれば、技術系、非技術系を問わず組織の幹部は、新たなテクノロジー環境を特徴づけるそれぞれの要素に対する理解を深め、ビジネスのあらゆる領域でイノベーションを推進していくことができる。その可能性は、研究開発や事業運営から人材管理やビジネスモデルに至るまで、あらゆる範囲に及ぶ。テクノロジーに精通した幹部であれば、自身の専門領域の境界をさらに押し広げ、このフレームワークを活用してデジタルトランスフォーメーションからもっと多くの価値を引き出そうという気になるかもしれない。

だが何よりも重要なのは、テクノロジーに精通しているかどうかを問わず、ＩＤＥＡＳフレームワークは、ビジネスやテクノロジーに関する取り組みを推進する共通の基準点になることだ。これからは、人間の本質に迫る革新的な側面がますます競争の対象になっていくことだろう。

人間の本質に迫るイノベーションに満ちた新たな世界で勝利するのは誰か？

本書では、企業がこの新たな環境にどう対応しているのかを把握するため、パンデミック前とパンデミック中にアクセンチュアが実施した、企業のシステムとテクノロジーの採用に関する２つの調査を利用している。また、先進的な企業の具体的な事例、アクセンチュアの顧客の実践的な経験、『人間＋マシン』の時代から発展・成長した世界中のビジネスリーダーやイノベーターとの多種多様な対話を参考にしている。

「イノベーションを転換する――ＩＤＥＡＳの力」と題するＰＡＲＴ１では、イノベーションの定義を変えつつある知能、データ、専門性、アーキテクチャ、戦略への新たなアプローチを検討する。「人間の本質に迫る未来を勝ち抜く」と題するＰＡＲＴ２では、企業がＩＤＥＡＳを活用し、人材、信頼、体験、持続可能性という４つの重要領域においていかに差別化を図っていくべきかを提示する。

ＰＡＲＴ２で概観するこの４つの領域は、今世紀に入って以来多くの企業が多かれ少なかれ関心を抱いてきた問題だが、いまではそれがかつてないほど大きく目の前に立ちはだかる存在になっている。テクノロジーに精通した人材は供給不足に陥っている。パンデミックにより信頼の問題が表面化している。テクノロジーにより高められたユニークな体験が、顧客にも従業員にも市民にも無限の可能性を提示している。持続可能性の問題も、日々切迫感を増している。

では、現在はこれまでと何が違うのか？ それは、競争上の差別化をもたらすこの４つの領域において、ＡＩや関連テクノロジーが多大な役割を果たすようになっている点である。人間の本質に迫る革新的なテクノロジーやイノベーションは、かつてないほど重要になったこの４つの差別化要因に変化をもたらしている。これまでテクノロジーを重視してきた企業もそうでない企業も含め、あらゆる業種の企業が、その変化と折り合いをつけなければならない。人材、信頼、体験、持続可能性は今後、あらゆる企業のバリュー・プロポジション、ブランドプロミス、財務業績にとって重要な要素になるだろう。

そんな世界では、どんな企業が優位に立つのか？ その答えはわからない。アクセンチュアの2度目の調査では、先進企業が後進企業の5倍のペースで収益を増やしていた。この事実からすれば、これからは勝者総取りの時代になるのかもしれない。だが、パンデミック中に実施された2度目の調査では、過去の業績の壁を突き破ることができた企業も数多く見られた。

調査対象企業のおよそ18パーセントを占めるこの「躍進」企業は、先進的かつ人間中心的な新興テクノロジーを採用し、それを企業全体に拡大するとともに、こうした投資を活かすために必要とされる適切な組織改革を推進していた。またＩＴ予算の配分を、業務関連の活動からイノベーション関連の活動へと振り替えていた。その結果、これらの躍進企業は２０１８年から2020年にかけて、後進企業の4倍のペースで成長を遂げた。パンデミック中の成長率は、先進企業の平均値をも大きく上回る。こうした躍進企業の存在からもわかるように、テクノロジーの採用が遅れている企業でも「圧縮されたトランスフォーメーション」を推進すれば、多大な収益とともに大きく飛躍できる可能性がある。

より人間味に満ちた未来

個人や社会にとって、人間の本質に迫る革新的なテクノロジーとは何なのか？　社会全体をさらなる繁栄へと導いていくために、企業はどんな役割を果たせるのか？　企業が顧客やコミュニティのウェルビーイングを積極的に促進していくためには、どうすればいいのか？　経済的な成功を目指しながら、それを実現することは可能なのか？

「私たちが道具をつくるように、道具も私たちを形成する」という格言がある。[3] 前述の疑問を考える際には、これを哲学的基盤にするといい。私たちは、ハンマー、車輪、テレビ、ＡＩなど、何らかの道具を生み出すたびに、自分たちの環境や自分自身について再考せざるを得なくなる。私たちはどうあるべきなのか、その道具により良くも悪くも何ができるのか、と。

『人間＋マシン』で述べたように、先進的な企業は、仕事を求めて人間とマシンが争い合うような状況を生み出してはいない。むしろ、人間とマシンが共生関係を結び、どちらか一方だけではできないことを達成できるよう互いに助け合う状況を生み出している。この人間と道具との共生関係が、人間の本質に迫る革新的なＩＤＥＡＳフレームワークを支えるとともに、人材・信頼・体験・持続可能性という差別化要因に注目が集まる原因となっている。

テクノロジーによるソリューションだけが解決策ではないが、現代のテクノロジーが、この世界にプラスの変化を促す極めて拡張性の高い強力な道具であることは間違いない。人間の安全や尊厳を守る健全な措置や積極的な政策がそれに伴えば、なおさら有用性は高まる。現在のテクノロジーにそれほどの力があるのであれば、私たち人間をより良いものにつくりあげていくためにも、このテクノロジーをより良いものにつくりあげていく方法を理解しなければならない。そして、道具がおかしくなったらすぐさま道具を修正し、人間がおかしくなったらすぐさま道具に対する私たちの理解を修正する必要がある。

以下では、イノベーターや研究者、企業や組織が、人間の本質に迫る革新的な新興テクノロジーを、人間のために、人間とともに利用しているストーリーを紹介する。彼らはその過程で、未来の道具、私たちが暮らす世界、そして私たち自身を創造している。これらのストーリーは、ある意味では文明発祥の頃からある昔ながらの話だが、ある意味ではまったく新しい話でもある。そのいずれもが、ためになることをしてうまくいった（善くして功を奏す）という昔ながらの語り草を通じて、未来のイノベーションの道筋を指し示している。ともにそこへたどり着くためには何が必要なのか？　本書はその答えを導くガイドとなる。

【注】

(1) Bhaskar Ghosh, Adam Burden, and James Wilson, “Full Value. Full Stop. How to Scale Innovation and Achieve Full Value with Future Systems,” Accenture, 2019, https://www.accenture.com/us-en/insights/future-systems/future-ready-enterprise-systems.

(2) Paul Daugherty, Bhaskar Ghosh, Annette Rippert, Ramnath Venkataraman, and H. James Wilson, “Make the Leap, Take the Lead,” Accenture, April 28, 2021, https://www.accenture.com/us-en/insights/technology/scaling-enterprise-digital-transformation.

(3) これは言うまでもなく、マーシャル・マクルーハンの所見を言い換えたものである。https://mcluhangalaxy.wordpress.com/2013/04/01/we-shape-our-tools-and-thereafter-our-tools-shape-us/.

PART 1

イノベーションを転換する
――IDEASの力

第1章 知能——人工的から人間的へ

「マシンは思考できるのか？」

計算機科学者のアラン・チューリングは、１９５０年に発表した有名な論文「計算する機械と知性」の冒頭にそう記している[1]。それ以来、「チューリング・テスト」についてはさまざまな議論がある。これは、コンピューターが人間をだまし、自分を人間だと思い込ませることができるか、というテストである。チューリング自身がマシンも思考できると言うことはなかったが、それでも夢想家や事情を知らない人たちは、大抵は恐怖を抱きながらも、人間の意識を備えたマシンを空想するのをやめなかった。

だが、現代の私たちはそう考えない。

私たちが考える、人間の本質に迫る革新的な人工知能（ＡＩ）への転換とは、人間の意識をマシンで再現することではない。人間の最大の認知特性を活用し、コンピューターの力強い能力でそれを補うことにより、問題を解決することである。この転換は、マシンによる支配をもたらすのではなく、ビジネスや社会に関する喫緊の課題を、これまで以上に包括的、効果的、革新的かつ安価な手段で解決するものだ。そのような流れは、研究の最前線やさまざまな業種の企業で着実に進行中であり、我々の社会に甚大な影響をもたらしつつある。

幼い子どもたちがAIを導く

ＡＩを搭載したマシンといえども、幼い子どものように効率的かつ容易に学習・理解・状況把握を行なうことはまだできない。例えば、大人がふとしたことで何かを落としたとしよう。１歳児であれば、大人がそれを拾おうとしているのを見て、自分が代わりに拾おうとする。だが、大人がそれを意図的に投げ捨てたのであれば、その子は見向きもしない。[2] これはつまり、ごく幼い子どもでさえ他人に意思があることを理解している、ということである。人間の脳にあらかじめ組み込まれていると言われる驚くべき認知能力である。

それだけではない。人間はごく幼いうちから、物体はなめらかな場所であれば滑る、突然消えることなく存在し続ける、何かで支えないと落ちる、離れたところからは操作できないといった物理的法則を直感的に身につける。また、言語を習得する前から、主体的に動く生物と動かない無生物を区別し、言語を覚えるようになると、ほんのわずかな単語やフレーズの例から言語の規則性を見出して一般化する目覚ましい能力を発揮する。新たな言葉について1つか2つの例を経験しさえすれば、その意味を把握できるようになる。[3] さらに、試行錯誤を通じて歩き方を自分で学習する。

だがＡＩには、自然知能を付与された人間にも不可能、あるいは困難とされるさまざまな仕事ができる。例えば、膨大な量のデータの中からパターンを認識する、チェスや碁、クイズ番組『ジェパディ！』の世界チャンピオンに勝利する、複雑な製造プロセスを実行する、カスタマーサービスセンターへの電話を効率よくサポートする、天候・土壌・衛星画像を分析して農家の生産量を最大化する、児童搾取を撲滅するために数百万ものインターネット画像をスキャンする、金融詐欺を摘発する、消費者の好みを予測する、顧客ごとに広告をパーソナライズする、といったことが可能だ。人間の能力をもってしても、あるいは従来の処理ロジックやプログラミングを利用したとしても、これらの作業を自動化することはできない。

だが何より重要なのは、ＡＩを活用すれば人間とマシンが相互に能力を補完し合うことが可能になり、機械的なプロセスを有機的で適応性の高い人間中心の活動に変えられるという点だ。自動化を悪夢と見なす人々の主張とは裏腹に、こうした人間とマシンのコラボレーション（協働）により、高い価値を持つ新たな仕事が続々と生まれつつある。[4]

それを考えれば、世界中のあらゆる業種でＡＩの採用が急速に進んでいるのも不思議ではない。２０１９年の調査によれば、企業は２０２０年にはＡＩプロジェクトを倍増させ、２０２２年までに平均35のＡＩ（あるいは機械学習）プロジェクトを実施する予定だという[5]。

　ＡＩの採用がこれほど加速しているのはなぜか？　ＡＩを利用したモデルがどんどん生み出されているからだ。ハードウェアは特殊化されてＡＩの能力を高め、より大規模なデータセットをもとに迅速に結果を導き出している。ツールは簡素化・小型化され、どんなデバイス上でもＡＩを稼働させられるようになった。クラウドにより、どこからでもＡＩ資源にアクセスできる上、ビジネスニーズの変化に応じて自由にスケールを拡大・縮小できるようにもなった。また、そのほかの理由としては、さまざまなソースからのデータを統合したいという需要の高まり、ビジネス面やコンピューターロジック面での課題の複雑化、データをもっと有効活用したいという競争上のインセンティブが挙げられる。もちろんパンデミックも、加速を促す大きな要因となった。

　アクセンチュアの最新の調査によれば、主要企業の４分の３以上が現在、ディープラーニングの取り組みを進めているという[6]。ディープラーニングは機械学習の一種で、ニューラルネットワークと呼ばれる、人間の脳内の神経細胞（ニューロン）とそれらのつながり（ネットワーク）を模倣した数式的なモデルを応用して複雑な演算を実行する。このディープラーニングに基づくＡＩは、莫大な量のデータを用いてボトムアップ的に訓練され、大抵はその後、追加のデータにより微調整される。だが、大量のデータを消費するこのアプローチは、重大な問題に直面している。容量、費用、持続可能性の問題だ（これについては次章で扱う）。

一方、研究の最前線では、機械知能（マシンインテリジェンス）が人間の本質に迫る革新的な性質を帯びつつある。つまり、人工的でなく、より知的になっている。一から十まで苦労して教え込まなければならない自動マシンから離れ、極めて効率的な学習能力を備えた人間の幼児に近づいているのだ。

こうした展開を見れば、今後３～５年のテクノロジー投資をどう割り振るべきか悩んでいる企業の最高幹部たちも、もう一度考え直すに違いない。ディープラーニングは、多くの企業が乗り越えられないような大変な難題を抱えている。だがその一方で、数多くの知見や価値ある成果を生み出してもいるため、近い将来に消えてなくなるとは思えない。アクセンチュアの調査対象となった企業の事業計画が証明しているように、このテクノロジーはもはやオプションではなく、必須とされている。だがそれと同時に、知能に対する現行のアプローチが限界に直面している今、より人間的なＡＩの探求が数十年にわたる眠りから覚め、新たな歩みを始めている。企業の経営幹部がこのジレンマを乗り越えられるように、まずはその限界を理解するところから始めよう。

知能に関する問題

『ＭＩＴテクノロジーレビュー』誌は、１万６６２５本の学術論文をもとに過去25年のＡＩ研究を分析し、10年ほど一世を風靡していたディープラーニングの時代が終わりに近づいている、との見解を発表した。[7] ディープラーニングがなくなることはない。ごく限定された問題については、今後も強力なツールとして利用され続けるだろう。そして、機械知能のバランスを人工的なものから人間的なものへと傾けていくための幅広い複雑な技術にとって、欠かせない要素にもなるだろう。だが、十分な時間をかけて十分なデータを読み込ませなければ汎用ＡＩを生み出せないディープラーニングは、ますます現実的ではなくなっている。

多くのAIシステムはそれほど賢くない

第一に、ディープラーニング・システムには、訳もわからず当惑させられることがよくある。例えば、ＡＩ画像認識について考えてみよう。これは、最近になってＡＩが大成功を収めた事例の１つである。だが、２０１７年以降はほとんど進歩が見られない。スタンフォード大学が管理する「イメージネット」は、２万以上の分野にわたり手作業でラベルづけした１４００万枚以上の画像を所蔵するオープンソースのデータベースである。この画像は、マイクロソフトのＢｉｎｇなど、よく知られているさまざまなＡＩ画像識別アプリケーションの訓練に利用されてきた。

だが研究者の話によれば、その中には、最先端のコンピュータービジョンシステムでも混乱してしまう実物写真が７５００枚ほどあるという（例えば、走っている少年の画像を一輪車と誤認する）。95パーセント以上の精度を誇るシステムも、これらの画像に対してはわずか2パーセントにまで精度が低下する。[8] これはつまり、世界的に見ても高精度のコンピュータービジョンシステムをもってしても、１００回中2回しかこれらの画像を正確に識別できない、ということだ。これでは、画像を正確に分類できないだけでなく、対象物を正確に認識できないおそれがある。自動運転車や配達ドローンの場合には、それが致命的な結果をもたらしかねない。

複雑なシステムにつきまとう「ブラックボックス」問題

ＡＩシステムは主に、極めて重大な判断をする際にもよく利用される。誰へのローンを承認するのか、誰を雇うのか、誰を仮釈放するのか、どれくらいの実刑判決を下すのか、自動運転車がなぜそこできわどい操縦をするのか、会社の広告をソーシャルメディア上のどこにどのように配信するのか、といった判断である。

だが、これらのシステムの多く（特にディープラーニングを採用しているシステム）は中身が不透明である。そのアルゴリズムが、膨大な数のパラメーターや複雑に相互接続された複数の抽象化層の中でどのようにその結論に至ったのかを説明できない。しかも、その結論が問題を引き起こすことさえある。ローンの審査や刑事司法の場において人種差別的挙動をしたり、自動運転車が悲劇的な事故を起こしたり、信用あるブランドの広告がネオナチや陰謀論のコンテンツの隣に掲載されたりするのだ。

ＡＩを「説明可能」なものにすべきだとする意見は、欧州連合（ＥＵ）の一般データ保護規則にも盛り込まれている。だがこの意見には、誰に対して説明可能にすべきなのかという問題がつきまとう。利害関係が異なれば、求める説明も異なる。比較的単純なローン審査の評価システムでさえ、この問題は発生する。[9]

ソフトウェア開発者やシステム管理者なら、アーキテクチャや処理パラメーターに関する説明を要求するだろう。最終的な判断を下す経験豊富な金融機関のローン担当者なら、このシステムの中でさまざまな要素がどう評価されたのかを知りたがるかもしれない。ローンを断られた申請者なら、具体的な理由（年齢、人種、住所、不正確なクレジットヒストリーなど）を知りたがるだろう。規制当局なら、システムがデータのプライバシーを侵害していないか、差別禁止法に抵触していないか、金融詐欺に利用されていないかを確認したがるに違いない。ブラックボックス問題全般に関心がある一般人なら、なぜ理解できないシステムをつくるのかを知りたがるかもしれない。

ディープラーニング・システムは本が読めない（読解力がない）

検索可能な巨大データベースに世界中のあらゆる本を集め（Googleブックスがいい例だ）、そこからあらゆる相関関係を引き出す機械読み取りプログラムを考案することはできる。だが既存のＡＩでは、本を読んでその内容を子ども並みに理解することさえできない。研究者のゲイリー・マーカスとアーネスト・デイヴィスが、グーグルの「Talk to Books」というツールを使って、「ハリー・ポッターはハーマイオニー・グレンジャーとどこで会った？」という簡単な質問をしてみた。ところが、返ってきた20の回答の中に、『ハリー・ポッターと賢者の石』から引用された回答は１つもなく、どこで会ったかという質問に答えていた回答さえ１つもなかった。[10]

スマートフォンは、書き間違いを正したり、文章の次に来る言葉を予測したりするのは比較的得意かもしれない。翻訳ソフトは、さまざまな言語間の実用的な翻訳を提供してくれている。だが、これらのアプリケーションにはいずれも、本を読んでその内容を理解するために必要な予備知識も、状況判断能力も、現実に関する無数の前提も備わっていない。

基本的な「知識の枠組み」が欠けている

基本的な知識の枠組みには、空間や時間、因果関係といった概念が含まれる。鉛筆を拾おうとする幼児のように、人間はこれらの概念を苦もなく獲得する。[11]例えば、常識的判断に欠かせない要素である因果関係について見てみよう。ディープラーニングが成功した大きな要因は、相関関係を見出す優れた能力にある（さまざまな症状と特定の病気との関連など）。だが、今では誰もが知っているように、相関関係は因果関係とは違う。Ａが原因でＢが起こることをマシンが理解できれば、新たな事例についていちいち再訓練する必要はなくなる。[12] それに、ある分野で学んだことを別の分野に応用できる。

人間の本質に迫る革新的な知能の未来

認知心理学や神経科学が進歩しているにもかかわらず、人間の脳がごく限られた計算資源でこれほど驚くべき作業をいかに実現しているのかは、未だによくわかっていない。だが、おおまかではあるが、人間の知能の基本的な構成要素がどんなものかということについては部分的にわかっており、先駆的な研究者たちはそれを機械で再現しようとしている。機械知能（マシンインテリジェンス）の新たな方向性を示す画期的な論文「人間のように学習・思考するマシンをつくる」にはこうある。「自然知能が知能の最たる例であり続けるかぎり、人間が難しい計算問題を解く方法をリバースエンジニアリングする取り組みが、今後もＡＩを進化させるための情報を与え、ＡＩを前進させていくものと思われる[13]」

そこで経営幹部にとって問題になってくるのが、自社の事業に価値を付与し、顧客に価値を提供するためには、より人間的な認知能力のどれが自社にとっていちばん適切なのか、という点である。以下では、その人間的な認知能力について解説しよう。

実世界の環境の中で普遍的な法則を見つける（汎化する）

理論家は、より人間並みの知能に近づく手段としてディープラーニングがいいのか、ほかのもっと理想的な汎用人工知能があるのかで言い争っているが、実践家はその答えを待つことなく行動を始めている。ＡＩのあらゆる分野を駆使して、マシンの能力や性能の新たな可能性を切り開きつつある。

次世代の物流・倉庫ロボットについて考えてみよう。このテクノロジーは、さまざまな業種の企業の経営や利益に多大な影響を及ぼす可能性がある。例えば現在、商品保管用の棚が延べ数キロメートルにも及ぶ、かなり自動化された製品配送センターでは、複数のロボットがさまざまな力仕事や製品ピッキングの最初のステップを担当している。だが、ＳＫＵと呼ばれる発注や在庫管理の最小単位は何十万とあり、その内容は頻繁に変わる。ピッキングシステムを自動化する際には、特定のカテゴリーのアイテムをピックするよう設計するか、ピックする必要があるすべてのアイテムについて訓練するしかないが、いずれにせよ、新たなアイテムが在庫に追加されたときには、それをいちいち手作業でシステムに組み込まなければならない。これを産業規模で行なうとなると、極めて非現実的である。

一方人間は、現世代の「頭の悪い」ピッキングロボットより多くの点で優れている。新たなＳＫＵが入ってくるたびに再訓練する必要がない。人間は、さまざまな例から普遍的な法則を見出しその概念を定式化、つまり経験から物事を「汎化」できるので、新しいアイテムが追加されてもそれらを容易に区別し、ダメージを与えることなく取り扱う方法を素早く理解する。しかし、人間に可能な仕事量や仕事の速さには限界があり、同日配送や同時間配送を目指している配送センターでは、従業員の離職率の高さが問題になっている。

だが、ドイツの電子機器サプライヤーのオベタ（Obeta）社は違う。その配送センターは、オーストリアの倉庫物流企業ＫＮＡＰＰにより運営されているが、そこでは新世代の高性能ピッキングロボットが事態を一変させているのだ。カリフォルニア大学バークレー校と非営利団体オープンＡＩのロボット研究者が設立したスタートアップ企業、コバリアント（Covariant）社が開発したＡＩを搭載したこのロボットには、汎用的な能力が与えられている。三次元知覚、物体の物理的情報の把握、リアルタイムのモーションプランニング、フューショットラーニング（ごくわずかな訓練事例によりタスクを習得する）などだ。これらの能力によりロボットは、人間に命じられなくても、物体を操作する方法を素早く習得する。[14] そして、ばら積みのコンテナ容器からアイテムを選び、それを個々の注文の出荷アイテムに追加する。

コバリアントの本社を訪れたある人は、このテクノロジーが実際に使用されているのを見て、こう述べている。「私の目の前で、３台のロボットがあらゆる種類の市販品を見事にピックアップしていた。わずか数秒のうちにアルゴリズムが現在の位置を分析し、向かうべき方向や正確な動作を計算し、アームを伸ばして吸盤でアイテムをつかむ。確実かつ正確に動くだけでなく、アイテムの繊細さに応じて速度を変える[15]」

このロボットは、既製の産業用アームや吸着グリッパーのほか、視覚システムを備えている。視覚システムは、コバリアント・ブレインによりグリッパーと統合されている。コバリアント・ブレインは、ハードウェアにとらわれないソフトウェアプラットフォームで、いかなる顧客環境にも対応できるロボット向け汎用ＡＩとして開発されたものだ。単一のニューラルネットワークで構成され、多種多様な環境に適応できる。

コバリアント社の創設者の一人、ピーター・アビールは言う。「わが社のシステムは、これまで見たことがないアイテムでも一般化（汎化）できる。状況を見て、運搬時にそれぞれのアイテムをどう扱えばいいのかを理解する。以前に見たことがないアイテムであってもね。人間にはそれができる。それが汎用人工知能だ。この、コンテナ容器の中にあるものを一般化して理解するというのが、成功への鍵になる。そこにこそ、あらかじめ全アイテムを登録して識別できるようにする従来のシステムとの違いがある。この倉庫システムは、無数のＳＫＵ（商品の種類）が日々入れ替わる中でも高速で稼働する[16]」

このシステムがハイブリッドだというだけでは、汎化する能力を付与するために利用したあらゆる技術を正当に評価していることにはならない。コバリアント社は、模倣学習や強化学習など、幅広い技術を駆使している。例えば、これまでのアイテムと似た新たなアイテムが現れた場合の対応についてロボットを訓練する際には、ロボットの前に新たなアイテムを置き、それにうまく対応できるかどうかを見る。対応に失敗したときには、ロボットは自分が見ているものに対する理解を改め、ほかのアプローチを試みる。対応に成功したときには、ロボットは報酬となる信号を受け取り、学習を強化する。また、ほかのＳＫＵとはまったく異なるＳＫＵに対応する訓練をする場合には、教師あり学習に戻り、ディープラーニング・システムの場合と同じように、新たに収集・ラベル付けをした無数の訓練データを利用する。

ロボットがビジネス環境で成功を収めるためには、極めて高い水準で作業できなければならない。かつて、ＫＮＡＰＰのピッキングロボットが確実に扱えるアイテムは、全体のわずか15パーセント程度だった。だが現在、コバリアント社のＡＩを搭載したロボットが確実に扱えるアイテムは、全体のおよそ95パーセントに及ぶ[17]。しかも、人間より動作が速く、１時間におよそ６００のアイテムをピッキングできる（人間は４５０）。だがそれでも、オベタの配送センターで解雇されたスタッフは一人もいない。ＫＮＡＰＰのイノベーション担当副社長ペーター・プッフヴァインによれば、スタッフはみな、ロボット工学やコンピューターへの理解を深めるための再訓練を受けたという[18]。コバリアント社は、製造業や農業、接客業、業務用厨房、さらには家庭でもロボットを活用できるように、コバリアント・ブレインのさらなる強化を目指している。

〝適者生存〟アルゴリズム――最適なアルゴリズムを残す

ザッポスのようなネット通販会社にとっては、無関係な検索結果が出てしまうのが長年の頭痛の種だった。検索語はさまざまな意味を持つ場合があるため、ウェブサイトの検索エンジンが膨大な在庫の中から正確な検索結果を導き出すのは、なかなか難しい。ドレスシューズを求めて検索したのにドレスが表示されれば、顧客はすぐにうんざりして、ほかの会社のサイトに移動してしまうかもしれない。この問題を解決するためザッポスは、デジタルゲームの『サバイバー』のように、複数のアルゴリズムに優劣を競わせる戦略を採用している。

いわゆる遺伝的アルゴリズムとは、自然淘汰の仕組みを真似たランダム探索アルゴリズムである。つまり、有益な結果を偶然見つけたら、それに従って配送ルートを最適化したり、軽量かつ丈夫な構造物を設計したりするのである。このアルゴリズムは１９６０年、心理学・電気工学・コンピューター科学に精通したジョン・ホランドにより考案されていたが、高いコンピューティング能力が必要になるため、実用化されたのはつい最近のことである。ザッポス社は２０１７年からこの遺伝的アルゴリズムによる実験を始めた。当時、同社のウェブサイトには、毎月およそ１００万種もの検索語が入力されていた。検索エンジンは、同社の製品カタログにある10万点以上のアイテムを検索語と照合しなければならなかった。[19]

そこに導入された遺伝的アルゴリズムは、ダーウィンの理論を借用し、自然淘汰のプロセスを模倣している。例えば、ザッポス社のシステムが検索語の意図を分析する複数のアルゴリズムを生成する。あるアルゴリズムは、「ドレス」という単語があればそれを、ドレスを表示すべき強力なシグナルと見なし、別のアルゴリズムは、検索文字列の中のほかの単語に注目する、といった具合である。システムはこれらのアルゴリズムに対して、ユーザーがどうふるまうかをシミュレートする「関連性テスト」を行ない、勝利したアルゴリズムに報酬を与え、その特徴を次世代のアルゴリズムに伝えていく。こうすることで、ウェブサイト上では、その時点で最高の性能を発揮するアルゴリズムが稼働し、より「適性の高い」アルゴリズムが現れれば、それが取って代わることになる。つまり、検索エンジンの性能が絶えず向上していくのである。

その結果、遺伝的アルゴリズムのテクノロジーを採用して1年も経たないうちに、顧客の動きに変化が見られるようになった。買い物にかける時間が短くなり、さほどフィルターを利用しなくなり、求めているものを探すために何度も検索を繰り返すことがなくなった。ザッポス社のリードデータサイエンティスト、アミーン・カゼロウニは言う。「これには経常的な費用がかからない。一旦うまく動かせたら、このアルゴリズムはうまくいくということだから[20]」

より可能性が高いほうへ賭ける

人間はいつも、大抵は苦もなく可能性を吟味し、最も可能性が高い事態を想定して行動する。過去の経験があまりない場合でさえそうだ。マシンは今や、ガウス過程の応用により、そのような推論を模倣するようになりつつある。ガウス過程とは、極めて不確実な状況に対処したり、わずかなデータに従って行動したり、経験から学習したりできる確率モデルである。

およそ10年前、グーグルの親会社アルファベットが、「ルーン」というプロジェクトを立ち上げた。成層圏に浮かべた巨大バルーンシステムを通じて、インターネットが利用できない地域にインターネットサービスを提供するプロジェクトである。[21] だが、成層圏には風の層がいくつも形成されており、風向きが極めて変わりやすい。そのため、このバルーンの航行システムにガウス過程を採用し、バルーンがどこへ行けばいいのかを予測できるようにした。その結果、各バルーンは正しい方向へ吹いている風の層へ移動することで適切な位置に留まり、大規模な通信ネットワークを形成することに成功した。過去の飛行データを分析してかなり正確な予測ができた上に、飛行中のデータを分析し、それをもとに予測を修正することもできたのである。

アルファベット社は２０２１年初めにこの実験を終えたが、ガウス過程にはかなりの将来性がある。ＡＩスタートアップ企業のセカンドマインドは、ガウス過程に基づく確率モデルを搭載した「ディシジョン・エンジン」を開発している。日本の自動車メーカーのマツダはこれを利用して、現行ツールのわずか１０００分の１のデータで、エンジンのキャリブレーション（適合）を改善できたという。[22]

大量のデータを必要としないガウス過程により、ＡＩの自律化が促進されるのではないかと期待する専門家もいる。セカンドマインド社のＣＥＯヴィシャル・チャトラットは言う。「真に自律的なエージェントには、すぐに環境に適応できる能力が必要になる。それはつまり、大量のデータで訓練しなくても複雑な領域を理解できるような、データ効率の良い学習能力を意味する[23]」

ガウス過程は、大量のデータがなくてもパターンを認識できる。また、推論や学習に必要な演算もさほど複雑ではない。そのため、動作がどこかおかしい場合には、ブラックボックス化されたニューラルネットワークとは違い、その原因を追跡できる。

因果関係に迫る

ＡＩは、相関関係を見つけ、それをもとに有益な予測をするのが得意だ。例えば、マサチューセッツ州ケンブリッジにある精密医療会社ＧＮＳヘルスケアは、因果関係アルゴリズムを利用して、どの患者がどの薬に反応するのか、それはなぜなのかを大手製薬会社が理解できるように支援している。同社のソフトウェアプラットフォームは、ベイズの手法を用いてデータを因果関係を表すモデルに変換し、データセット内のどの変数がほかの変数に最も影響を与えている可能性があるのかを特定する。その目的は、研究のターゲットを絞り、より的確な臨床試験を設計し、規制当局の承認を加速し、患者のリスクをより正確に予測することにある。

具体的な一例を挙げよう。ＧＮＳ社は、腫瘍臨床試験同盟（Alliance for Clinical Trials in Oncology）と共同で、遠隔転移を有する大腸がん（ｍＣＲＣ）患者の臨床的予測因子を特定する研究を行なった[24]。米国ではこの大腸がんは、患者数が極めて多いがんの１つで、推計では毎年およそ14万人が新たにこのがんと診断されている。研究者らは、同社の因果関係をモデル化するＡＩプラットフォームを使い、２０００人以上の患者の臨床データを分析した。そして、さまざまな薬物治療に対する患者の反応を予測するバイオマーカーや、一部の患者グループの全体的な生存率を予測する因子を明らかにした。

ＧＮＳ社の会長兼ＣＥＯで、同社の共同創設者でもあるコリン・ヒルは言う。「私たちは今、病気の因子や特定の薬剤に対する患者の反応を明らかにできる絶好の立場にいます。コンピューターを用いて（インシリコ）大腸がんの患者モデルをつくり、どの患者がどの治療に反応するのか、そして何よりも重要なことに、なぜそうなるのかを教えてくれるバイオマーカーを明らかにできました。こういったことが、いずれは個別化医療を提供し、病気を根絶することにつながるのです[25]」

時間・空間の感覚を身につける

YouTubeでは、毎日およそ72万時間分もの動画がアップロードされ[26]、それぞれについて広告ランキングやおすすめ動画のための処理が行なわれている。病院では、公にしにくいテラバイト単位のビデオ映像がプライバシーを守るためローカルデバイスで利用されている。ハイテク化された都市、スマートシティでは、監視カメラにより大量のビデオ映像が生み出されており、暴力行為や犯罪行為による差し迫った危険を回避するために、時にはそれを素早く分析することが求められている。

これらの作業では、そのビデオ映像の中で何が起きているのか、何が行なわれているのかを効率よく正確に理解することが欠かせない。だがビデオ認識の場合、単純な画像認識とは違って時間軸に沿ったモデリングが必要になる。つまり、時間の流れの中で起こる一連の動作を理解・予測する能力である。そのため、ディープラーニングに基づくほかのＡＩ同様、ビデオアプリケーションを利用するには、一般的に高度かつ高価なコンピューティング能力が必要となり、十分なリソースやテクノロジーがない環境では利用できない。

ところが、最近になってＭＩＴ－ＩＢＭワトソンＡＩラボの研究者がビデオ認識システムを訓練する新たな技術を開発した。これを使えば、計算コストを節約しながら極めて正確な結果を導き出せるようになる。[27] 実際、既存の最新技術より3倍も速く、ビデオ認識モデルを訓練できたという。この技術では、動画を各コマに分割して、それぞれに認識アルゴリズムを作動させるのではなく、各コマに写る物体のスケッチを抽出し、そのスケッチを重ね合わせて物体が空間内をどう移動したのかを把握する。こうしたビデオ認識速度の向上は、自動運転車において重要な意味を持つ。自動運転車は、視覚情報を認識して反応し、身のまわりで何が起こる可能性があるのかを予測できなければならないからだ。

さらにこのモデルは、スマートフォンのような低電力デバイスでも作動する。例えば、自転車のライトをつけられるほどの電力で作動する小型コンピューターやカメラとともに利用すれば、手ぶりなどを即座に分類できる。[28] これはつまり、ビデオ認識の計算コストを下げ、カーボンフットプリントを削減できるということだ。また、ハードウェア効率もいいため小型診断機器に搭載し、プライマリ・ケア（一次医療）で働く医師や看護師に利用してもらうことも可能である。

常識を求める

さまざまな企業や機関が、常識を利用して行動するようマシンを教育する取り組みを進めている。常識を利用するとは、日常的なものや普通の行動を理解し、自然にコミュニケーションをとり、予測できない状況に対応し、経験から学習する、ということだ。しかし、人間であれば明確な訓練やデータがなくても自然にできることが、マシンには大変難しい。アレン人工知能研究所（ＡＩ２）のＣＥＯオーレン・エッツィオーニは言う。「『たんすに靴下をしまったら、明日も靴下はそこにあるか？』『牛乳パックの封が切られていないかどうかをどう確認すればいいか？』。ＡＩシステムは今のところ、こんな簡単な質問にも正確に答えられない」[29]

そのためＡＩ２は、マシンが常識を持っているかどうかを確認できるように、進歩を計測できる一連の作業を考案している。また、アメリカ国防高等研究計画局（ＤＡＲＰＡ）は、ＡＩ研究に20億ドルを投じて「マシン・コモンセンス（ＭＣＳ）」プログラムを立ち上げ、「物体（直観物理学）、場所（空間ナビゲーション）、エージェント（意思のある動作主）」など、人間の認知に関わる中核的な領域を模倣するモデルを生み出そうとしている。さらに、マイクロソフト社とマギル大学の研究者が共同で、自然言語の曖昧さを解きほぐす、極めて将来性の高いシステムを開発している。この自然言語の問題には、多様な推論や知識が必要だ[30]。

現実世界には暗黙の前提やルールが無数にあり、それが常識を構成している。それこそが人間の知能だと言ってもいいぐらいである。ＡＩが生まれた当初は、研究者たちが記号論理学の要領でそのルールをすべてコード化し、システムが推論を引き出すのに利用できるナレッジベースを生み出そうとしたが、その目論見は見事に頓挫した。というのも、そのようなルールは無数にある上に、例外や条件も多く、状況による違いもあるからだ。それをすべて登録し、その一つひとつに対処できるアルゴリズムを考案することなど、ほぼ不可能だろう。

そこでディープラーニングの支持者たちは、別の方針を採用した。プログラマーが事前に登録しなくてもパターンを識別できる、相互接続された層構造を持つニューラルネットワークを考案したのだ。しかし、その結果は先に述べたように、いい面ばかりではなかった。見事に自動運転車を誘導できた一方で、常識を推論する基本的なテストでは、滑稽なほどの失敗を犯した。だが、記号的表現に基づくシンボリックなアプローチとニューラルネットワーク的なアプローチを組み合わせたハイブリッドシステムには、人間の常識に近い結果を生み出せそうな兆しがある。このシステムの現時点での目標は、正しい回答とともに、その回答に至った理由を生み出すことにある。

チャットボットなどの音声デジタルアシスタントについて考えてみよう。現在のこうしたアシスタントはすぐに返答に窮してしまい、ユーザーを苛立たせることが多い。何よりも問題なのは、回答を見つけ出せたとしても、それに対する常識的な説明ができない点である。クラウドサービスやＣＲＭ事業の大手企業セールスフォースは、この状況を一変させる「アインシュタイン・ボイス」アシスタントの開発に取り組んでいる。ニューラルネットワークに正しい回答を提供する能力だけでなく、その回答に納得できるような説明を加える能力を組み込もうとしているのだ。企業向けの音声アシスタントはまだ一般的ではなく、同社はアインシュタイン・ボイスにより、顧客体験やエンゲージメントにおいて大きな強みを手に入れようとしている。

ＡＩが常識的な推論能力を高めれば、回答に至った理由を説明できる音声アシスタントにより企業が優位に立てるだけではない。医療、金融、警備、政府機関など、説明できることが重要な意味を持つ分野でも利便性が増すのは間違いない。常識的な推論はまた、視覚認識システムの持つ限界を克服するのにも役立つ。例えば、自動運転車が路上のカラーコーンにぶつかるのは、歩行者にぶつかることほど大した問題ではない、といった常識的判断を提示することが可能だ。

ロバスト・ドットＡＩ（Robust.ai）社の創設者で、ＡＩの第一人者でもあるゲイリー・マーカスは言う。「読み込んだ内容を理解できるＡＩをつくる上で、常識は欠かせない要素になる。そんなＡＩであれば、人間のいる環境でも有用かつ安全に動作するようロボットを制御することも、人間のユーザーと普通に対話することもできる。常識的な思考は、ＡＩにとって最も難しい問題ではあるが、長期的に見れば、最も重要な意味がある問題だとも言える[31]」

感情を追跡する

アメリカでは２０１８年だけで、不注意運転により２８４１人が死亡した。そのうち、１７３０人がドライバー、６０５人が同乗者、４００人が歩行者、77人が自転車に乗っていた人である[32]。この不注意には、テキストメッセージのやり取り、電話、飲食、同乗者との会話、ステレオやカーナビの操作など、運転から気をそらすあらゆる行為が含まれる。

中でも、テキストメッセージのやり取りは極めて危険だ。時速90キロメートルで走っているさなかに、５秒間道路から目を離してテキストメッセージを読めば、アメリカンフットボールの競技場の縦幅に相当する距離を、いわば目をつぶって走行することになる。さらにひどいのが、居眠り運転である。居眠り運転による衝突死亡事故は、毎年６０００件近く発生していると推計されている。[33] また、事故の主な要因にはそのほか、路上での逆上（怒り）がある。交通事故のおよそ94パーセントはドライバーのミスで起きるが、そのうちの３分の１は、逆上による行為と関係がある。[34]

だが、ドライバーの感情を読み取れるＡＩシステムがシートベルト並みに自動車に普及すれば、この数字は劇的に減少するかもしれない。ボストンのスタートアップ企業アフェクティバ（Affectiva）は現在、そのようなシステムの開発に取り組んでいる。アフェクティバ社は、有名なマサチューセッツ工科大学メディアラボの研究者が２００９年に設立した会社だ（２０２１年半ばにスウェーデンの企業スマートアイに買収された）。同社のアルゴリズムは、人間の表情を読み、感情などの意識状態を検知する。そして適切な介入、アラートの発信や行動の提案を自動的に行ない、ドライバーを落ち着かせたり、注意を促したり、目覚めさせたりする。だが、この課題には極めて複雑な問題がある。居眠りなどの意識状態は徐々に変化する。また、顔に現れる感情は、年齢、性、民族、文化により異なる。

同社はすでに、ターゲットとする視聴者がプログラムや動画広告にどう反応するかをメディアや広告主がテストできる、感情追跡システムを開発している。このシステムは、87カ国の７６０万人以上の表情の分析をもとにしており、フォーチュン・グローバル５００に名を連ねる世界の大企業のおよそ４分の１が、このシステムを使って自社の広告をテストし、購入の意思、売上の上昇、コンテンツが口コミで拡散される可能性などの予測に役立てている。[35]

「感情コンピューティング」や「感情ＡＩ」と呼ばれるこのシステムは当初、自閉症の子どもたちが感情を理解・表現できるよう支援するために研究・開発されていた。かつてはアフェクティバ社、現在はスマートアイ社で働くハビ・ザイダーフェルトは、そのシステムを考案した人たちの動機をこう説明する。「テクノロジーに人間の感情を理解して反応する能力があれば、人間とテクノロジーとの対話が根本から変わり、より意義のある適切なものになるだけでなく、人間がこれまで以上に感情を把握・制御できるようになるかもしれない[36]」

アフェクティバ社の創設者で、現在はスマートアイ社の副ＣＥＯを務めるラナ・エル・カリウビは、理性を圧倒するような感情があることを多少は理解している。まだ子どもだった１９９０年、母国のクウェートにイラクが侵攻してきた。「私たちが暮らす世界は、一夜にして変わった。両親は仕事を失い、家を失い、貯蓄を失った。それをきっかけに、かつて経験したことのないような感情の大波に襲われた[37]」

そんな経験をしていた彼女は新型コロナウイルス感染症の拡大による心理的混乱が深刻化す

ると、感情に対応できるデジタル世界があれば役に立つのではないかと考えた。世界は大々的に、オンライン学習、オンライン会議、テレヘルス（遠隔医療）、ソーシャルディスタンスによる隔離へと舵を切り、対面接触が普通だった当時は気づかなかった、人間関係に欠かせないさまざまな要素を失った。

　会社の従業員は「ズーム疲れ」を訴えた。学界や企業で講演やプレゼンテーションを行なう人たちは、聴衆がどう反応しているのかを知る術がなくなった。オンラインで患者を診断する医師や臨床心理士は、患者の気分や全体的な心身的健康の判断に苦労するようになった。感染すると重症化しやすい高齢者と同居していない家族と連絡を取る場合にも同じことが言える。感情を追跡できるソフトウェアがあれば、こんな状況下で失われている人間関係を一部だけでも取り戻し、心の健康を管理・促進するのに役立つかもしれない。

　エル・カリウビはこう記している。「テクノロジーを通じて世界とつながる傾向は、今後も高まる一方だろう。共感、感情、有意義なつながりなど、私たちが人間らしくあるために必要なものを維持するには、感情を認識しコントロールできる人工的な「感情知能（エモーショナル・インテリジェンス）」をテクノロジーに組み込むしかないのかもしれない」[38]

マシンに「心の理論」を持たせる

子どもは、大人が偶然落とした鉛筆は拾おうとするが、大人が意図的に投げ捨てた鉛筆には目を向けない。これは、子どもに「心の理論（Theory of Mind, ToM）」があるからだと言われている。子どもは、他人にも感情や意思、欲求、知識があることを理解しており、その理解をもとに他人の行動を分析して反応する。この「心の理論」は、私たちが当たり前のように行なっている無数の日常的なやりとりに欠かせないものだが、ほかのロボットと共同で働くロボットや、人間のそばで働くロボットにも欠かせないものである。例えば、介護ロボットは感情や欲求をなかなか表現できない人の感情や欲求も理解できなければならない。

ロボットに「心の理論」を組み込む試みは、さまざまな方面から進められているが、そのいずれもがディープラーニングの限界を乗り越えることを目的としている。ディープラーニングのボトムアップ型アプローチは徹底した経験主義に基づいており、その目的はパターン認識にある。例えば、ディープラーニングによる視覚認識システムがある物体を見ると、それまでニューラルネットワークを訓練するために用いられた膨大な量のデータをもとに視覚情報を処理し、次第に複雑なパターンを見つけ出し、最終的にそのアイテムが何なのかという結論に至る。だがすでに述べたように、このアプローチには大量のデータが必要になる上に、結論に至った理由を説明できないという限界がある。

アルファベット傘下のディープマインド社は、いまだニューラルネットワークを用いながらも、「マシンの心の理論」と呼ばれるものを使ってこの限界を克服しようとしている。[39]トムネット（ToMnet）と呼ばれる同社の心の理論ニューラルネットワークは、学習方法を学習するメタ学習を利用して、出会った外部エージェント（意思決定や行動の主体）の行動を観察するだけでモデルを構築する。比較的数少ない観察により、効率的にそのエージェントの行動の事前モデルを生み出し、特徴や心的状態に関するさまざまな予測を自力で行なう能力を身につける。その能力は、ディープラーニングに基づくほかのシステム同様、経験を重ねるにつれて向上していく。

その訓練では、ディープマインドのＡＩを搭載した単純なエージェントを仮想空間に置き、それが色のついた箱を収集してポイントを稼いでいく姿を、トムネットに「観察」させた。[40]たとえば、３つのエージェントがあるとしよう。第一のエージェントは目が見えない。第二のエージェントは記憶ができない。第三のエージェントは見ることも記憶することもできる。すると、目が見えないエージェントは、壁に沿って移動する。記憶ができないエージェントは、いちばん近くにある箱に向かう。見ることも記憶することもできるエージェントは、より多くポイントを稼げるような順序で、戦略的に箱を収集する。こうしてある程度訓練すると、トムネットはどれがどのタイプのエージェントなのかをすぐに見きわめ、その後の行動を正確に予測できるようになった。

　こうした単純な実験は、制限された環境に大きく依存している。ごく単純なエージェントとのやりとりに限定されているため、トムネットの能力はいまだ初歩的であり、他人の心を理解する人間の能力にはほど遠い。だが、いまだニューラルネットワークを用いていたとしても、このような取り組みの方向性は、より必要とするデータの少ないトップダウン型アプローチに向かう知能と軌を一にしている。

　もう一つのトップダウン型アプローチは別の考え方をもとにしている。心は、検証できるデータがごくわずかしかない外界の現実に対しても「メンタルモデル」を構築できる、という考えを前提にしたアプローチである。ＡＩに、他のエージェントをモデル化する方法を学ばせるのではなく、さまざまな仮説を検証し、それをもとにそばにいる動的エージェントの行動を予測するシミュレーション機能を搭載するのである。

　西イングランド大学の研究者は、自分自身やほかの動的エージェント、自分がいる環境のシミュレーションができる移動ロボットの可能性を探っている[41]。リアルタイムで動作して外界の仕組みをシミュレーションするこの「内部モデル」は、先のことを考え、自分の行動やそばにいる他のエージェントの行動の成り行きを予測する。例えば、狭い廊下を進んでいたときに、向こうから別のロボットがこちらにやって来たとしよう。するとこのＡＩは、左に曲がった場合、右に曲がった場合、このまま真っ直ぐ進んだ場合のシミュレーションを行ない、衝突を回避できる可能性が最も高い行動を判断する。[42]

確かに、これまでもロボットは、シミュレーション機能がなくてもそのような課題を達成してきた。だが、こうしたシミュレーションが人工的な「心の理論」への道筋を示している点に進歩が見られる。

機械知能を洗練させる

自動車のサイドミラーに映る物体のように、より自然な認知能力や感情能力は、私たちが思っている以上に実現に近づいている。これまでに述べてきたように、ＡＩ２などの研究機関、コバリアントやアフェクティバ／スマートアイなどの専門企業、ザッポスやセールスフォース、グーグルなどの大手企業が、それらの能力を開発・向上させつつある。このテクノロジーはすでにこの世に存在し、日々躍進を遂げ、将来の競争の基盤になろうとしている。

信頼という重要な側面においても、知能がより人間的になれば、忠実な顧客が増え、先進企業と後進企業の差はますます広がる。かつては、顧客や従業員はテクノロジーを押しつけられ、その利用法を学び、それに適応しなければならなかった。だが、人間の本質に迫る革新的な機械知能が生まれれば、そんな過去から私たちを解放してくれる。テクノロジーが人間に適応し、それゆえに人間がテクノロジーを積極的に採用する未来へと導いてくれる。そんな未来が近づくにつれ、企業には機械知能に対するアプローチの変更が必要になる。コストがかかる上に扱いにくい旧弊なアプローチから、より人間中心のアプローチへの転換である。

この転換に定式化された方法はないが、企業幹部がその準備のためにできることはある。経営陣から意識を改め、テクノロジーの専門家を中心に、そこから外へ向かうように組織全体へ、さらにはより幅広い企業のエコシステムへと新たなアプローチを広げていくのである。まずは、CEOや経営幹部など経営陣から転換を図り、私たちがこれまで述べてきた知能に対する新たなアプローチを学び、試し、ビジネスに結びつけるAIチームを組織する。人間の認知能力を綿密に模倣し、説明可能な結果を生み出し、ビジネスの課題に対する革新的だが低コストの解決策を提示するアルゴリズムを重視するチームである。

また企業全体では、デジタル活用力「デジタルフルーエンシー」を広める。これについては、人材を扱う第6章で詳しく取り上げるが、簡単に言えばこういうことだ。これまでは、AIなどの用語に慣れる「デジタルリテラシー」が求められていただけだったが、これからは、知的テクノロジーの言語・技術・応用に長けたデジタル活用力が求められる。従業員（特に顧客や内部の課題に近い立場にいる従業員）のデジタル活用力が高まれば、必要なときすぐに解決策を提供できる。

さらに、企業の四方の壁を越え、テクノロジー関連のパートナー企業や研究機関、同業の主要企業など、幅広い世界との関係を築く必要もある。こうした企業や機関の手を借りれば、知能への新たなアプローチの中で自社のビジネスに最も関連のある要素を、それだけ迅速に構築できる。これは、協調的で戦略的なエコシステム・パートナーシップへの重要な第一歩でもある。この世界の競争は、こうしたエコシステム・パートナーシップにますます左右されるものになっている。今ではもう、毎日のように起きている無数の技術革新を独占できる企業はいない。

人間の本質に迫る革新的な知能への転換により、企業のプロセス、製品、サービスは多大な影響を受けることになるだろう。その転換を可能にする1つの要因になるのが、データ消費量の少ないＡＩである。それは、すでに確立されているビッグデータへのアプローチを補完するだけでなく、あらゆる企業に平準化したチャンスを提供することになるかもしれない。これが、次章のテーマである。

【注】

（1）Alan Turing, “Computing Machinery and Intelligence,” *Mind*, LIX (236): 433–460, October 1950, https://doi.org/10.1093/mind/LIX.236.433.

（2）Alison Gopnik, “The Ultimate Learning Machines,” *Wall Street Journal*, October 11, 2019, https://www.wsj.com/articles/the-ultimate-learning-machines-11570806023.

（3）Brenden M. Lake, Tomer D. Ullman, Joshua B. Tenenbaum, and Samuel J. Gershman, “Building Machines That Learn and Think Like People,” *Behavioral and Brain Sciences*, 40, 2017, https://www.cambridge.org/

core/journals/behavioral-and-brain-sciences/article/building-machines-that-learn-and-think-like-people/A9535B1D745A037E16C590E14B94993.

（4）Paul R. Daugherty and H. James Wilson, *Human + Machine: Reimagining Work in the Age of AI* (Boston: Harvard Business Review Press, 2018)〔邦訳は『HUMAN＋MACHINE　人間＋マシン——ＡＩ時代の８つの融合スキル』ポール・R・ドーアティ&H・ジェームズ・ウィルソン著、保科学世監修、小林啓倫訳、東洋経済新報社、２０１８年〕.

（5）Alison DeNisco Rayome, "Why Companies Plan to Double AI Projects in the Next Year," TechRepublic, July 15, 2019, https://tek.io/2Y3heCK.

（6）Bhaskar Ghosh, Adam Burden, and James Wilson, "Full Value. Full Stop. How to Scale Innovation and Achieve Full Value with Future Systems," Accenture, 2019, https://www.accenture.com/us-en/insights/future-systems/future-ready-enterprise-systems.

（7）Karen Hao, "We Analyzed 16,625 Papers to Figure Out Where AI Is Headed Next," *MIT Technology Review*, January 25, 2019, https://www.technologyreview.com/2019/01/25/1436/we-analyzed-16625-papers-to-figure-out-where-ai-is-headed-next/.

（8）Tristan Greene, "AI Fails to Recognize These Nature Images 98% of the Time," TNW, July 18, 2019, https://thenextweb.com/artificial-intelligence/2019/07/18/ai-fails-to-recognize-these-nature-images-98-of-the-time/.

（9）Carlos Zednick, "Solving the Black Box Problem: A Normative Framework for Explainable Artificial Intelligence," arXiv, 2020, https://arxiv.org/ftp/arxiv/papers/1903/1903.04361.pdf.

（10）Gary Marcus and Ernest Davis, *Rebooting AI: Building Artificial Intelligence We Can Trust* (New York: Pantheon Books, 2019), 69.

（11）Marcus and Davis, *Rebooting AI*, 162.

（12）Brian Bergstein, "What AI Still Can't Do," *MIT Technology Review*, February 19, 2020, https://www.

technologyreview.com/s/615189/what-ai-still-cant-do/.

(13) Brenden M. Lake, Tomer D. Ullman, Joshua B. Tenenbaum, and Samuel J. Gershman, "Building Machines That Learn and Think Like People," arXiv, April 1, 2016, https://arxiv.org/abs/1604.00289.

(14) "Covariant Launches from Stealth to Bring Universal AI to Robots," Covariant, January 29, 2020, https://www.prnewswire.com/news-releases/covariant-launches-from-stealth-to-bring-universal-ai-to-robots-300995185.html.

(15) Karen Hao, "AI-Powered Robot Warehouse Pickers Are Now Ready to Go to Work," *MIT Technology Review*, January 29, 2020, https://www.technologyreview.com/s/615109/ai-powered-robot-warehouse-pickers-are-now-ready-to-go-to-work/.

(16) Evan Ackerman, "Covariant Uses Simple Robot and Gigantic Neural Net to Automate Warehouse Picking," *IEEE Spectrum*, January 29, 2020, https://spectrum.ieee.org/automaton/robotics/industrial-robots/covariant-ai-gigantic-neural-network-to-automate-warehouse-picking.

(17) Daniela Hernandez and Parmy Olson, "Smarter Delivery Hinges on Smarter Robots," *Wall Street Journal*, January 29, 2020, https://www.wsj.com/articles/smarter-delivery-hinges-on-smarter-robots-11580288408.

(18) Hernandez and Olson, "Smarter Delivery Hinges on Smarter Robots."

(19) Jared Council, "At Zappos, Algorithms Teach Themselves," *Wall Street Journal*, July 8, 2019, https://www.wsj.com/articles/at-zappos-algorithms-teach-themselves-11562578200.

(20) Hilary Milnes, "How Zappos Used AI to Rebuild its Search Engine," *Modern Retail*, August 2, 2019, https://www.modernretail.co/retailers/how-zappos-used-ai-to-rebuild-its-search-engine/.

(21) Cade Metz, "Machine Learning Invades the Real World on Internet Balloons," *Wired*, February 17, 2017, https://www.wired.com/2017/02/machine-learning-drifting-real-world-internet-balloons/.

(22) Tony Quested, "Great Decision as Secondmind Blooms from PROWLER.io," *BusinessWeekly*, September

29, 2020, https://www.businessweekly.co.uk/news/hi-tech/great-decision-secondmind-blooms-prowlerio.

(23) Cade Metz, "AI Is about to Learn More Like Humans—with a Little Uncertainty," *Wired*, February 3, 2017, https://www.wired.com/2017/02/ai-learn-like-humans-little-uncertainty/.

(24) Rahul K. Das et al., "Bayesian Machine Learning on CALGB/SWOG 80405 (Alliance) and PEAK Data Identifies Heterogeneous Landscape of Clinical Predictors of Overall Survival (OS) in Different Populations of Metastatic Colorectal Cancer (mCRC)," GNS Healthcare, July 4, 2019, https://info.gnshealthcare.com/hubfs/Publications_2019/ESMO_GI_Final_Poster_Printed_PD_20.pdf.

(25) "GNS Healthcare Chosen to Present Discovery of New Clinical Predictors of Overall Survival in Metastatic Colorectal Cancer at ESMO 2019 in Collaboration with the Alliance for Clinical Trials in Oncology," GNS Healthcare, July 2, 2019, https://www.gnshealthcare.com/discovery-of-new-clinical-predictors-of-overall-survival/.

(26) Maryam Mohsin, "10 YouTube Stats Every Marketer Should Know in 2021," Oberlo, January 25, 2021, https://www.oberlo.com/blog/youtube-statistics.

(27) Ji Lin, Chuang Gan, and Song Han, "TSM: Temporal Shift Module for Efficient Video Understanding," arXiv, August 22, 2019, https://arxiv.org/pdf/1811.08383.pdf.

(28) Karen Hao, "Powerful Computer Vision Algorithms Are Now Small Enough to Run on Your Phone," *MIT Technology Review*, October 11, 2019, https://www.technologyreview.com/f/614551/ai-computer-vision-algorithms-on-your-phone-mit-ibm/.

(29) Chelsea Gohd, "It's Really Hard to Give AI 'Common Sense,' " Futurism, March 11, 2018, https://futurism.com/teaching-ai-common-sense.

(30) H. James Wilson, Paul R. Daugherty, and Chase Davenport, "The Future of AI Will Be about Less Data, Not More," *Harvard Business Review*, January 14, 2019, https://hbr.org/2019/01/the-future-of-ai-will-be-

about-less-data-not-more.

(31) Gary Marcus, “AI’s Hardest Problem? Developing Common Sense,” LinkedIn, October 4, 2019, https://www.linkedin.com/pulse/ais-hardest-problem-developing-common-sense-gary-marcus/.

(32) “Distracted Driving,” National Highway Traffic Safety Administration, n.d., https://www.nhtsa.gov/risky-driving/distracted-driving.

(33) “Drowsy Driving: Asleep at the Wheel,” Centers for Disease Control and Prevention, November 7, 2019, https://www.cdc.gov/sleep/features/drowsy-driving.html.

(34) “Road Rage Statistics Filled with Surprising Facts,” https://drivingschool.net/road-rage-statistics-filled-surprising-facts/.

(35) Elizabeth Bramson-Boudreaum, “When Our Devices Can Read Our Emotions: Affectiva’s Gabi Zijderveld,” *MIT Technology Review*, Feb 28, 2019, https://www.technologyreview.com/2019/02/28/136839/when-our-devices-can-read-our-emotions-affectivas-gabi-zijderveld/.

(36) Bramson-Boudreaum, “When Our Devices Can Read Our Emotions.”

(37) Rana el Kaliouby, “Emotionally Aware Technology Could Help Us Beat Zoom Fatigue,” *Fast Company*, June 15, 2020, https://www.fastcompany.com/90515714/emotionally-aware-technology-could-help-us-beat-zoom-fatigue.

(38) el Kaliouby, “Emotionally Aware Technology Could Help Us Beat Zoom Fatigue.”

(39) Neil C. Rabinowitz, Frank Perbet, H. Francis Song, Chiyuan Zhang, S. M. Ali Eslami, and Matthew Botvinick, “Machine Theory of Mind,” arXiv, March 12, 2018, https://arxiv.org/abs/1802.07740.

(40) Matthew Hutson, “Artificial Intelligence Has Learned to Probe the Minds of Other Computers,” *Science*, July 27, 2018, https://www.sciencemag.org/news/2018/07/computer-programs-can-learn-what-other-programs-are-thinking.

(41) Christian Blum, Alan F. T. Winfield, and Verena V. Hafner, "Simulation-Based Internal Models for Safer Robots," *Computational Intelligence in Robotics*, January 11, 2018, https://www.frontiersin.org/articles/10.3389/frobt.2017.00074/full.

(42) Shelly Fan, "Thinking Like a Human: What It Means to Give AI a Theory of Mind," SingularityHub, September 19, 2018, https://singularityhub.com/2018/09/19/thinking-like-a-human-what-it-means-to-give-ai-a-theory-of-mind/.

第2章　データ――最大規模から最小規模へ、最小規模から最大規模へ

ビジネスの世界では、資本や人材、研究、テクノロジー、プロセスなどにてこ入れするという表現が頻繁に使われているため、多くの聞き慣れた比喩同様、この表現も本来の意味を失ってしまった。今では「てこ入れ（レバレッジ）」は、「有効に利用する」程度の意味でしかない。だが、この比喩の本来の意味を思い出してほしい。それは、少量の資源で高いリターンを生み出すことを意味する。

この表現に何よりもふさわしいのが、現在の人工知能（ＡＩ）におけるデータの利用法である。データは今では、「エッジ（末端のデバイス）」からクラウドへ流れ、時にはデバイスにまた戻ってくる。

確かに、大量のデータを消費するＡＩでも、ある程度のてこ入れを実現できる。膨大な量の

データが必要な上に高価だが、今のところはまだ、他の選択肢（手作業など）よりは高いリターンを生み出せる。だが、近年開発が進む「スモールデータ」は、データが生まれる場所でＡＩをてこ入れして活用する。つまり、ＡＩが使うためのデータを「エッジ」で処理する。

　スマートフォンやセンサー、自動運転車、ドローンなど、高性能なマイクロチップを備えたあらゆるデバイスが直接、連続的にデータを生み出す。そのスモールデータが積み重なって、大きな成果を生み出す。市場調査会社ＩＤＣの推計によれば、インターネットに接続されたこれらのＩｏＴデバイスは、２０２５年までに総計73ゼタバイト（73兆ギガバイト）のデータを生み出すという。これは２０１９年の４倍に相当する。[1]

　エッジ上のスモールデータを使い、ビッグデータから得られる知見を強化すれば、ＡＩの性能を向上させられる上に、訓練時間や演算能力、インフラ、人材、資金といった資源を大幅に削減できる。つまり、このデータでてこ入れされたＡＩは、その力を組織全体に及ぼす。したがって、スモールデータとビッグデータとＡＩを結びつける技術を習得すれば、多くの企業が競争優位を生み出せる。勝てる見込みのないデータの取得競争にはまり込んでいる企業は、なおさらそれを肝に銘じてほしい。

最大規模のデータがもたらす弊害

スタースキー・ロボティクス社は、自動運転車の分野で真っ先に成功を収めるかに見えた。同社が独自に開発したＡＩシステムは、高速道路でも一般道路でも大型トラックを誘導できた上に、遠く離れたオペレーションセンターで働く人間のドライバーが運転操作を引き継ぐこともできた。この事実からもわかるように、スタースキー社はいつか業界を一変させてやろうという曖昧な可能性だけに支えられた非現実的なベンチャー企業などではなかった。実際、それなりの資産を所有し、遠隔オペレーターとして元トラック運転手を雇うなど、ウェイモ社やウーバー社といった野心溢れるライバル企業を超える成功を収めようと、実用的なビジネスモデルを追求していた。

こうした企業同様、スタースキー社もまた、徐々に人目を引く成果を達成していった。２０１６年には、運転手なしでの公道走行が可能な最初の車両となる自動運転トラックを発表した。２０１８年には、運転席に人間を乗せないまま、フロリダ州の閉鎖された道路を11キロメートル走破した。史上初めての完全無人トラック走行である。２０１９年には、同社のトラックが実際に公道を走った最初の無人トラックになった。パーキングエリアを抜け、フロリダ州の高速道路に入り、平均時速88キロメートルで15キロメートルの距離を完走したのだ。この時には、行程の最初と最後のわずかな部分（およそ３００メートル）のみ、３００キロメートル以上離れたジャクソンビルにいる遠隔オペレーターがハンドルを操作しただけだった。

ところが２０２０年、スタースキー社は事業継続を断念した。

何が問題だったのだろうか？　スタースキー社の創業者ステファン・セルツ＝アックスマッカーは、別れを告げる苦渋に満ちたブログで、自律走行車業界を悩ませるさまざまな問題を取り上げている。その中でも最大の問題だったのが、教師あり機械学習が、大々的な宣伝に見合う効果を発揮できなかった点である。とりわけ、普段とは異なる状況（これを「エッジケース」と言うが、「エッジＡＩ」の「エッジ」とは無関係）に対応できないのだ。セルツ＝アックスマッカーは言う。「広く知られているように、ＡＩを構築する上で最大の難題は、めったに起こらないような状況にいかに対応するか、という点にある。だが、自動運転モデルが向上していくにつれ、新たなエッジケースにふさわしいデータセットを見つけるのは難しくなる。

おまけに、モデルが向上していくにつれ、それをさらに改善していくのにより精密なデータが必要になる。ＡＩの場合、その性能が（ムーアの法則のように）指数関数的に向上するのではなく、むしろＡＩシステムを改善していくためのコストが指数関数的に増加する[2]」。これは、利益が減少する古典的な収穫逓減の例だと言える。訓練に必要なサンプルの数は指数関数的に増えていくが、精度は線的にしか向上していかないのだ。

幼児はたった１つの現象から類推・学習できるが、大半のＡＩを支えるアルゴリズムは、山のようなデータで訓練しなければならない。スタースキー社のような自動運転車を訓練するには、できるかぎり多くの交通状況データが必要になる（人間の場合、一般的にはわずか20～30時間の講習とわずか十数時間の実技教習を受ければ運転免許を取得でき、それだけでめったにない状況にも即座に対応できるようになる）。囲碁のプロ棋士に勝利した最初のコンピュータープログラムは、３０００万局に及ぶデータをもとに訓練を受けていた。[3] また、ＡＩが病気を診断できるのは、同様の症状を持つ数百万人もの患者がある特定の病気に罹患している確率がどれくらいかを示すデータを与えられているからである。

　これらディープラーニングや教師あり機械学習によるＡＩへのアプローチは、訓練や維持に大量のデータが必要になるため、深刻な限界に直面している。その具体例を以下に挙げよう。

既存のAI用ビッグデータセットの不足

「ビッグデータ」と「ビッグデータセット（大規模なデータセット）」という言葉があるが、両者の意味するところは異なる。ビッグデータ（Big Data）とは、膨大なデータからパターンを抽出するためのデータ管理・操作・統計的な分析技術、または膨大で複雑なデータそのものを指す。一方データセットは、一定のデータ構造に整えられたデータの集まりを指す（例えば、氏名や連絡先情報のデータなど）。機械学習用の訓練データセットの一例が、手作業でラベルづけした１４００万枚以上の画像を所蔵するイメージネット（ImageNet）である。

データがこれだけ大量に揃っていれば、マシンが自己学習することも可能だ。だが大半の事例では、ＡＩを訓練しようにもイメージネットに匹敵する既存のデータセットがない。そのため、ＡＩを使った斬新なアプリケーションを開発する際にはまず、そのデータを苦労して収集・ラベルづけしなければならず、コストも時間もかかる。後にそのＡＩアプリケーションの主要目的が変われば、訓練データセット自体が妥当性を失うことにもなりかねない。

また、企業が何らかの問題やビジネスチャンスに対応しようにも、ＡＩシステムで利用できる状態に「クレンジング（整理・標準化）」された大規模なデータセットがない。実際、包括的なＡＩソリューションの採用を妨げる最大の要因は、ノイズが多いデータや情報がまばらにしか含まれていないデータ、あるいは不完全なデータにある。これらのデータの大半が、「列」や「行」の概念をもつ構造化されたデータではなく、まったく構造化されていない「非構造化データ」、もしくはこれらのデータにフレキシブルな構造を与えた「半構造化データ」である。

このような雑多なデータは、ログファイル、コールセンターの記録、ビデオ、ソーシャルメディアの投稿、商取引、幅広いデバイスなどの情報源から発生する。例えば、ウォルマートは1時間ごとに、１００万人の顧客から2・5ペタバイト（２５０万ギガバイト）もの非構造化データを収集している。アメリカ議会図書館の蔵書量の１６７倍に相当する量である。[4] ２０２５年には、一人ひとりがソーシャルメディアや動画共有、通信などを通じて毎日３・４エクサバイト（10億ギガバイト）のデータを生み出すとの推計もある。[5]

この非構造化データの複雑な問題に加え、山のように存在する構造化データの扱いにも問題がある。時代遅れのデータウェアハウスに閉じ込められていたり、組織のサイロ化などの理由で、データ共有やイノベーションが大きく阻害されていたりする場合が多い。

かつてないほど巨大なインフラの必要性

ディープラーニングは悪循環に陥っている。利用可能なデータが増えるほど、自動運転、病気の診断、画像の中の物体の分類など、どんなタスクであれパフォーマンスは向上する。だがそのためには、数十億ものパラメーターを持つかつてない規模のニューラルネットワークや、大規模なハードウェアと演算に耐え得るインフラが必要になる。実際、インテル社のＡＩ製品グループの元責任者はこう述べている。「ニューラルネットワークの規模は急速に成長しているが、ハードウェアがそれに追いついていない[6]」

その一方、検索エンジン、ソーシャルメディア、企業資源計画システムなど無数の情報源から生まれるデータの規模は、飛躍的なペースで増え続けている。例えば、フェイスブック社（現メタ社）は画像認識ネットワークの訓練に、ハッシュタグをつけた大規模な公共の画像データセットをいくつも利用しているが、その中でも最大のデータセットには35億枚もの画像と１万７０００ものハッシュタグが含まれていた[7]。これら急速に増加しつつある莫大な量のデータにより、ますます高度な演算能力を必要とする巨大なＡＩモデルの構築が進んでいる。その結果、ディープラーニングモデルを訓練するために必要な演算量は、2013年以来60万倍に増加している。[8]

天文学的な規模で増大するコスト

マサチューセッツ大学アマースト校の研究者が、複数の自然言語処理（NLP）AIのディープニューラルネットワークを訓練・開発するのにかかるコストを分析している。その対象になったのは、最大規模のデータを消費して最高の精度を達成しているモデルである。[9]その結果によれば、単一モデルの訓練自体には比較的コストはかからないが、新規のデータセットに合わせて既存のモデルを調整したり、新たなモデルの構築に必要な研究開発をすべて行なったりすると、コストは一気に跳ね上がる。

例えば、2億1300万種のパラメーターと「ニューラルアーキテクチャ探索」と呼ばれるニューラルネットワークのアーキテクチャを自動で最適化する機能を備えた「トランスフォーマー」というモデルを訓練する場合、クラウドコンピューティングのコストだけでも、100万ドルから300万ドルかかる。これは、大手IT企業にとってはさほど大した額とは思えないかもしれないが、小規模な企業や研究機関にとってはかなりの額である。さらに、ここから継続的にモデルを微調整していくとなると、コストはもっと高くなる。

ますます満たせなくなるリソース要件

ディープラーニングは、多くの企業の能力を超えるリソースを要求する。そんな要求を満たせるのは、アリババ、アマゾン、アップル、グーグル、マイクロソフトなど、フォーチュン・グローバル１０００に名を連ねるごく一部の企業だけだ。これらの企業は、最初からデジタル事業を手がけているため、訓練用・チューニング用データを大規模に効率よく収集できる。データサイエンティストやコンピューター科学者、他の専門家もすでに十分なほど抱えている。他の大企業同様、巨大なディープラーニングシステムのコストも負担できる。だが、多くの企業にはそれができない。その上、ディープラーニングシステムが巨大化するにつれ、その研究は大学の研究室の資力をはるかに超え、金銭的に余裕のあるごく一部の手に集中していく。教授や大学院生が、演算コストの高いＡＩを利用した有望なアイデアを持っていたとしても、それを試す金銭的余裕がないのである。

プライバシーに対する懸念

ビッグデータやデータマイニングの登場により、少々奇妙にも見えるプライバシーの問題が浮上している。機械学習が至るところに存在する現代では、個人の無数のデータポイントや、分析対象となるものの特徴や特性を定量的に表現する特徴量と呼ばれる変数を、複雑な形でシステムに組み込むことができる。このような仕組みの中では、理解・予測・防止するのが難しい形でプライバシーが侵害されるおそれがある。

プライバシーに対するこうした懸念は、決して机上の空論ではない。例えば、世界中の国や自治体が顔認識と分析技術の進化を活用し、数十億もの市民を対象に訓練した広域監視システムを構築している。だがその一方で、医療などの分野にＡＩを有効活用すれば、数々の命を救えるかもしれないのに、プライバシーを保護する法的規制のためにそれが制限されている。

また、２０１８年半ばに発効した欧州連合（ＥＵ）の一般データ保護規則（ＧＤＰＲ）など、政府の規制により、ディープラーニングに依存するシステムにとって極めて厄介な問題が持ち上がっている。例えばＧＤＰＲの場合、個人データに基づいて自動的に何らかの判断をされる対象となった個人（主体）は、なぜそのような判断に至ったのか説明を要求できる。だがこの規定は、ディープラーニングの悪名高い「ブラックボックス」問題と真っ向から対立するおそれがある。

新型コロナウイルスによるパンデミックが発生すると、スマートフォンのＧＰＳデータを利用した濃厚接触者の追跡が議論されると同時に、接触者追跡アプリがもたらすプライバシーへの影響も議論の対象になった。アメリカでは、積極的同意のない接触者の追跡を禁止する法案が連邦議会に提出されている。[10]

少ないデータで性能を高める

10億件のデータで構成されるデータセットを１０００のデータセットに分ければ、それぞれのデータは１００万件になり、１００万のデータセットに分ければ、それぞれのデータはわずか１０００件になる。[11] この少規模データセットの価値に気づけば、企業は１０００倍もの機会を切り開ける。それを、構築あるいは購入可能な大規模データセットと組み合わせれば、可能性はますます高まる。また、大量にデータを消費するＡＩに関する作業の90パーセントは、データのクレンジング、正規化、前処理にある。そのため、小規模データを利用すれば、ＡＩ担当者がもっと価値のある作業に集中したり、大規模データセットをもっと戦略的なユースケースとして活用したりできるようになる。

現在では少数の先進企業が、ライバル企業には太刀打ちできないような形で、少規模な非構造化データセットを活用する能力を身につけつつある。競争優位を確立するためには入念にクレンジングされた莫大な量のデータセットが必要だという前提から離れて、利用可能なデータに関する考え方を改めるとともに、新たに利用できるデータのありかを突き止めて解放し、企業内のアプリ、インフラ、各情報システムでそのデータを新たなイノベーションの基盤として活用しようとしているのだ。

例えば、２０２１年秋にはアップル社が、最新のiPhoneではSiriがデバイス上で直接音声指示を処理することになると発表した。つまり、音声指示を処理するためそれをクラウドに送るのではなく、「ニューラルエンジン」と呼ばれるiPhone内蔵のＡＩプロセッサを使って処理するのである。グーグル社も２０１９年以来、Pixelでインターネット接続を必要としない音声転写を実現している。これらのＡＩアプリケーションは、まだ最新のデータを使ってクラウド上で訓練をする必要があるが、いずれはデバイスに内蔵されたエッジＡＩシステムが独自に学習するようになるという[12]。

その一方で、先駆的な企業は最先端の研究機関と共同で、大規模データセットと少規模データセットを補完的に組み合わせてバランスをとる画期的な方法を考案しつつある。具体的には以下の３つの場合に対処する方法に取り組んでいる。（１）ノイズの多いビッグデータにより、その中に少量含まれるＡＩを訓練するのに欠かせない重要な高品質データが不明瞭になってしまう場合、（２）ＡＩを訓練するためのデータ量が少ない場合、（３）そもそも関連データがまったくない場合、である。

ノイズを除去する

ネット通販会社のウェイフェアは、１４００万点以上に及ぶ広範な家庭用品を扱っている。

製品カテゴリーは、家具、収納、照明、インテリアなど多岐にわたり、その中には数十万点ものアイテムを擁するカテゴリーもある。これは、選択の幅が広いという点では魅力的だが、その中からちょうどいいアイテムを探そうとする顧客にとっては大きな問題だ。しかもその顧客が、このサイトで買い物をした経験がない初めての顧客だった場合、顧客側も企業側もさらなる問題を抱えることになる。企業側は顧客の好みがわからないため、顧客体験をパーソナライズできない。そこでウェイフェア社は、初めての顧客でも幅広い魅力を備えた製品を見つけやすくする方法を考案した。

　この問題の解決は、見かけよりもはるかに難しい。同社のデータサイエンティストが最も魅力的な製品を特定しようとすると、サイトのソート（並び替え）アルゴリズムが生み出す「位置効果」という問題に直面した。あるカテゴリーの最初のページのトップに表示される製品は、幅広い顧客にアピールする要素があるかどうかにかかわらず、ほかの製品より頻繁に注文される傾向がある。ページのトップに表示された製品が、それ以上に魅力的だが目立たない場所に表示された製品の2倍も注文されたケースもある。

　この位置効果を補正するためには、製品本来の魅力を、その製品の注文率と、特定の表示場所にある製品の平均注文率との差としてモデル化すればいい。この計算により、各商品の過去の実績がわかる。だが十分なデータがあるのであれば、大規模なデータセットを必要とするそんなアプローチでもいいかもしれない。しかし、このサイトは１四半期ごとに９００万件もの注文をさばいているが、これらの注文は数百万もの製品に分散しており、製品ごとに見ればわずか数件の注文しかない。

ウェイフェア社の2人のデータサイエンティストは言う。「これほど少数だと極端にノイズが多い場合があるため、偶然ある製品の方が他の製品よりいいように見えているだけなのではないか、という疑念が常につきまとう。例えば、3件の注文があった製品は2件の注文しかなかった製品より本当にいいと言えるのか、それともたまたま運が良かっただけなのかがわからない[13]」

そのため、ウェイフェア社はこのノイズを減らすべく、製品注文の各段階で顧客の行動に関する情報を追加することにした。この製品注文の各段階とは、製品をクリックする、ショッピングカートに入れる、注文する、といった段階を指す。それぞれの段階はその前の段階により決まるため、それを重み付けや乗数などで多面的に評価すれば、製品の妥当な注文率を合理的に推測できる。

さらに同社は、経時的に変化する製品の魅力を補正するため、絶えず変化する膨大な量のビッグデータに頼るのではなく、1日分の注文データだけをこのモデルに組み込んでいる。また、毎日一定の範囲内で、製品を表示する位置をランダムに変更する一方で、最も魅力的な製品を目立つ場所に表示するようにしている。

ウェイフェア社は現在、最適化や順序づけに関するほかの課題に対しても、この極めてデータ効率のいい手法を適用しようとしている。

利用できる訓練データがもともと少ない場合

純粋なディープラーニングに基づくＡＩの場合、新たなタスクを課すたびに、膨大な量のデータを使って再訓練しなければならない。だが最近では、ごくわずかなサンプルだけで新たなタスクの訓練を行なう技術がかなりの進歩を遂げている。ごく少量のサンプルを使う学習をフューショットラーニング、１つのサンプルだけを使う学習をワンショットラーニング、まったくサンプルを使用しない学習をゼロショットラーニングという。使用するデータの少ないこれらの技術により、ＡＩイノベーションはもはや大手ＩＴ企業に限られたものではなくなるかもしれない。

フューショットラーニング

子どもは、ごくわずかな数の例を見ただけでリンゴとオレンジの違いがわかるようになるのに、機械学習モデルはなぜ対象を確実に識別するために桁違いに多くのラベルつきデータが必要なのか？　スウェーデンの軽食用ピザ会社からナショナル・フットボール・リーグ（ＮＦＬ）まで、さまざまな企業のデータサイエンティストが、「フューショットラーニング」と呼ばれる

ＡＩアプローチを使い、この上なく複雑な人間の学習プロセスに近づこうとしている。

スウェーデンの家族経営企業ダフゴーツは、80年以上にわたりミートボールや軽食用ピザなどの人気食品を製造、世界中に販売している。その中でも軽食用ピザは人気商品なのだが、舌の肥えた顧客の高い基準を満たすためには、それぞれの商品のチーズの量が最適になるようにしなければならない。そこで、12人から成る同社のＩＴチームは、合理的で効率のいい品質管理法を採用することにしたが、機械学習の経験がほとんどなかったため、アマゾンウェブサービス（ＡＷＳ）を利用して、自動的に品質検査を行なう機械学習システムを構築することにした。[14]

ダフゴーツ社などの製造業の企業は、ＡＷＳの「Amazon Lookout for Vision」というサービスを利用すれば、わずか30枚の画像を使ってモデルを訓練するだけで、製造工程にある欠陥品を特定できるようになる。欠陥や異常のある画像が10枚、通常の画像が20枚である。だが、話はそう簡単には進まない。現代の製造工程は極めて細かく調整されているため、欠陥率は大抵１パーセント以下であり、欠陥品はごくわずかか、正常な製品と比べて微妙な差があるだけだ。そのため、品質管理用に使用できるデータセットが少なく、それらのデータが製造現場で起きている現実と完全には一致しない場合が多い。

この欠陥データの不足問題を回避するため、ＡＷＳはベルトコンベア・システムや数種類の商品の製造工程を備えた仮想工場をつくり、一定の範囲内で製造環境を模倣できるようにした。そして試行錯誤を繰り返し、通常製品の画像に本物そっくりの異常を描き込むことで、合成欠陥データを作成した。例えば、材料が足りない、傷がある、変色がある、などの異常である。こうしたアプローチでフューショットラーニングを行なった結果、場合によっては欠陥品の画像をまったく利用しなくても、品質管理を劇的に加速できるようになった。

一方ＮＦＬは、ビデオなどのメディアに記録された数千もの試合を簡単かつ迅速に調べ、ハイライト動画などに利用するわずかばかりの映像を探し出すのに、コンピュータービジョンを利用している。大量のビデオ資産すべてに人力でタグづけをすれば、法外な時間とコストがかかる。そこでＮＦＬのコンテンツ作成チームは、自動的に画像やメディアを分析するサービス「Amazon Rekognition」の「カスタムラベル」という機能を利用することにした。それを使い、所蔵するメディア資産に、選手、チーム、背番号、ジャージ、場所、ペナルティや負傷といったメタデータに関する詳細なタグをつけたのだ。この自動プロセスは、わずかな時間しかかからない上に、以前の手作業に比べてはるかに少ないサンプルを提示するだけでよい。

このアマゾン社のシステムはまた、対象やシーンを特定できるようさまざまなカテゴリーの数千万枚の画像で訓練を施したAmazon Rekognitionの既存のビッグデータＡＩと、ユーザーが提供したカテゴリーごとにわずか10枚程度の画像とを結びつける。ユーザーがシステムに少量のデータをアップロードすると、ほんの数クリックで分析を始める。ＮＦＬメディアでポストプロダクションや資産管理を担当するブラッド・ボイムは言う。「現在のようなメディア環境では、企業が管理する非構造化コンテンツの量は急増する一方だ。求めている特定の場面を見つけるために、従来のツールを使って何千ものメディア資産を調べるのには無理がある。このツールのおかげで、自社で所蔵データを活用し、あらゆるメディアプラットフォームにおいて顧客に質の高いコンテンツを提供できるようになった[15]」

より効率的に推論できるロボット

ロボットが人間のように世界を概念的に理解できたら、訓練が容易になり、使用するデータもはるかに少なくてすむ。ピーター・ティール、マーク・ザッカーバーグ、イーロン・マスク、ジェフ・ベゾスなどの出資により設立された、極めて秘密主義的なシリコンバレーのスタートアップ企業ビカリアス（Vicarious）は、ごくわずかな事例から一般化（汎化）ができる、ロボット用の汎用人工知能の開発に取り組んでいる。同社はこれまでに、タスクをこなす中でアイテムを分類する能力を高めていくロボットアームを開発している[16]。この賢いロボットはすでに、化粧品会社セフォラの工場に導入され、試供品パックを取りまとめる作業に従事している。絶えず変化するＳＫＵ、パウチ、箱、試供品パックの種類などの組み合わせには無数の可能性があるため、かつては人間にしかできなかった作業だった。しかし、このロボットの導入により、組み合わせの問題にまつわるコストが80パーセント低下したという[17]。

　このような複雑な組み合わせの事例は、アマゾンのように変化が激しく、アイテムが無数にある配送センターではよく見られる。そういうところでは大抵、アイテムが構造化されておらず、需要に応じて絶えず置き場所も変わるが、それでも１００パーセント正確かつ迅速にアイテムを見つける能力が必要になる[18]。

人間の大脳新皮質の特徴をモデル化したといわれるビカリアス社のモデルには、大量のデータがなければ学習できないディープラーニング・アプローチを超える強みがある。例えば、人間の脳のように、ごくわずかな例から一般化（汎化）できる能力に優れている。また、「敵対的サンプル」にも対処できる。敵対的サンプルとは[19]、ニューラルネットワークの判断を誤らせるために、意図時にわずかなノイズ（摂動）を加えたサンプルである[20]。

ビカリアス社の共同創業者の一人、ディリープ・ジョージは、事あるごとにディープラーニングモデルの限界を指摘し、こう述べている。「ディープラーニングモデルは、推論することも、理由を理解することも、経験していないことをすることもできない。ディープラーニングの規模を拡大するだけでは、根本的な限界を乗り越えることができない。私たちは意識的にこの問題に取り組んでいる[21]」

ビカリアス社の研究によれば、「素因数分解」や「サブゴーリング（心理学用語を語源とするＡＩの手法で「下位目標の設定」を意味する）」により問題を分割・克服する人間の学習法を組み込めば、ＡＩシステムは１枚の画像から上位概念を推測し、それを多種多様な状況に当てはめることができるようになるという。研究者たちもこう述べている。「このような認知技術は、人間知性の汎用学習アルゴリズムに近づきつつあり、無数の要素の組み合わせから成る複雑な問題を解決するＡＩの性能や説明能力を劇的に向上させる可能性を秘めている」[22]

例えば、入力者が人間かロボットかを判断するためにウェブサイトでよく使われている文字と数字の羅列について考えてみよう。ＣＡＰＴＣＨＡ（「コンピューターと人間を判別する完全に自動化された公開チューリングテスト」の頭字語）と呼ばれるこの文字列は、人間であれば簡単に読み取れるが、コンピューターにはそれが難しい。

だがビカリアス社の研究者は、計算論的神経科学（コンピューターモデリングや数理解析を用いて脳の機能を研究する分野）を利用して、ＣＡＰＴＣＨＡを読み取れるモデルを開発した。それを使えば、ディープラーニングネットワークよりも３００倍もデータ効率がいい上に、それよりはるかに高い確率で読み取れるという。[23] 実際、ビカリアス社のモデルは、67パーセント近い精度でＣＡＰＴＣＨＡを読み取れるが、そのための訓練には1文字につきわずか5つのサンプルがあればいい。

一方、最先端をいくディープニューラルネットワークを訓練するには、実際のＣＡＰＴＣＨＡ文字列の学習データが5万倍も多く必要になる。というのも、表示される文字列には何百万通りもの組み合わせがあるからだ。現在一般的に利用されているＡＩアプローチより速く訓練ができ、汎化能力も高いこのモデルは、ロボットが人間のように世界を概念的に理解する時代への道を切り開きつつある。

フューショットからワンショットへ

アルファベット傘下のディープマインド社は、「マッチング・ネットワーク」（「注意（Attention）」や「記憶」に関する最新の研究成果を利用したニューラルネットワーク）を使い、わずか１つのラベルつきデータから新たな概念を学習するという課題に取り組んでいる。子どもは、キリンの写真を１枚見ただけで、あらゆるキリンを識別できるようになる。それと同じことを実現しようというのである。そこで同社は、小規模な「記憶マトリクス」でシステムを増強する新たなアーキテクチャや訓練方法を考案した。記憶マトリクスとは、問題を解決するのに役立つラベルつき情報を満載した支援データ群である。

このアプローチにより、たった１つのラベルつきサンプルだけで、イメージネット（ImageNet）やオムニグロット（Omniglot）といった巨大データベースから画像を特定する精度が競合する他のアプローチに比べて大幅に向上した[24]（ちなみにオムニグロットとは、より人間らしく学習するアルゴリズムを開発するために考案された、言語とその書記・表記体系のオンライン百科事典で、50種のアルファベットによる１６２３種の手書き文字が登録されている）。

モスクワにあるサムスンＡＩセンターのエンジニアとスコルコボ科学技術大学の研究者は最近、フューショットラーニングおよびワンショットラーニング双方を利用できる顔アニメーション・モデルを開発した[25]。「トーキング・ヘッズ」と命名されたこのモデルも、最初は顔の動画データを大量に使って訓練しなければならない（これはつまり、ビッグデータ・アプローチとスモールデータ・アプローチの組み合わせに価値があることを証明している）。だがその後は、新たな顔のサンプルがほんの少しあれば、そこから顔の特徴を特定・抽出し、本物のビデオ映像のように見える現実的なアバターとしてアニメーション化することができる。

その宣伝動画は驚異的だ。解説者が話をしている間、その顔の横に、ほとんど本物と見分けのつかないアバターの顔が並んでいる。[26] 前述のモデルが、この解説者を写したビデオから抽出した８コマの画像を見ただけで、そのアバターを生み出したのだ。32コマの映像で訓練された俳優ニール・パトリック・ハリスのアバターも、ほぼ完璧である。このシステムはまた、ビデオ映像とはまったく違う自撮り写真数枚からでも、アバターを生成できる。

さらに、ワンショットラーニングでも優れた能力を発揮する。マリリン・モンローやサルバドール・ダリ、フョードル・ドストエフスキー、アルベルト・アインシュタインなど、著名人の象徴的な肖像写真１枚から、十分に満足できるアバターを生み出す。『モナ・リザ』のような古典的な絵画からアバターを生成することにも、ある程度成功している。

ドストエフスキーが表情を変える姿はとりわけ衝撃的だ。この19世紀ロシアの偉大な作家が死んだ１８８１年には、まだ映画や動画は発明されていなかった。だが、総合的に考えると、こうした著名人の動画化は「ディープフェイク」の不安を引き起こす。つまり、自分がしてもいないことをしたかのような動画が作成されるおそれがある、ということだ（性行為や悪意ある政治的発言など）。

トーキング・ヘッズの製作者たちもその危険を認めているが、フェイクを探知するツールも急速に発展しつつある。しかし一部のアプリケーションは、敵対的生成ネットワーク（ＧＡＮ）と呼ばれる技術を採用している。これは、その内部で、画像を生成するアルゴリズムと、それが本物かどうかを判断するアルゴリズムとを闘わせる技術である。こうして両アルゴリズムが絶えず進化していけば、フェイクの検知はますます難しくなるだろう。

テクノロジーを悪用するかどうかはともかく、実物そっくりのテレプレゼンスを生み出す技術により、それほど遠くない未来に世界は一変するかもしれない。[27] ユーザーが自分のアバターをつくれるようになるのみならず、長距離移動や短距離通勤を軽減する、教育を民主化する、身体に障がいや疾患を持つ人々の生活の質を向上させる、といったことが可能になるかもしれない。すでにＶＲゴーグルの登場により、外科医は患者の脳を拡大した精密な三次元モデルを手術に応用することができる。カナダのオタワ病院ではこのアプローチを用いて、人間の髪の毛より薄い微小電極をミリメートル単位の精度で脳に埋め込む手術に成功している。[28]

遠隔脳外科手術はもはや未来のものではない。２０１９年３月には、凌至培（Ling Zhipei）が５Ｇネットワークを使い、３０００キロメートル離れた場所にいる患者の脳に中国初の遠隔脳外科手術を行なった。スタンフォード大学の医学生も今では、没入型システムを使って人間の頭蓋骨内を研究している。アバター講師の指導のもと、腫瘍や動脈瘤をさまざまな角度から観察したり、外科手術の各段階のリハーサルをしたりすることもできる。[29]

COLUMN

少ないデータで性能を高める技術

ＡＩが進化するにつれ、研究機関や企業はより少ないデータでＡＩの性能を急速に高められる技術を開発しつつある。その技術が効果を発揮するのは、利用できるラベルつきサンプルが限られているために小規模なデータセットしか使えない場合や、まれな欠陥や特徴をもつ異常データのサンプルが少ないエッジケースなどである。そんなスモールデータの技法には、以下のようなものがある。

・データエコーイング

グーグル・ブレインの研究者たちは、データを再利用（「エコー」）してＡＩの訓練をスピードアップする技術に取り組んでいる。[a] 一般的な訓練プロセスでは、ＡＩシステムが最初に入力データを読み込んで解読した後、データをシャッフルし、一連の変換をかけてデータを増強してから再度バッチ処理をかけ、反復的にパラメーターを更新することでエラーを減らしていく。訓練プロセスに、前回の出力データを再処理するステップを挿入して効率を向上させるとともに、コンピューターの余剰能力を活用し

ている。[b]

・動的フィルタリング

ＳＱＬクエリエンジンのプレスト（Presto）は、ビッグデータを解析するために分散エンジンを利用している。クエリのデータ要求を分析し、複数の「ワーカー」に割り当てることで、その要求に応える最適プランを立てるのである。このエンジンは、大規模なデータセットも小規模なデータセットも利用しながら、さまざまなソースからデータを収集するとともに、著しく規模が小さいデータソースを判別する。そして、それに基づいて動的にデータにフィルターをかけ、規模の大きなソースから収集した無関係なデータのスキャンをスキップできるようにしている。これにより、さまざまなソースからのデータを結合する際、大幅にパフォーマンスを改善できる。[c]

・同時訓練

グーグル社は単一のディープニューラルネットワークに、８種類のタスクを同時に訓練した。すると、画像内の物体の検知、キャプションの作成、音声の認識、４組の言語間の翻訳、文章の解析を同時に行なえるようになった。これにより、複数のタスクを同時に訓練しながらでも良いパフォーマンスを発揮できるだけでなく、データの

量の限られたタスクでもパフォーマンスを向上させられることが明らかになった。[d]

・能動学習

このアプローチでは、どのデータから学習すべきかをアルゴリズムが選択する。ニューヨーク大学上海校では、この能動学習アルゴリズムを使って人間の視力変化の診断をパーソナライズ（個別化）する計算フレームワークを開発している。[e]このシステムでは、考え得る検査結果を網羅した巨大データベースと比較して患者の検査結果を即座に評価し、それまでの検査時の反応に基づいて患者一人ひとりに最適な質問を提示する。標準的な視力検査表を改善したＡＩ主導のこのシステムは、緑内障や白内障など、目に関わるさまざまな疾患の早期発見や治療に役立つと期待される。

・ローカルデータ

グローバル企業がそれぞれの地域に密着した商品や顧客チャネルを生み出しているように、ある地域の顧客との関係を推進するアルゴリズムを訓練する際には、現地で収集されたデータを利用することが重要だ。地元で収集されたデータは、その土地の文化、行動様式、価値観を反映しているが、それらはいずれも、企業の販売アプローチを調整し、顧客満足度を高める目的に利用できる。人間の本質に迫る革新的なＡＩ

モデルとは、不特定多数に向けた既製のものではなく、そのモデルの影響を受ける集団に関係するデータで訓練されたものである。

・連合学習

エッジコンピューティングと組み合わせた連合学習には、使用するデータを減らす効果がある。連合学習では、エッジの各デバイスがクラウドから機械学習モデルをダウンロードし、そのモデルをアップデートしてクラウドに送り返すと、モデルが他のソースからのアップデート情報をもとに平均化される。こうして、ローカルに保存されたデータでモデルを訓練していくのである。このアプローチであれば、大量のデータを中央集権的に１カ所に集積することなく、アルゴリズムを発展させていくことができる。ワイヤレス接続の遅延が問題になる場面では、とりわけ有効だ。

・合成データ

大手ＩＴ企業とは違い、スタートアップ企業や研究機関はアルゴリズムを訓練するために必要なデータにいつでもアクセスできるとは限らない。だが、合成データ（実際のデータを模倣してコンピューターが生成した人工的な情報）があれば、新たな状況にどう反応すればいいのかをＡＩシステムに教えられる。つまり、合成データはスタートアップ企業と大手ＩＴ企業との競争条件を平準化する役割を果たす。起業間もないスタートアップ企業のアイファイは、この合成データを使いアマゾン・ゴーのようなレジ不要の小売店システムを開発している。[f] だがＩＴ大手も、データの民主化を黙って見ているわけではない。[g] アルファベット社は、合成データを利用しながら、自社が開発する自動運転車ウェイモにシミュレーション環境で毎日４８０キロメートル以上の距離を走らせ、現実世界に投入する前の機能検証を行なっている。[h]

【注】

(a) Dami Choi, Alexandre Passos, Christopher J. Shallue, and George E. Dahl, "Faster Neural Network Training with Data Echoing," arXiv, January 4 2020, https://arxiv.org/abs/1907.05550.

(b) Kyle Wiggers, "Google's New 'Data Echoing' Technique Speeds Up AI Training," VentureBeat, July 15, 2019, https://venturebeat.com/2019/07/15/googles-new-data-echoing-technique-speeds-up-ai-training/.

(c) Shai Greenberg, "Querying Multiple Data Sources with a Single Query using Presto's Query Federation," BigData Boutique, May 26, 2020, https://blog.bigdataboutique.com/2020/05/querying-multiple-data-sources-with-a-single-query-using-prestos-query-federation-veulwi.

(d) Lukasz Kaiser, Aidan N. Gomez, Noam Shazeer, Ashish Vaswani, Niki Parmar, Llion Jones, and Jakob Uszkoreit, "One Model to Learn Them All," arXiv, June 16, 2017, https://arxiv.org/pdf/1706.05137.pdf.

(e) James Devitt, "A.I. Could Give Eye Charts a Personalized Overhaul," Futurity, August 29, 2019, https://www.futurity.org/eye-charts-artificial-intelligence-2146852/.

（f）Evan Nisselson, "Deep Learning with Synthetic Data Will Democratize the Tech Industry," TechCrunch, May 11, 2018, https://techcrunch.com/2018/05/11/deep-learning-with-synthetic-data-will-democratize-the-tech-industry/.

（g）Yashar Behzadi, "Why Synthetic Data Could Be the Ultimate AI Disruptor," Upside, June 28, 2019, https://tdwi.org/articles/2019/06/28/adv-all-synthetic-data-ultimate-ai-disruptor.aspx.

（h）Nisselson, "Deep Learning with Synthetic Data Will Democratize the Tech Industry."

現代的なデータ基盤をつくる

ビッグデータやスモールデータの利用法を習得してＡＩから価値を生み出すには、堅固なデータ基盤を構築することが必要である。どの業種であれ現在成功している企業は、現行のデータ基盤があるから成功したのではなく、現行のようなデータ基盤であるにもかかわらず成功していると言ったほうがいい。データは大抵の場合、サイロ化された時代遅れの自社運用プラットフォームに閉じ込められ、異なる種類のデータを連携させることが不可能とは言わないまでも難しい状態にある。その結果、妥当な判断を行なうために必要となる適切なデータを活用することが、ますます困難になっている。

現代的なデータ基盤を構築するには、時代遅れのレガシーな縦割り構造からデータを解放しなければならない。さまざまな壁を越えてクラウドにデータを統合し、最先端の解析ツールで処理できるようにするのだ。第４章で述べるように、これには適切なアーキテクチャ（ＩＤＥＡＳのＡ）が必要になる。クラウドを利用した、適切なストレージ、適切なデータ収集・整理をするウェアハウス、適切なコンピューター、適切なアクセスである。これを実現すれば、収益につながるアジャイルなデータ活用が可能になる。

　これをきちんと理解している企業は、多大な競争優位を獲得できる。イントロダクションでも述べたように、アクセンチュアの最近の調査によれば、この点で先進的な企業は、後進的な企業の５倍のペースで成長している[30]。また、かなりの数の「躍進企業」が、パンデミックの間にクラウドやＡＩなどの重要テクノロジーへの投資を拡大し、事業を無事継続しているだけでなく、「追随者利益」をも生み出している。

　これらの企業はどのように躍進を果たしたのか？　その鍵になるのが、現代的なデータエンジニアリング、ＡＩに支援されたデータガバナンス、およびデータの民主化だ。

現代的なデータエンジニアリング

　現代的なデータ基盤では、バッチ処理やリアルタイム処理、アプリケーション・プログラミング・インターフェース（ＡＰＩ）などを通じて、内部・外部を問わずさまざまなソースからデータが来る。そして、それらを高度に整理された再利用可能なデータセットにまとめ、さまざまな解析目的のために利用する。だが、その基盤を優れたものにするためには、多種多様なデータタイプに対応してデータの取り込みとＥＴＬ（抽出・変換や加工・ロード）ができる、再利用可能なフレームワークが必要になる。そこには、データの品質規格や標準化のルール、メタデータの収集やデータの分類のためのルールも含まれる。

こうしたフレームワークがあれば、データの取り込み（インジェスチョン）、処理、管理（キュレーション）に対する構成重視のアプローチが可能になり、分析ユースケースやデータ製品のための新たなデータパイプラインをクラウド上で迅速かつ大規模に構築できる。

ＡＩに支援されたデータガバナンス

クラウドベースのＡＩツールは、クラウド上に大規模に収集されるデータを取り込むたびに、自動的にクレンジング・分類・セキュリティ保護する高度な機能とスケールを提供し、データの品質や正確性、倫理的な取り扱いもサポートしている。

データの民主化

現代的なデータ基盤は、より多くの人の手に、より多くのデータを提供する。そのため、タイムリーにデータにアクセスでき利用しやすくなるとともに、セルフサービス、ＡＩ、ビジネスインテリジェンス、データサイエンスなど、さまざまな形でのデータ利用が可能になる。第

６章で詳しく述べるように、最新のクラウドベースのツールを使えば、データは民主化され、企業内のより多くの従業員が特定のビジネスニーズに関連したデータを迅速かつ容易に見つけ、利用する力を手に入れられる。

これら３つの能力を併せ持てば、しばしば価値創造の障害となる、データの利用のしやすさ（accessibility）、信頼性（trustworthiness）、対応力（readiness）、適時性（timeliness）にまつわる問題を克服できる。これにより企業は、大規模なデータセットも小規模なデータセットも含め、あらゆるデータをリアルタイムで融合させ、迅速にレポートを作成し、解析やＡＩを利用して顧客や市場、業務について幅広く利用できる知見を生み出し、強い競争優位性を持つことが可能になる。

より多くのソースからデータを収集し、ＡＩの手を借りてデータを管理し、より多くの人々にデータを提供する。そんな確固としたデータ基盤があれば、もはやデータに支配されることはない。むしろ、かつてないほど力強く、きめ細かくデータを活用できる。マシンの「知能」をより人間の知能に近づけるアプローチと同様に、「データ」に対するこのアプローチもまた機械的なプロセスを、人間の関与を（必要としないのではなく）必要とする活動に替え、人間の専門性（ＩＤＥＡＳのＥ）を発揮できる機会をもたらす。次章ではその専門性について取り上げよう。

【注】

(1) "IoT Growth Demands Rethink of Long-Term Storage Strategies, Says IDC," IDC, July 27, 2020, https://www.idc.com/getdoc.jsp?containerId=prAP46737220.

(2) Stefan Seltz-Axmacher, "The End of Starsky Robotics," Medium, March 19, 2020, https://medium.com/starsky-robotics-blog/the-end-of-starsky-robotics-acb8a6a8a5f5.

(3) Gary Marcus and Ernest Davis, *Rebooting AI: Building Artificial Intelligence We Can Trust* (New York: Pantheon Books, 2019), 56.

(4) "How Big Data Analysis Helped Increase Walmart's Sales Turnover?" ProjectPro, July 4, 2021, https://www.dezyre.com/article/how-big-data-analysis-helped-increase-walmarts-sales-turnover/109.

(5) Jacquelyn Bulao, "How Much Data Is Created Every Day in 2021?" Techjury, May 18, 2021, https://techjury.net/blog/how-much-data-is-created-every-day/#gref.

(6) Alex Woodie, "Deep Learning Has Hit a Wall, Intel's Rao Says," Datanami, November 13, 2019, https://www.datanami.com/2019/11/13/deep-learning-has-hit-a-wall-intels-rao-says/.

(7) Dhruv Mahajan, Ross Girshick, Vignesh Ramanathan, Manohar Paluri, and Laurens Van Der Maaten, "Advancing State-of-the-Art Image Recognition with Deep Learning on Hashtags," Facebook, May 2, 2018, https://ai.facebook.com/blog/advancing-state-of-the-art-image-recognition-with-deep-learning-on-hashtags/.

(8) Roy Schwartz, Jesse Dodge, Noah A. Smith, and Oren Etzioni, "Green AI," arXiv, August 13, 2019, https://arxiv.org/abs/1907.10597.

(9) Emma Strubell, Ananya Ganesh, and Andrew McCallum, "Energy and Policy Considerations for Deep Learning in NLP," arXiv, June 5, 2019, https://www.technologyreview.com/s/613630/training-a-single-ai-model-can-emit-as-much-carbon-as-five-cars-in-their-lifetimes/.

(10) "COVID-19 Consumer Data Protection Act of 2020," Congress.gov, https://www.congress.gov/bill/116th-

congress/senate-bill/3663.

(11) Bradley Arsenault, "Why Small Data Is the Future of AI," Towards Data Science, August 7, 2018, https://towardsdatascience.com/why-small-data-is-the-future-of-ai-cb7d705b7f0a.

(12) Christopher Mims, "How AI Is Taking Over Our Gadgets," *Wall Street Journal*, June 26, 2021, https://www.wsj.com/articles/how-ai-is-taking-over-our-gadgets-11624680004?page=1.

(13) David J. Harris and Tom Croonenborghs, "Bayesian Product Ranking at Wayfair," Wayfair, January 20, 2020, https://tech.wayfair.com/data-science/2020/01/bayesian-product-ranking-at-wayfair/.

(14) Swami Sivasubramanian, VP of AI and Machine Learning at AWS, AWS Machine Learning Summit, Opening Keynote, June 2, 2021, https://www.youtube.com/watch?v=dRcA_2Xw2FU.

(15) "Amazon Rekognition Custom Labels," AWS, https://aws.amazon.com/rekognition/custom-labels-features/; "Building Your Own Brand Detection and Visibility Using Amazon SageMaker Ground Truth and Amazon Rekognition Custom Labels—Part 1: End-to-End Solution," AWS Machine Learning Blog, January 25, 2021, https://aws.amazon.com/blogs/machine-learning/part-1-end-to-end-solution-building-your-own-brand-detection-and-visibility-using-amazon-sagemaker-ground-truth-and-amazon-rekognition-custom-labels/.

(16) Tom Simonite, "These Industrial Robots Get More Adept with Every Task," *Wired*, March 10, 2020, https://www.wired.com/story/these-industrial-robots-adept-every-task/.

(17) "How Case Mason Deployed Vicarious Robots to Pack over 500,000 Sephora PLAY! Kits," Vicarious x Case Mason case study, n.d., https://f.hubspotusercontent30.net/hubfs/8180830/Case% 20Studies/Vicarious% 20x% 20Case% 20Mason% 20Case% 20Study.pdf.

(18) "Replace Pick-to-Light Systems with Smart Robots Powered by Neuroscience-Inspired AI," Vicarious blog, March 2021, https://www.vicarious.com/posts/replace-pick-to-light-systems-with-smart-robots-powered-by-neuroscience-inspired-ai/.

(19) "Attacking Machine Learning with Adversarial Examples," OpenAI, February 24, 2017, https://openai.com/blog/adversarial-example-research/.

(20) Tony Peng, "Vicarious.ai Is Teaching Robots to See the World Like Humans," Synced Review, November 10, 2017, https://medium.com/syncedreview/rvicarious-ai-is-teaching-robots-to-see-the-world-like-humans-8f0464202e5.

(21) Simonite, "These Industrial Robots Get More Adept with Every Task."

(22) Daniel P. Sawyer, Miguel Lazaro-Gredilla, and Dileep George, "A Model of Fast Concept Inference with Object-Factorized Cognitive Programs," arXiv: 2002.04021, https://arxiv.org/pdf/2002.04021.pdf.

(23) D. George, W. Lehrach, K. Kansky, M. Lázaro-Gredilla, C. Laan, B. Marthi, X. Lou, Z. Meng, Y. Liu, H. Wang, et al., "A Generative Vision Model That Trains with High Data Efficiency and Breaks Text-Based CAPTCHAs," *Science*, October 27, 2017, https://media.theobjective.com/2017/10/science.aag-CAPCHA.pdf; Ivan Y. Tyukin, Alexander N. Gorban, Muhammad H. Alkhudaydi, and Qinghua Zhou, "Demystification of Few-Shot and One-Shot Learning," arXiv, May 29, 2021, https://arxiv.org/pdf/2104.12174.pdf; Jun Shu, Zongben Xu, and Deyu Meng, "Small Sample Learning in Big Data Era," arXiv, August 22, 2018, https://arxiv.org/pdf/1808.04572.pdf.

(24) Oriol Vinyals, Charles Blundell, Timothy Lillicrap, Koray Kavukcuoglu, and Daan Wierstra, "Matching Networks for One Shot Learning," arXiv, December 29, 2017, https://arxiv.org/pdf/1606.04080.pdf.

(25) Egor Zakharov, Aliaksandra Shysheya, Egor Burkov, and Victor Lempitsky, "Few-Shot Adversarial Learning of Realistic Neural Talking Head Models," arXiv, September 25, 2019, arXiv: 1905.08233v2.

(26) Zakharov et al., "Few-Shot Adversarial Learning of Realistic Neural Talking Head Models."

(27) Egor Zakharov, Aliaksandra Shysheya, Egor Burkov, and Victor Lempitsky, "Personal Statement," https://www.youtube.com/watch?v=p1b5aiTrGzY.

(28) Elizabeth Payne, "Ottawa Hospital Team Pioneers Virtual Reality to Treat Parkinson's Patients," *Kingston Whig-Standard*, March 19, 2019, https://www.thewhig.com/news/local-news/ottawa-hospital-team-pioneers-virtual-reality-to-treat-parkinsons-patients/wcm/24914de3-697f-4964-b106-db0877dc0730?fb_comment_id=2004219489677092_2174866382612401.

(29) Mandy Erickson, "Virtual Reality System Helps Surgeons, Reassures Patients," (Stanford University Medical Center), Medical X Press, July 12, 2017, https://med.stanford.edu/news/all-news/2017/07/virtual-reality-system-helps-surgeons-reassures-patients.html.

(30) Paul Daugherty, Bhaskar Ghosh, Annette Rippert, Ramnath Venkataraman, and H. James Wilson, "Make the Leap, Take the Lead: Tech Strategies for Innovation and Growth," Accenture, April 2021, https://www.accenture.com/us-en/insights/technology/scaling-enterprise-digital-transformation.

第3章 専門性——機械学習からマシン教育へ

前著『人間＋マシン』では、人間とマシンのコラボレーション（協働）から生まれる新たな役割や仕事を挙げ、それを「ミッシング・ミドル（見落とされていた中間領域）」と呼んだ。経済調査でも雇用報告でもほとんど取り上げられることのない新たな仕事である。人間とマシンのコラボレーションを可能にするAIテクノロジーがますます性能を高めている今、このミッシング・ミドルの開拓が、イノベーションの重要な要素の1つになっている。

前著では、このミッシング・ミドルを構成する人間とマシンのハイブリッド活動として6つの要素を挙げた。そのうちの3つは、マシンが人間の能力を拡張する。（1）「増幅」（普通人間だけでは実現が難しいデータ駆動型アプローチによる知見を提供するなど）、（2）「相互作用」（知的なエージェントを通じて人間とコミュニケートする）、（3）「具現化」（ロボットが人間の身体的な能力を拡張するなど）の3つである。残りの3つは、人間がマシンを補完する。（1）「訓練」（機械学習システムのためデータにラベルをつけるなど）、（2）「説明」（テクノロジーの専門家とビジネスリーダーとの橋渡しをする）、（3）「維持」（AIシステムが倫理的かつ人間のために適切に機能するようにする）の3つである。だが今では、この後者3つに加え、第四の要素が必要になっている。それは、専門家が持つ知識をマシンに付与する「教育」だ。

人間がマシンを教育する新たな世界において、最終的にAIから競争優位を最大限に引き出す役目を果たすのは、データサイエンティストでもコンピューターエンジニアでもAIベンダーでもない。それらの役割が今後も重要であることに変わりはないが、本当の意味で企業に差異をもたらすのは、企業内の特定分野の専門家たちである。トップダウン型のAIが切り開く新たな可能性を中心にビジネスプロセスを再考する際に、マシン教育を重視すれば、企業のあらゆる階層の従業員が持つ専門性を開放し、その価値を大幅に高めることが可能になる。

専門性の3つの領域

2015年、既存のジャンルの枠を超えて新しい音楽を生み出す、当時25歳のエクスペリメンタル・サウンドアーティスト、ホーリー・ハーンダンが2枚目のフルアルバムとなる『プラットフォーム』を発表した。その内容は、これまでのテクノロジーとのブレイク・アップ（決別）

を表現したものだった。いや、テクノロジーへのアプローチが常識を打ち破るほど画期的だったと言ったほうがいいかもしれない。ハーンダンはステージ上でコンピューターを楽器として演奏するなど、「ラップトップ・ガール」の異名を持つ。１作目のアルバムでは、自分の声を操作・処理するソフトウェアを利用していた。だがこの2作目（タイトルはインターネットを想起させる）では、その技術を進展させ、部分的にではあるもののテクノロジーが人間を支配する可能性について批判を展開している。

　とはいえ、現代のテクノロジーに疑念を抱いているわけではない。ハーンダンはそれからの４年間、スタンフォード大学音楽・コンピューター音楽音響技術研究センターに通い、博士号を取得した（このセンターには２００８年に、スタンフォード・ラップトップ・オーケストラが設立されている）。また、パートナーのマット・ドライハーストとコンピューターアーティストのジュール・ラプラスと共同で、人工ニューラルネットワークを組み込んだゲーム用パソコンを開発した。そして、これを彼らの「ＡＩベイビー」と呼び、「スポーン」と名づけ、２０１９年にはそれを利用して3作目のアルバム『プロト』を製作した。このタイトルは、アルゴリズムのプロトコルを暗示している。

　ハーンダンらはその際、膨大な量のボーカルサンプルでスポーンを訓練するのではなく、コールアンドレスポンスの要領でスポーンに歌を教えた。そのスタイルは、世界各地の民族音楽の伝承を想起させる（ハーンダン自身、生まれ故郷のテネシー州の教会で聖歌隊の一員として歌っていた）。このスポーンとともに録音された『プロト』に耳を傾けると、スポーンの音が人間のアンサンブルの音と一体となり、まったく新しいものが生まれている。『ニューヨーク・タイムズ』紙のポップミュージックのレビュー欄に掲載された記事には、熱狂的な筆致でこう記されている。「女声の合唱が、バルカン地方か地球外の音楽のような対位旋律と調和・反響している[1]」

ハーンダンは、ＢＢＣ放送のインタビューの中でこう述べている。「このアルバムでは、多様な民族の伝統を利用している。その多くが、合唱隊にいる個人や、その一人ひとりが持つさまざまな経験と関係している。この世界に存在するさまざまな歌の伝統は、私たちが生まれながらに持つ人間の技術なのではないか、という考えに興味があった[2]」

これは、音楽ＡＩを利用した従来のアプローチとは著しい対照を成している。これまでは、特定の音楽ジャンルあるいは特定のアーティスト（故人も含め）のサンプルでＡＩを訓練し、同様のスタイルの「新たな」音楽を自動的に生み出す、というアプローチが主だった。ハーンダンは言う。「私は音楽を再現したいわけじゃない。新しい音、新しい美学を見つけたいの。一番の違いは、私たちがスポーンを、作曲者ではなく合唱団の団員と見なしている点。ほかの団員と同じように、スポーンが即興的な節まわしで歌ったとしても、それはスポーンが曲をつくっているわけじゃない。音楽をつくっているのは私なの！[3]」

ハーンダンは、人間の本質に迫る革新的な方向へ転換を果たしている。マシンが山のようなデータを処理して「学習」するのではなく、人間が経験や専門性をもとにマシンを教育しているからだ。このマシン教育は、人間とマシンのコラボレーションを進めていけば当然現れるステップだと言える。人間がマシンを訓練するだけでなく指導する。マシンのボトムアップ型の経験知ではなく、人間のトップダウン型の専門性を利用する。そしてＡＩに自然知能を直接付与する。マイクロソフト社のビジネスＡＩ担当副社長ガーディープ・シン・ポールは言う。「機械学習は、アルゴリズムでデータ内のパターンを見つけるだけだが、マシン教育は、人間の専門家から機械学習システムへ知識を伝達する[4]」

マシン教育には、長らくＡＩに組み込むのは難しいとされていた人間の専門性の３つの領域が含まれる。その３つとは、職業上の経験、集団的な社会的経験、個人的な経験（一人ひとりの先天的および後天的な能力）である。ハーンダンの場合、このそれぞれが、プロのミュージシャンとしての実績、民族的伝統や合唱が持つ社会的背景、自身の作曲能力に相当する。これらを組み合わせた結果、他のミュージシャンには真似できない、極めて特異な本物のイノベーションが生まれたと言えよう。

マシン教育は、エクスペリメンタル・テクノアートポップという音楽の一ジャンルに限られた話ではない。企業や研究機関は、ＡＩへのアプローチを模索する中で、職業的・社会的・個人的経験が持つ役割に注目している。実際、自社独自の価値創造システムに人間の職業的経験を組み込む新たな方法を探している。また、自然言語、流行に対する消費者意識、ほかの知的主体との複雑な関係など、これまで捉えどころのなかった集団的な社会システムに、強力な知的システムを組み込もうとしている。

さらには、人間の先天的・後天的能力を利用して、「システムに人間を介在させるヒューマン・イン・ザ・ループ（ＨＩＴＬ）」アプローチに新たな可能性を与えようとしている。人間の本質に迫る革新的な方向へ転換を果たした知能やデータとともに、職業的・集団的・個人的な専門性（ＩＤＥＡＳのＥ）に改めて目を向ければ、どんな業種であろうとまったく新しいイノベーションへの道が開けるに違いない。

職業上の専門性：それぞれの企業に特化したAIイノベーション

ここでは、マシン教育に関するマイクロソフト社の野心溢れる取り組みを紹介しよう。この取り組みは10年以上前に始まり、今ようやく実を結びつつある。その目標は、ありとあらゆる労働者がそれぞれの明確な目的に沿ってＡＩツールを簡単に利用できるようにすることにある。いわば、労働者自身が「作詞作曲する」のを支援するということだ。その仕組みを使えば、弁護士、会計士、エンジニア、看護師、フォークリフトの運転手など、特定分野の専門家がＡＩの専門知識を持っていなくても重要な抽象的概念を知的システムに教え込める。知的システムは、それをもとに機械学習を進めるのである。

例えば、あるタスクを理解している人が、その作業に関わる問題を細かい要素に分解し、自律的なデバイスが作業するためのルールや基準を設定する。そして、専門家がシミュレーション・ソフトウェアを使って、機械学習アルゴリズムが問題を解決するのに役立つ少数のサンプルをシステムに提示する。このサンプルは、授業プランに相当する。この授業の際、デバイスが絶えず同じ間違いを繰り返す場合はこのデジタルカリキュラムにさらにサンプルを追加する。マイクロソフト社のビジネスＡＩ担当ゼネラル・マネージャーのマーク・ハモンドは言う。「マシンはランダムに学習を進めるのではなく、教師の指導に沿って学習する」[5]。こうしてカリキュラムが確定すれば、あとはシステムが自動で一度に数十万ものシミュレーションを行ないながら教育・学習プロセスを進めていく。

マイクロソフト・マシン教育グループのプリンシパル・プログラムマネージャー、アリシア・エデルマン・ペルトンは、ある企業の簡単な事例を挙げてこう説明している[6]。その企業は、ＡＩを使ってあらゆる文書を読み取り、どれだけの見積もりが販売につながったのかを調べようとした。そのためにはまず、契約書や請求書、提案書などの文書をシステムが区別できなければならない。だが大抵の場合、ラベルつきの訓練用データなどない。営業担当者によって書式が異なればなおさらだ。そのため、機械学習のみに頼るアプローチでは、数千ものサンプル文書や詳細な指示を外注先に送り、訓練データをつくってもらわなければならない。しかも、そのデータのラベルづけには、数カ月もの時間がかかる。

ようやくエラーのないデータが揃っても、会社がＡＩモデルを構築するためにはさらに、希少で高額なコストのかかる機械学習の専門家が必要になる。ＡＩモデルを構築できたとしても、マシンが訓練を受けていない書式を営業担当者が採用するようになったら、マシンの性能は低下してしまう。

一方マシン教育では、社内の営業担当者など経験ある従業員が、見積書の決定的特徴や「支払い条件」などのキーワードを特定する。また、専門家の用語をマシンが理解できる言葉に翻訳する。そして、それらを事前に設定したアルゴリズムで作業を行なう。このように、社内の専門家を活用してマシンを教育すれば、カスタマイズされたソリューションを迅速に生み出せる。

産業環境でイノベーションを起こす

いまでは多数の企業が、マイクロソフト社のマシン教育ソフトウェアを試している[7]。デルタ航空は、このテクノロジーを使って手荷物処理を改善できるかどうか検証中だ。パリを拠点に、エネルギー管理やオートメーションに関するサービスを提供する老舗多国籍企業シュナイダーエレクトリック社は、このテクノロジーをビルの冷暖房制御に活かそうとしている。カーネギー・メロン大学は、このテクノロジーをもとに鉱山探査ロボットを開発し、米国国防高等研究計画局（ＤＡＲＰＡ）が主催する競技大会「ＤＡＲＰＡロボティクス・チャレンジ」で優勝を果たした。

マイクロソフト社だけではない。アマゾンやグーグルも、ＡＩの専門性のないエンジニアでも複雑なＡＩモデルをプログラミングできるマシン教育技術に取り組んでいる。例えば、アマゾンの「SageMaker Autopilot」を使えば、機械学習の経験がない人でも簡単にモデルを生み出せる。またグーグルは、人間が歌を口パクしているときの顔の動きを観察して人間の話し方を学習するようＡＩを教育しているが、これは専用の動作追跡ハードウェアがなくても、スマートフォンのカメラさえあれば可能である[8]。

不確実性が高いとき、データが少ないときに人間の専門家がどうするかをマシンに教えれば、大量のデータを消費するアプローチに頼らなくても、多種多様な工場設備を設計・制御できる。例えばシーメンスは、トップダウン型のＡＩを活用して、ガスタービン内の極めて複雑な燃焼プロセスを制御している。ガスタービンでは、燃焼室内に空気と燃料ガスを流入させて点火し、１６００度もの高温で燃焼させる[9]。その際にどれだけの排出物が生まれるか、このタービンの稼働寿命がどれくらいかは、燃料ガスの品質、空気の流量、内部や外部の温度など、無数の要素の相互関係に左右される。

この場合、ボトムアップ型の機械学習アプローチを採用すれば、訓練を始めるのに十分なデータを集めるために、ガスタービンを１００年間も稼働させなければならない。そこで同社の研究者であるヴォラール・シュテルツィングとシュテファン・ウドルフトは、わずかなデータでマシンを教育するアプローチを採用した。その結果、豊富な知識を持つ専門家が同時に複数のつまみを回すかのように微調整をしながら排出や摩耗を最適化し、絶えずリアルタイムで最高のソリューションを模索する監視システムが生まれた。

どこまでが専門家に含まれるのか？

専門家は企業のあらゆる階層にいる。それは、アクセンチュアが最近、医療コーダーを対象に行なった調査を見ても明らかである。[10] 医療コーダー（コンピューターのコードを書くプログラマーのことではない）とは、患者一人ひとりのカルテを分析して、診断・治療・投薬などに関する複雑な情報を英数字のコードに変換し、それを医療費の請求システムに入力したり、支払いや払い戻しを行なう保険会社に提示したりする仕事に従事する人を指す。

アクセンチュアの調査に参加した医療コーダーは、みな正看護師の資格を持っており、すでにＡＩを利用した経験があった。カルテをスキャンし、病状と治療との関係を見つけ、適切なコードを提示するＡＩである。この調査の目的は、医療コーダーがＡＩの教師になり得るのか、その知識でシステムを強化し、ＡＩの性能を改善することができるのかを調べることにあった。

調査をしてみると、各要素の関係性（Ｘという症状がＹという病状と関係しているなど）を決定する上で人間のコーダーとＡＩとの間に意見の不一致があった場合、コーダーはＡＩの知識グラフ（ナレッジグラフ）内の各要素の関係を示す「リンク」を確認していた。つまり、コーダーは自分の専門性に基づいて、その関係を直接確認・削除・追加したり、そう判断した根拠を提示したりすることができた（後者は、のちにほかのコーダーが確認できるようにするためである）。また、コーダーが投薬と疾患との関係を調査する際に、時間がかかる既存のＡＩの検索ツールではなくグーグルを（大抵はＷｅｂＭＤとともに）利用したいときには、自由にそうしてよかった。

この人間の専門性の積み重ねは、著しい相乗効果を及ぼす。医療コーダーは単にカルテを評価するだけでなく、今後のあらゆるカルテの評価に影響を及ぼす医療知識を追加していた。また、ＡＩに膨大な量の定型作業（ルーティンワーク）を任せることで、コーダーはすべてのカルテに目を通す必要がなくなり、極めて評価が難しいカルテにのみ集中できる。さらには、データサイエンティストもデータをクレンジング・正規化・前処理をする価値の低い退屈な仕事から解放される。

この新たなシステムでは、コーダーは個々の関連を示すリンクがどれだけあるかではなく、投薬と疾患の関係を一般的にどう扱うかをＡＩに教えることを重視し、必要があるときには調査を行なうよう指示されていた。つまり、量的なエビデンスにさほど縛られることなく、特定の関係性をＡＩのナレッジベースに追加するかどうかを判断できた。こうすればＡＩも、投薬と疾患とのまれに見られる関係、まだ確定されていない関係、新たな関係について定期的かつ動的に学習できる。

また、各コーダーはこの新たな役割を通じて、自分はＡＩの教師であるだけでなく、ほかのコーダーの教師でもあると認識するようになった。何よりも重要なのは、ほかのコーダーから良い評価を得られるかどうかは、自分の判断について確固たる根拠を提示できるかどうかにかかっていることを理解していた点だ。コーダーはよく、見慣れない関係性に出くわすことのあるコーダーにとっては、今後もこの根拠が重要になると話していた。

　コーダーはさらに、新たな作業を実行したり、より多くの知識を利用したり、新たなスキルを獲得して自分の専門性を増やしたりしたときにやりがいや満足感を感じると語っていた。また、日常的にＡＩと連携して仕事をすることを肯定的に受け止めていた。

　社内の内容領域専門家（ＳＭＥ）やその経験をＡＩの推進に利用すれば、数多くの利点がある。医療コーダーなど、データサイエンティストでもない従業員をＡＩの教師にすれば、その会社が無数に持ついまだ利用されていない独自の専門性を、あらゆる階層に適用・拡張できる。経験豊かな従業員が、ＡＩの出力を受動的に利用するだけの存在ではなく、ＡＩのつくり手になれる。データから知識を引き出すだけでなく、専門的な知識をフル活用できる。その知識とは、特定の機能や領域の専門性だけではない。いかに利益を生み出すのか、いかに競合他社に立ち向かうのか、どこを改善すればいいのかなど、ビジネスそのものに対するきめ細やかな理解も、そこには含まれる。

専門性のある集団知：社会的コンテクストをAIに教える

人間は複雑極まりない集団的・社会的コンテクスト（状況・環境・前後の文脈）の中で、大抵は苦もなく行動する。これらのコンテクストは複雑に重なり、混ざり合い、短期的・長期的に絶えず変化する。実際、私たちは都市環境で車を運転する際に、緊密に絡み合った社会システムに対応している。ほかの車の動きや、ドライバーの意図を予測・処理し、歩行者の身ぶりを読み取り、公道の公式ルールに従い（従わないこともあるかもしれない）、文化に組み込まれた非公式ルールを利用する。例えば、ヘッドライトを点滅させた場合、ある文化ではこれは、他の車に道を譲ることを意味する。だがほかの文化では、自分が通り抜けるから他の車は道を譲れ、という意味になる。

言葉を使う際にも、無数の複雑なシステムやニュアンスを駆使している。例えば、言語における形式的なルール、くだけた用法、俗語、口語、ジョーク、口調、表現方法、言葉づかいなどだ。時には、語らなかった内容が最も重要な意味を持つ場合さえある。礼儀作法についても、その文化に定着した社会的なルールに対応している。芸術を鑑賞する際にも、想像上の作品の中に様式や流派を読み取る。このように、一人ひとりの当たり前の推論・予測・行動・発言は、常に社会的コンテクストに関わっている。アリストテレスも『政治学』〔邦訳は山本光雄訳、岩波書店、１９６１年）の中で述べているように、社会は個人に先立つのである。

集団の知恵＋マシン

２０１９年５月４日、常に予測不可能な行動をとる北朝鮮の指導者、金正恩が７カ月ぶりにミサイル発射試験を実施した。だが、この金正恩の行動を正確に予測していた人たちがいる。ＡＩシステムと対話していた一般民間人グループである。この予知は、米国政府情報機関の研究部門であるＩＡＲＰＡと、南カリフォルニア大学ビタビ情報科学研究所（ＩＳＩ）の合同プロジェクトの一環として行なわれた。

ＩＡＲＰＡとは、「Intelligence Advanced Research Projects Activity（情報先端研究計画局）」の頭字語である。スパイや博士号取得者を擁するこの機関は、地政学的な出来事を正確に予測し、行政上の意思決定者にその情報を提供することを使命としている。２０１７年からは南カリフォルニア大学のＩＳＩと共同で、「地政学的事象の相乗的予測（ＳＡＧＥ：Synergistic Anticipation of Geopolitical Events）」というプロジェクトに取り組んでいる。[11] その目的は、人間とＡＩの組み合わせにより、人間の専門家やマシンよりも正確な予想を生み出すことにある。

地政学的な出来事は、予想するのが難しいことで知られている。時間を追って追跡してみた結果、専門家の予測精度はあてずっぽうと変わらないことが証明されている。[12] それを改善する１つの手段が、予測をクラウドソーシングし、大勢の専門家の予測をまとめて可能性の高い１

つの判断を生み出す方法である。この「集団の知恵」アプローチの詳細を初めて明らかにしたジェームズ・スロウィッキーの２００４年の著書『群衆の智慧』〔邦訳は小高尚子訳、ＫＡＤＯＫＡＷＡ、２０１４年〕によれば、問題の解決、賢明な判断、未来の予測においては、少人数の専門家から成るエリート集団より大人数の集団のほうが優れた結果を出すという[13]。つまり大雑把に言えば、集団の知能は時に、特定分野の個人の専門知識を上まわる場合がある、ということだ。

一方で、機械学習も進歩し、さまざまなタスクにおいて極めて合理的な予測を行なうモデルを生み出している。そこでＳＡＧＥプロジェクトでは、この人間のクラウドソーシングの力と進歩するＡＩの力を組み合わせることにした（このプロジェクト名に「相乗」とあるのはそのためだ）。その結果、それぞれが単独で生み出すよりも正確な予測が生み出されているのだ。

例えば、ＩＳＩが公開募集した予測者５００人以上が、地政学、スポーツ、医療、気候などに関する４５０以上の問題を予測している。予測者たちは、「量」または「性質」を問う一連の質問の中から自分が予測したいものを選ぶ。ここで言う「量」を問う質問とは「○月×日の日経平均株価の終値はいくらか？」といった、ベースレートのデータセットから数値の結果が得られる質問を指す。一方、「性質」を問う質問とは「○月×日までにパキスタンは国家的な軍事攻撃を実施するか、あるいはその標的になるか？」といった、ベースレートがない質問を指す。

「量」を問う質問の場合、時系列データを利用すれば、基準となる数値（過去の値が回答の各選択肢の範囲内に入ったことが何度あったか）を人間の予測者に示すことも、過去のデータを機械モデルに読み込ませて時系列予測をすることもできる。一方、政変などの「性質」を問う質問の場合、時系列予測を生み出せるような過去のデータがほとんどないため、システムは当該問題を同様の歴史的事象の枠組みに対応させ、それを判断の基準にする。

予測者たちはまた、機械学習モデルが提供する情報に基づいて予測を行なうと同時に、意見交換の場でほかの予測者と対話して予測結果について意見を述べることもできる。これは、従来のクラウドソーシングとは異なる点である。従来のクラウドソーシングでは、グループのメンバーからの入力を受け、集計結果を統計的に分析するだけで、メンバー同士がコミュニケーションをとることはない。

ＳＡＧＥは２０１９年、予測システムの精度を競う大会に参加し、２つの競合システムを相手に闘った。参加した3つのシステムは、いずれも同じ４００を超える予測問題を与えられたが、ＳＡＧＥは見事この大会で勝利した。

自動運転テクノロジーの開発を目指すテスラ社でも、集団の知恵が大きな強みになっている。同社の車を購入した50万人ものドライバー（その数は毎日増えている）が、オートパイロット機能を教育・改善しているのである。テスラの車はインターネットに接続されており、すべての車を合わせて毎日およそ２４００万キロメートル、年間87億キロメートル以上もの距離を走行しながら、カメラなどのセンサーから膨大な量のデータを収集している（オートパイロット機能が利用されていないときでも)。このデータはテスラにアップロードされ、同社のニューラルネットワークはそれをもとに、人間の運転の仕方を学んでいく。どんな状況でも、ハンドルやブレーキ、アクセルの正確な操作を即座に予測できるようにするためだ。

一方、大半の競合他社は、現実世界での走行経験を蓄積するのに苦労している。安全のため、試験車に乗せる人間のドライバーを雇わなければならないからだ。

人間＋マシンのハイブマインド(集合意識)

では、集団からどんな知識を引き出せるのか?

ミレニアル世代の女性をターゲットとする大手出版社ＢＤＧ(旧称バッスルデジタルグループ)は、ある主要ブランドが販売する8種類の女性用セーターのクリスマス期売上を予測するプロジェクトを立ち上げた[14]。その際、過去に販売を予測した経験のない、おしゃれ好きを自称するミレニアル世代の女性をランダムに選び、その女性たちの専門知識や直感、経験的知識を活用するため、ユナニマスＡＩ社が開発したスウォームというプラットフォームを採用した。参加した女性たちは、自身のパソコンを使ってスウォームにアクセスし、使い方をただちにマスターすると、来るべきホリデーシーズンに8種類の女性用セーターの売上順位がどうなるかを予測するよう求められた。そこで、参加者たちがまずオンライン調査をもとに個人として予測し、次いでスウォームを使ってそれぞれの予想をＡＩにより最適化した。こうして「一緒に考える」

を実現したのである。

このプラットフォームは、「スウォーム（群れ）」という名前からもわかるように、「群知能」という概念を利用している。これは、生物の集団が中心的な制御メカニズムもないのに、まとまった知的行動を示しているように見える自然現象を指す。鳥やハチ、魚、アリの群れはいずれも、一致した行動により複雑な問題に対する最適な解決策を効率的に見出す集団の具体例である。群知能は数十年前から知られていたが、ＡＩに組み込まれるようになったのはつい最近だ。今後はロボットの群れが、捜索救助や海底の地図作成、漏出した有害物の除去など、危険や困難を伴う作業に従事すると期待される。

ＢＤＧ社の事例では、群アルゴリズムがおしゃれ好きの参加者たちの複雑な集団的行動・反応・相互作用をリアルタイムで評価した。そして、参加者が自己申告した感覚よりも目に見える挙動を重視して、８種類のアイテムの最適化された売上ランキングだけでなく、各アイテムの売上の相対的な差を示す、より詳細なランキングも提示した。また、上位３種類のセーターについては、幅広い魅力に富み、適度あるいは非常にトレンディと評価した。

実際の売上結果と比較してみると、スウォームを利用したＢＤＧ社の予測は、売上上位３アイテムのうち、２つを当てることに成功した。さらに重要なことに、スウォームが予測した上位３アイテムの売上が、下位３アイテムの売上を１５０パーセントも上回っていた。これは、アイテム間の相違が色や図柄しかないことを考えれば、驚異的な成果である。また、流行性の評価、魅力の幅、売上予想に関するスウォームの予測精度も高く、実際の売上数量と高い相関にあり、ばらつきの34％を予測していた（一方、従来の調査ではわずか４パーセントであった）。

スウォームＡＩプラットフォームを利用した事例をもう１つ紹介しよう。スタンフォード大学では、胸部レントゲン写真から肺炎かどうかをシステムが判断する際に、放射線科医の専門性を利用している。肺炎は他の病気と見かけが似ているので、画像だけから診断を下すのは極めて難しい[15]。そのため、レントゲン写真をリアルタイムで検証するたびに個々の放射線科医が自身の見解を提示している。

その際、この議論に参加した各放射線科医は、あるアイコンを操作して、自分の見解にどれだけ自信があるのかを、いつでもほかの放射線科医に表明できる。システムのアルゴリズムは、そのアイコンの相対的な動きに基づいて、各放射線科医の自信を推測する。このような仕組みを取り入れた結果、診断の精度は、個々の放射線科医の診断に比べて33パーセント、スタンフォード大学の機械学習プログラムの診断に比べて22パーセント上昇した（このプログラムはそれまで、放射線科医の診断よりも精度が高かった）。

スウォームＡＩプラットフォームのような「スウォームテクノロジー」はほかの業種でも利用されており、ネットワーク化されたチームの知能を増幅させ、予測の精度や判断の質を向上させている。例えば、金融トレーダーのグループが、一般的な４つの市場指数（ＳＰＸ、ＧＬＤ、ＧＤＸ、原油）の週ごとの傾向を連続19週にわたり予測してみた[16]。すると、金融トレーダーが各自それぞれ週ごとの傾向を予測した場合、その精度は平均56・6パーセントだったが、リアルタイムで集団として予測すると、精度は77パーセントに向上した。

それだけではない。群知能による予測をもとに投資を行なっていれば、この19週間で13・3パーセントの投資利益率（ＲＯＩ）をあげられたという。ちなみに、個々の金融トレーダーの同期間の投資利益率は０・７パーセントだった。

リアルタイムで自然言語処理システムを教育する

ゼンデスクは、おしゃれな事務机でもなければ、オルタナティブ・ロックのバンドでもない。１６０の国や地域に15万人もの顧客を有する顧客サービスのソフトウェア・プロバイダー企業である。世界中に事業所を展開している同社では、提供しているソフトウェアに関する膨大な量のサポート資料が、すべて英語のみで書かれていた。そこでサポートチームが、すべての資料を５カ国語に翻訳することにした。

だが、そのための調査を始めると間もなく、山のような複雑な資料を翻訳しようとする多くの企業（や政府機関）が直面する問題にぶつかった。人間の翻訳者を雇えば翻訳の品質は高くなるが、とてつもなくコストがかかる。機械翻訳に頼ればコスト効率はいいが、翻訳の品質が低下する。それに、人間の翻訳者がいかに有能でも、業界特有の言葉を理解するのは難しい。つまり人間であれマシンであれ、翻訳には、絶えず変化する巨大な言語社会の体系を１つだけでなく2つ理解する能力が必要なのだ。

ゼンデスク社の場合、さらに面倒な問題があった。その文書資料の中には、極めてアクセスの多いものもあれば、めったに閲覧されないものもあったが、そのいずれもが絶えずアップデートされていた。しかし同社は、やがてリルトという翻訳サービス会社を見つけた。この会社は、有能かつコスト効率のいい先進的なニューラル機械翻訳モデルと、人間の翻訳者の専門知識を組み合わせたＡＩ支援翻訳を採用していた。

簡単に説明すれば、ゼンデスク社が採用した翻訳の仕組みはこうだ[17]。まずはゼンデスクが、人間の翻訳者の介入が必要な資料と、ニューラルモデルによる機械翻訳だけに任せればいい資料とを区別し、それらをリルトにアップロードする。リルト社のシステムは、資料の転送を円滑に進めるため、ゼンデスク社の資料管理システムに直接接続されている。人間の介入が必要な資料については、この業種に精通した翻訳者に送られる。翻訳者がその資料を翻訳する場合、ニューラル機械翻訳システムの翻訳を下訳として利用するが、最終的な訳文の決定権は翻訳者にある。

こうして、ゼンデスク社特有の用語を訳文に組み込むと同時に、人間にしか理解できない文脈上の微妙なニュアンスを追加する。また、翻訳者が機械翻訳システムの訳文を洗練させることで、マシンは今後、人間の翻訳者に提案する訳文の品質をいかに向上させていけばいいのかを学んでいく。そして最終的に、人間＋マシンによる翻訳とマシンだけによる翻訳がゼンデスク社に送り返される一方で、その後も迅速にアップデートできるようそれらの翻訳がリルト社の中央翻訳メモリにも保存される。

　このように、人間の翻訳者が機械翻訳システムをリアルタイムで教育すれば、スループットタイムは絶えず向上していく。さらに、機械翻訳エンジンは人間によるリアルタイムのフィードバックを通じて教育されるため、エンジンを外部から再訓練する必要がない。そして何よりも重要なことに、このマシン教育により、言語を主な媒体とする社会的なコンテクストが翻訳に組み込まれる。機械翻訳システムは、さまざまな資料、業種、方言（ヨーロッパのフランス語とカナダのフランス語の違いなど）を扱うごとに、言葉の文脈や意味の微妙な違いを学んでいくのだ。

　マシン教育は、マシンの訓練に必要な時間やコストも削減する。知識の豊富な人間から特定の業種や方言について訓練を受けるアプローチは、万能型のアプローチよりも効率がいい。実際リルト社は、巨大データセットを利用する万能型ツールのわずか４００分の1のデータ量で、機械翻訳ツールを訓練できている。特定の業種や方言に焦点を合わせているため、少なくとも当初はそれらの業種や方言では使われる可能性の少ない言葉や表現を学ぶ必要がない（それらの言葉や表現も、時間がたつにつれて徐々に理解していく）。大量のデータを消費して相関関係を見出す万能型学習ではなく、この文脈学習により、リルト社の翻訳ツールは知識の豊富な人間の翻訳者を通じて特定の分野でも安価で正確な翻訳を提供できるようになった。

スタイリッシュにお買い物

ビンテージ品や手作りグッズを売買するサイトを運営しているエッツィ社は、「人間らしい売買」をモットーにしている。多くの購入判断の決め手になる「美的センス・スタイル」をどう認識すればいいのかを検索エンジンに教えようとしたときに、まず目を向けたのも人間だった。[18]買い手は商品の購入を検討する際、カテゴリー、説明書き、価格、評価といった商品の機能的側面だけでなく、そのスタイルや美的側面にも注目する。前述した言語などと同じように、このスタイルも絶えず変化する社会的コンテクストと関係している。人間はそれを簡単に把握できるが、ＡＩはなかなか理解できない。

エッツィ社の商品の場合、このスタイルを把握するのがひときわ難しい。大量生産品であれば容易に分類できるが、同社のサイトで販売されている商品の大半は、唯一無二の手作りグッズである。買い手や売り手の多くは、自分の好みをわかっていたとしても、好みのスタイルを適切に表現することはできない。また、商品の中には、さまざまなスタイルを借用しているものもあれば、強烈なスタイルが一切ないものもある。エッツィのサイトには、そんな商品が常時およそ５０００万点もある。

それまでにも、スタイルに基づいたＡＩレコメンドシステムをつくり、説明しにくい好みのスタイルをユーザーに提示していたこともあった。例えば、２つの商品を同じユーザーグループが何度も買っていたら、その２つの商品はスタイルが同じなのだと判断するアプローチや、色などの視覚要素を利用して商品をグループ化するアプローチを採用していた。しかし、いずれのアプローチでもスタイルが購入判断にどう影響するのか理解できなかった。

しかし、やがてエッツィは「スタイル」という主観的な概念をＡＩに教えるのに、自社の販売員ほどうってつけの存在はいないことに気づいた。

そこでまずは、販売員たちが自身の経験をもとに、宝飾品、おもちゃ、工芸品など、同社の人気上位15カテゴリーにおいて、買い手の気を引く42のスタイルを設定した。[19] その中には、美術の世界から借用したもの（アールヌーボー風、アールデコ風）、何らかの感情を引き起こすもの（楽しさやユーモア、心を鼓舞するもの）、ライフスタイルに関するもの（ボヘミアン風、農園風）、文化的なトレンドに関するもの（北欧風、ヒュッゲ）などがある。そして、13万点もの商品をこの42のスタイルに分類したリストを作成した。

エッツィ社は次いで、「アールデコ風のサイドボード（食器棚）」といったスタイルに関する検索語をよく使う買い手に目を向けた。買い手がこれらのスタイルを含む語句で検索するたびに、クリックした商品、「お気に入り」に入れた商品、購入した商品すべてに、スタイル名を割り当てたのである。

するとわずか１カ月で、ＡＩにスタイルの分類を教えるために必要な、３００万件ものラベルつきデータを収集できた。そこでこれらのデータを用い、文字と視覚を手がかりに、各商品を42のスタイルに分類できるようニューラルネットワークを訓練した。

その結果、エッツィ社のサイトにある現役商品５０００万点すべてのスタイルを予測できるようになった。これにより、同じ出品者から提供された商品や、同一のユーザーが購入したり「お気に入り」に入れたりした商品は、同じスタイルを持つ傾向があることがわかった。また、サイトのレコメンドシステムにスタイルモジュールを組み込めば、収益が上がることもわかった。

同社はさらに、「スタイルの強度」を数値化した。スタイルの強度とは、ある商品がいずれかのスタイルを示している度合いである。例えば、いかりやヨット、クジラを描いた絵画は、海洋風のスタイルの強度が高い。この試みの結果、あるスタイルの強度が高い商品は、強度が弱い商品や、さまざまなスタイルを併せ持つ商品よりも売れ行きがいいことがわかった。エッツィのＣＴＯマイク・フィッシャーは言う。「この仕組みは、売り手が強いスタイルを持っているかどうか、スタイルの強度を高めたほうがいいかどうかを判断するのに役立つ[20]」

このスタイルによる分類は、季節とも関係が深い。例えば、トロピカル風の商品は、夏季に一番売れる。ロマンチックな商品は、バレンタインデーなど贈り物と関係するホリデーシーズンに売上が急増する。心を鼓舞するインスピレーショナルなスタイルの商品は、多くの学生が卒業する5月から6月にかけてよく売れる。温かく心地のいい農園風の商品は秋に強く、11月に売上のピークを迎える。こうした情報があれば、売り手も出品する商品を季節ごとにふさわしいスタイルに合わせるようになるかもしれない。

パンデミックが世界を襲い、量販店のサプライチェーンが機能しなくなると、多くの買い手がエッツィ社を利用した。その結果、同社の収益は１００億ドルに倍増し、市場価値は２５０億ドルにまで上昇した[21]。その中でも、一番よく売れた商品は何だったのか？　それは、買い手の美的センスに合ったマスクである。マスクの売上は、２０２０年４月の時点ではほぼゼロだったが、その年の終わりには７億４０００万ドルにまで増えた。エッツィ社のＣＥＯジョシュ・シルヴァーマンは言う。買い手はここで「自分の趣味やスタイルに合った」マスクを見つけることができた。「いつでも人間らしい売買ができることに気づいたんだ[22]」

個人の専門性：人間に内在するテクノロジー

ＡＩ研究者は、数十年前から人間の知能の基本的構成要素をマシンに組み込もうと努力してきた。だが、第１章でも述べたように、人間的な知能への転換とは人間の意識を再現したマシンではない。人間の力強い認知特性を模倣するとともに、コンピューターの力強い能力でそれを補完することにより、問題を解決するマシンである。

一方、人間の本質に迫る革新的な転換を個人の専門性に当てはめた場合、それは人間の先天的・後天的な知能を模倣するのではなく、それを直接活用してＡＩを増強することを意味する。これはいわば、意識しない教育と言える。個人が持っている暗黙知（教える当人でさえそんな能力があることを知らないかもしれない能力）を学習システムに巧みに伝える教育法である。

人間をまるごと介在させる

従来の「人間を介在させる（ヒューマン・イン・ザ・ループ（ＨＩＴＬ））」機械学習では、人間がアルゴリズムを訓練・調整・テストする。人間がデータにラベルをつけ、そのデータを使ってマシンに判断や予測をする方法を学ばせ、アルゴリズムをチューニングし、出力結果を採点（スコア化）し、性能を向上させていく、という好循環を実現する。だが、狭義のヒューマン・イン・ザ・ループは、機械学習モデルを訓練するには効果的だが、マシン教育の豊かな可能性をすべて網羅しているとはとても言えない。

例えば、パンデミックにより倉庫ロボットの需要が一気に高まると、キンドレッドＡＩ社は多くのロボット会社同様、開発態勢を急速に加速させた。だが、こうした企業の多くは、ロボットを幅広く展開する前にＡＩを完璧なものにしなければならないという考え方にとらわれ、そこで行き詰まっていた。それに対してキンドレッド社は、最初から機械学習に人間を「まるごと」介在させることにより、重要顧客のニーズにすぐさま応えることができた。その顧客の１つが、衣料品（アパレル）小売企業のＧＡＰである。

新型コロナウイルスの感染が北米に広まると、ＧＡＰは多くの店舗の閉鎖を余儀なくされた（オールド・ネイビーやバナナ・リパブリックなどの直販店も含む）。その結果、オンライン注文が飛躍的に増えたが、同社はソーシャルディスタンス措置を採用しており、注文を処理する倉庫スタッフを減らしていた。そこで、２０１９年に同社に試験的なロボット化プログラムを提供していたキンドレッド社に白羽の矢が立った。ＧＡＰはキンドレッド社にいきなり、全高２・４メートルのロボット１０６台を発注した[23]。

強化学習および独自のグリップ・テクノロジーで強化されたキンドレッド社のマシン「ソート」は、複数のアイテムの注文をまとめる作業を支援する。顧客の買い物かごの中にあったアイテムが傾斜台を滑り、所定の位置に降りてくると、吸引装置とグリップ装置を備えたロボットアームがバーコードをスキャンし、それを近くのコンテナ容器に入れる。注文されたすべてのアイテムがコンテナ容器に揃ったら、人間のスタッフがそれをコンベアに載せ、梱包・配送を行なう。

キンドレッド社がほかの倉庫ロボット会社と違うのは、同社が「ロボットのパイロット」を採用している点だ。ロボットを操縦するパイロットはトロントのオフィスに常駐しており、そこからロボット部隊の動きを監視して、ロボットにベストプラクティスを教えるのである[24]。ロボットアームに搭載されたステレオカメラにより、パイロットはロボットの挙動を監視する。そして、ロボットが間違った動作をしたり、アイテムをどうつかめばいいか、どこに置いたらいいかわからなくなったりしたら、パイロットが介入してロボットを指導する。すると、マシンはそこからパターンを学習し、以後成功するたびに報酬シグナルを受け取り、最終的には人間の支援を必要としないほど作業に熟達するようになる、というわけだ。

このように最初のうちだけ、パイロットと同じように滑らかにアームを伸ばしてアイテムをつかむ動作ができるよう、アームやグリップ装置の動きを調整する。こうしたモノをつかむ行為は、人間であればほとんど考えることなくできる。自転車に乗ったり、キーボードを見ないでキーを打ったり、歌ったりするのと同じで、これらはいわば、人間に「内在するテクノロジー」と言える。哲学者のマイケル・ポランニーはこれを「暗黙知」と呼んだ。

暗黙知は、言葉で表現するのが難しい。これに対して、言葉で容易に表現できる知識が形式知である。「私たちは、言葉で表現できない多くのことを知っている」とポランニーは言う。だからこそ、暗黙知を他人やマシンに明確な形で伝えるのは極めて難しい。そのためキンドレッド社のパイロットは、ロボットに言葉で教えるのではなく、どうすればいいかを実際にやってみせるのである。

２０２０年５月、ＧＡＰの急ぎの注文を受け、キンドレッドは予定より数カ月も早く、わずか数週間でＧＡＰの配送センター４カ所にロボットを配備した。同社は、アイテムのピッキングごとに課金するスマート・ロボット・アズ・ア・サービス（ＳＲａａＳ）モデルを採用しているため、実店舗の営業が再開されてオンライン需要が減れば、ロボットの数を減らすことも簡単にできる。あるいは、パイロット＋強化学習モデルにより、構造化されていない小さな部品をまとめる作業であれば、どんな作業にでも素早くシステムの用途を変更できる。キンドレッドは今、自動車産業やエレクトロニクス産業、製造業に注目しているという。

より効率的な知識の伝達

パイロットのような実務者や専門家の暗黙知を吸収できるマシンのおかげで、未来のシステムはこれまでよりもはるかに少ないデータで構築や訓練を行ない、専門家の知識を取り込んでいくことが可能になるだろう。これは、大量のデータを消費するＡＩからデータ効率のいいＡＩへ、ボトムアップで構築されたシステムからトップダウンで問題を解決するシステムへの転換を意味する。

フランスのブルターニュ地方にある、ブレスト大学病院と同大学医学部とブルターニュ国立電気通信学院が共同で、ある競技会を実施した。低侵襲白内障手術の各段階において外科医が使っているツールを、医療用画像診断システムによりいかに正確に認識できるかを競う大会である[25]。

その勝者は、わずか50本の白内障手術動画で６週間の訓練を受けただけのＡＩ機械視覚システムだった。有名な外科医による手術の動画が48本、経験が１年しかない外科医による手術の動画が１本、インターンによる手術の動画が１本のみである。正確にツールを認識できるシステムがあれば、医療関係者が手術の手順を細かく分析し、改善法を探ることができる。このシステムは、レポートの生成や手術の訓練にも応用できるだけでなく、今後は手術中の外科医の判断をリアルタイムで支援する役割を担うことになるかもしれない。

組織内の専門性を活かす

今後は、前著『人間＋マシン』で挙げた6種類の人間とマシンのハイブリッド活動にマシン教育が加わり、ＡＩは人間の指導を受けながら、さらに力強いイノベーションの原動力になるだろう。また、機械学習からマシン教育へというより人間的な方向への転換により、「ミッシング・ミドル」の領域が注目され、人間を中心としたやりがいのある多種多様な仕事が新たに生まれるだろう。だが、企業にとって何より重要なのは、マシン教育によりそれまであまり活用されてこなかった専門性が組織全体に開放され、これまでよりはるかに幅広い洗練された新たな方法で従業員がＡＩを利用できるようになることだ。

マシン教育は、テクノロジー面での後れを取り戻すだけではない。ビジネスの状況に合わせてカスタマイズが可能なため、本当の意味でのイノベーションや強みを生み出してくれる。教師あり学習を計画しているが、機械学習アルゴリズムを訓練するラベルつきデータが足りない、あるいは存在しないという場合には、マシン教育は極めて有効だ。業界や企業にはそれぞれ固有のニーズがあるため、必要なデータが揃わない場合が多い。

企業がシステムからも知識労働者からも最大の価値を引き出すためには、ＡＩの専門家だけでなく非専門家がマシンと関わり合う方法も再考する必要がある。まずは、ほかの特定領域の専門家にデジタルフルーエンシー（デジタル活用力）を身につけさせ（これについては第6章で取り上げる）、その専門性を企業のプロセスやテクノロジーと効率的に組み合わせる。このデジタルフルーエンシーがあれば、ＡＩをビジネスに応用する独創的な方法を考案することも可能だ。また、企業はその一方で、組織内のあらゆる階層の従業員が専門家になり得ることを認識すべきである。前述した医療コーダーのように、従業員がＡＩを活用すれば、低レベルの退屈な仕事を高い価値のある知識労働に変え、従業員のエンゲージメントを深め、データサイエンティストの負担を軽減することができるのだ。

ＡＩ技術はまた、人間の集団の知識を簡単かつ効率的に活用するのにも役立ち、競争優位を確立する新たな可能性を企業にもたらしてくれる。それは、テスラ社のような業界大手からＢＤＧ社のようなファッション誌の出版社まで、どんな企業にもあてはまる。市場調査により消費者のニーズに関する実証的なデータを収集する方法と、市場が自社の製品やサービスをどうすればいいのかを直接教えてくれる方法とを比較してみるといい。

さらに、機械学習のプロセスに人間をまるごと介在させ、人間の先天的・後天的能力をＡＩシステムに直接教えることをためらってはならない。例えば、ロボットのパイロットや人間の翻訳者に頼らなければならないのは、ＡＩの失敗を意味しているわけではない。それはむしろ、人間とマシンを最高かつ最良の状態で活用することを意味している。人間は、言葉では表現できない知識に関する無数のニュアンスを教え、マシンは、人間には達成できない効率を提供する。人間とマシンがミッシング・ミドルで出会い、両者の能力を力強く融合させるというのは、そういうことだ。間もなくミッシング・ミドルはミッシングでなくなり、ミッシング・ミドルが見過ごされていた時代は終わる。

　これまでの章で、イノベーションの意味がひっくり返りつつあるこの世界では、ＡＩによって可能になるビジネスイノベーションの３つの基本的要素に目を向ける必要があることを解説してきた。その３つとは、知能（Ｉ）、データ（Ｄ）、専門性（Ｅ）である。残りの課題は、システムのアーキテクチャ（Ａ）を通じてこの３つを結びつけ、企業全体にイノベーションを広げることにある。次章ではその課題を取り上げよう。

【注】

（１）Jon Pareles, Caryn Ganz, and Giovanni Russonello, "The Playlist: Anderson .Paak's Soulful Strut, and 12 More New Songs," *New York Times*, March 15, 2019, https://www.nytimes.com/2019/03/15/arts/music/playlist-anderson-paak-sean-paul-j-balvin.html.

（２）Emily Mackay, "Holly Herndon: Making Music with Her AI Child Spawn," BBC, May 11, 2019, https://www.bbc.com/culture/article/20190511-holly-herndon-making-music-with-her-ai-child-spawn.

（３）Katie Hawthorne, "Holly Herndon: The Musician Who Birthed an AI Baby," *Guardian*, May 2, 2019, https://www.theguardian.com/music/2019/may/02/holly-herndon-on-her-musical-baby-spawn-i-wanted-to-find-a-new-sound.

（4）Jared Newman, "'Machine Teaching' Is a Thing, and Microsoft Wants to Own It," *Fast Company*, April 23, 2019, https://www.fastcompany.com/90338498/machine-teaching-is-a-thing-and-microsoft-wants-to-own-it.

（5）Dina Bass, "Microsoft Wants to Teach Drones, Robots and Drills How to Think," *Bloomberg News*, November 4, 2019, https://www.bloomberg.com/news/articles/2019-11-04/microsoft-wants-to-teach-drones-robots-and-drills-how-to-think.

（6）Jennifer Langston, "Machine Teaching: How People's Expertise Makes AI Even More Powerful," Microsoft, April 23, 2019, https://blogs.microsoft.com/ai/machine-teaching/.

（7）後述の事例は、以下の記事をもとにしている。Bass, "Microsoft Wants to Teach Drones, Robots and Drills How to Think."

（8）Zachary Kew-Denniss, "Google's Latest AI Experiment Wants You to Lip-Sync a Song to Help It Learn How We Speak," Android Police, September 24, 2020, https://www.androidpolice.com/2020/09/24/googles-latest-ai-experiment-wants-you-to-lip-sync-a-song-to-help-it-learn-how-we-speak/.

（9）"Volkmar Sterzing and Steffen Udluft Rank among the First Inventors of Data-Efficient AI Applications in the World," Siemens, n.d., https://assets.new.siemens.com/siemens/assets/api/uuid: 9e0034a9-229a-4e24-a1cf-e0eae8f23117/inventor-2017-sterzing-udluft-e.pdf.

（10）H. James Wilson and Paul R. Daugherty, "Small Data Can Play a Big Role in AI," *Harvard Business Review*, February 17, 2020, https://hbr.org/2020/02/small-data-can-play-a-big-role-in-ai.

（11）Fred Morstatter, Aram Galstyan, Gleb Satyukov, Daniel Benjamin, Andres Abeliuk, Mehrnoosh Mirtaheri, KSM Tozammel Hossain, Pedro Szekely, Emilio Ferrara, Akira Matsui, et al., "SAGE: A Hybrid Geopolitical Event Forecasting System," *Proceedings of the Twenty-Eighth International Joint Conference on Artificial Intelligence* (IJCAI-19), 2019, pp. 6557–6559, https://www.ijcai.org/Proceedings/2019/0955.pdf.

(12) Philip E. Tetlock, *Expert Political Judgment: How Good Is It? How Can We Know?* (Princeton, NJ: Princeton University Press, 2017).

(13) James Surowiecki, *The Wisdom of Crowds: Why the Many Are Smarter Than the Few and How Collective Wisdom Shapes Business, Economies, Societies and Nations* (New York: Doubleday, May 2004)〔邦訳は『群衆の智慧』ジェームズ・スロウィッキー著、小高尚子訳、ＫＡＤＯＫＡＷＡ、２０１４年〕.

(14) Gregg Willcox, Louis Rosenberg, and Hans Schumann, “Sales Forecasting, Polls vs Swarms,” Unanimous AI, 2019, https://11s1ty2quyfy2qbmao3bwxzc-wpengine.netdna-ssl.com/wp-content/uploads/2019/11/Sales-Forecasting-Polls-vs-Swarms-Future-Technology-Conference-2019.pdf.

(15) Megan Scudellari, “AI-Human ‘Hive Mind’ Diagnoses Pneumonia,” *IEEE Spectrum*, September 13, 2018, https://spectrum.ieee.org/the-human-os/biomedical/diagnostics/ai-human-hive-mind-diagnoses-pneumonia.

(16) Hans Schumann, Louis Rosenberg, Niccolo Pescetelli, and Gregg Willcox, “Human Swarms Amplify Accuracy in Financial Predictions,” Ubiquitous Computing, Electronics & Mobile Communication Conference (UEMCON), IEEE Annual, New York, October 2017, https://11s1ty2quyfy2qbmao3bwxzc-wpengine.netdna-ssl.com/wp-content/uploads/2019/09/Forecasting-Financial-Markets-by-Swarm-IEEE-HCC-2019.pdf.

(17) Josh Penn-Pierson, “Zendesk,” Lilt, n.d., https://support.lilt.com/hc/en-us/articles/360053368573-Zendesk.

(18) Hao Jiang, Aakash Sabharwal, Adam Henderson, Diane Hu, and Liangjie Hong, “Understanding the Role of Style in E-commerce Shopping,” Association for Computing Machinery KDD (Knowledge Discovery and Data Mining) Conference, Anchorage, August 2019, https://dl.acm.org/doi/pdf/10.1145/3292500.3330760.

(19) Harry McCracken, “How Etsy Taught Style to an Algorithm,” *Fast Company*, July 11, 2019, https://www.fastcompany.com/90374429/how-etsy-taught-style-to-an-algorithm. エッツィがシステムにスタイルをどう教えたのかについては、この記事によるところが大きい。

(20) McCracken, “How Etsy Taught Style to an Algorithm.”

(21) Alan Murray and David Meyer, Fortune CEO Daily newsletter, April 20, 2021, https://fortune.com/2021/04/20/etsy-ceo-josh-silverman-pandemic-was-our-dunkirk-moment-ceo-daily/.

(22) Murray and Meyer, Fortune CEO Daily newsletter.

(23) Jeffrey Dastin, "Gap Rushes in More Robots to Warehouses to Solve Virus Disruption," Reuters, May 21, 2020, https://www.reuters.com/article/us-health-coronavirus-gap-automation-foc/gap-rushes-in-more-robots-to-warehouses-to-solve-virus-disruption-idUSKBN22X14Y.

(24) "Hybrid Intelligence Is the Future of Supply Chain Management," April 12, 2019, https://www.borndigital.com/2019/04/12/hybrid-intelligence-is-the-future-of-supply-chain-management.

(25) "Surgical Tool Annotation for Workflow Analysis," Quadrant and Siemens case study, n.d., https://cataracts.grand-challenge.org/home/.

第4章 アーキテクチャ——レガシーシステムからリビングシステムへ

エル・エル・ビーンは、流行に左右されない衣服や頑丈なアウトドア用品などを扱う１００年の歴史を誇る老舗小売企業であり、顧客満足度の向上を常に心がけている。だが近年、印刷物、実店舗、ウェブサイト、アプリ、ソーシャルメディアなど、複数のチャネルを通じて顧客に手を差し伸べるアプローチを採用するようになると、次第に価値を失いつつある時代遅れのレガシーが障害として立ちはだかるようになった。そのレガシーとは、20年前から使用している非効率的なＩＴシステムだ。[1]

　このシステムは、本社に置いた大型汎用コンピューター（メインフレーム）と分散型サーバーで構成されていた。顧客チャネルごとに別のシステムを利用しており、各システムはそれぞれ仕様が異なるアプリケーション上で稼働し、相互にゆるくつながっているだけだった。これでは、すべてのチャネルでシームレスな顧客体験を提供するのはほぼ不可能である。ＩＴ担当者は、顧客に価値を提供するどころか、インフラの管理ばかりに時間をとられていた。

その一方で、買いものに複数チャネルを利用する顧客の割合は、73パーセントにまで増えていた。その上、調査によれば、複数チャネルを利用する顧客は１つのチャネルしか使わない顧客に比べ、１回あたりの実店舗での購買額が平均４パーセント、オンラインでの購買額が平均10パーセント多いこともわかった。複数のチャネルを利用する顧客はまた、１つのチャネルしか使わない顧客よりもブランドに対する忠誠心が高く、お気に入りのブランドを友人や家族に勧める傾向が強い[2]。

アマゾンが成功を収めている時代にエル・エル・ビーン社が競争力を高めるには、オンラインだけの小売業者には真似できない、満足度の高いオムニチャネル体験を顧客に提供する必要がある。そこで同社は、ミッションクリティカルな基幹業務用アプリケーションをレガシーシステムから切り離し、それをグーグルのパブリッククラウドに配置した。そうすれば、複数のシステムからデータを統合し、ウェブサイトの負荷がピークのときにも効率よく対応し、ウェブサイトやモバイル機器を通じて顧客に豊かな体験を提供し、新たな顧客機能を迅速に開発・配布することができる。

また、クラウドベースのアーキテクチャは、バックグラウンドで絶えず最適化が行なわれているため、同社のフロントエンド・チームは、インフラの管理に貴重な時間を割く必要がなくなり、アジャイルなソフトウェア開発で新たな機能を試し、準備ができ次第その機能を迅速に展開できる。さらに、フロントエンドをレガシーシステムから切り離してクラウドベースのアーキテクチャにすることで弾力性が高まり、繁忙期に処理能力や容量などの規模を拡大したり、閑散期にそれらを縮小したりすることが、コスト効率よく、簡単かつ迅速にできる。拡張性（スケーラビリティ）から弾力性まで、変化する状況に合わせて迅速に対応できるこの能力もまた、極めて重要なポイントである。このように、まるで生きているように変化に機敏に適応する力を持つリビングシステムでアーキテクチャを構築すれば、競争上のさまざまな強みが得られる。

レガシーシステムから離れる

リビングシステムは、レガシーシステムとは異なる形でＩＴを利用する。それは、境界がなく、適応性が高い、人間の本質に迫る革新的なシステムである。リビングシステムには境界がない。ＩＴスタック内の壁も企業間の壁も打ち破り、クラウドベースのプラットフォームを利用してネットワーク効果を生み出す（コラム「プラットフォームの役割」を参照）。また、リビングシステムは適応性が高い。レガシーシステムをクラウドに移行させることで、システム間の依存関係を低減させ、スピードや効率を高め、組織内の人材が持つ人間の知能（ヒューマン・インテリジェンス）を活用し、進化していく顧客のニーズに応える（詳しくは本章でのちに述べる）。

そしてさらに、リビングシステムには人間の本質に迫る革新性がある。アジャイル手法、複雑な人間の知能、機敏なデータ戦略を活用して、洞察や信頼のおける体験を提供する。このようなシステムは、縦割りのサイロ的な組織構造を超えて従業員を結びつけ、組織内のビジネス人材やＩＴ人材、およびエコシステム・パートナー企業を一体化させ、革新や共創を促進する。

COLUMN

プラットフォームの役割

生まれながらのデジタル・ネイティブの企業にとっては、プラットフォームは製品である。グーグル社の検索広告やエアビーアンドビー社の予約システムがその好例だ。こうしたプラットフォームは、さまざまな業種や用途にわたるデジタル・エコシステムやネットワーク効果を利用している。例えば、ウーバー社の配車プラットフォームは、フードデリバリーにも利用されている。

今では、業種を問わず多くの企業にとってプラットフォームが戦略の中心になりつつある。企業の製品やサービス、顧客体験は新たな方向へ向かっている。その中でプラットフォームは、収益を加速させ、ビジネスに機敏性をもたらす。業種固有のニーズに合わせてカスタマイズすることも可能だ。例えばナイキ社は、トレーニング量の指標化など、人気シューズと相互運用できるデジタルサービスのプラットフォームを提供することで、顧客体験の向上を図っている。

プラットフォームは、ビジネス機能と、それに関連した、再利用可能な統合されたテクノロジーとで構成されている。先進的なアーキテクチャを採用すれば、プラットフォームによりイノベーションを大幅に加速させることも、企業と顧客との間に利益を生み出す新たな関係を構築することも可能になる。

先進企業は、アクセンチュアの二度の調査のいずれにおいても、「境界がない」「適応性が高い」「人間の本質に迫る革新性」という3つの特性において、平均点をはるかに上まわるシステムを構築している。より具体的に言えば、デジタル・デカップリング、クラウドの戦略的な導入、エッジコンピューティングの統合、あらゆるレベルで戦略とテクノロジーを融合させる全体論的なＩＴスタックへのアプローチを通じて、それを実現している。「アーキテクチャ」という言葉にはどこか固定されたものというイメージがあるが、これらの先進企業はそこに、リビングシステムが持つダイナミズムを見出している。それは、境界を曖昧にし、俊敏な適応力を生み出し、人間とマシンのシームレスな統合を実現する。

デジタル・デカップリング

多くの企業の場合、リビングシステムへの旅路は、デジタル・デカップリング〔バックエンドの基幹システムを残しつつ、フロントエンドをデジタル化していくアプローチ〕から始まる。つまり、新たなテクノロジー、新たなデータアクセス法、新たな開発手法を利用して、レガシーシステムと並行して稼働する新たなシステムを構築するのである。[3] これには、オープン・アプリケーション・プログラミング・インターフェース（open API）、開発側と運用側が連携してアジャイルな開発をするDevOps（デブオプス）、クラウドへの移行（Cloud Migration Factory）、マイクロサービス〔小さな独立した複数のサービスでソフトウェアを構成するアプローチ〕、ロボットによりプロセスを自動化するロボティック・プロセス・オートメーション（ＲＰＡ）などが含まれる。このいずれもが柔軟性を向上させる。

これらのアプローチを使えば、企業は徐々に自社のコアシステムを切り離し、顧客向けの重要な機能やデータを、サービスベースの新たなプラットフォームに移行していくことができる。また、硬直的なアーキテクチャでは周期的に大規模なＩＴのトランスフォーメーションが必要になるが、デカップリングなアプローチであれば、アーキテクチャは安定するとともに絶えず進化し、イノベーションに適応することも、変わりゆく市場の状況や競争環境に合わせて迅速に規模を拡大・縮小することも可能だ。

　デジタル・デカップリングは今や、テクノロジー先進企業では一般常識となっている。アクセンチュアの1回目の調査によれば、先進企業の83パーセントが、時代遅れのインフラからデジタルにデータを切り離すことが重要だと考えている。ちなみに、そう考えている後進企業の割合は、わずか37パーセントである。[4]

　デジタル・デカップリングではまず、レガシーシステムのデータを「データレイク」に移行する。データレイクとは、構造化されているかどうかにかかわらず、あらゆるデータをそのまま格納できる一元的なデータの収納庫である。一方、「データウェアハウス」は、取引システムや業務用アプリケーションから来るリレーショナルデータを解析できるように最適化したデータ倉庫を指し、業務状況の報告や分析のための、真実を伝える唯一の情報源となる。

　データレイクを使えば、ダッシュボード、可視化、ビッグデータ処理など、さまざまなアナリティクスを実行してより良い意思決定を促すことができる。ゴールドマン・サックス社は、この仕組みを利用して「マーキー」という新たな銀行プラットフォームを構築している。取引・市場・調査・電子メールに関するデータを即座にデータレイクに引き込み、それに機械学習アルゴリズムを適用して洞察を引き出すシステムである。[5]

　既存の大手企業の場合、レガシーシステムからデータを切り離せば、機敏に動けるデジタル・ネイティブの企業と同等、あるいはそれ以上に迅速に、リビングシステムへと容易に移行できる。そして、一昔前に構築されたシステムを通じて蓄積された、競争に不利と思われていた膨大な量のデータを、競争上の強みに変えられる。

　世界中に２万２０００人の従業員を擁するイギリスの産業テクノロジー企業、スミスグループを見てみよう[6]。同社は、空港で使うスキャナー、病院で使う医療機器、衛星用のコネクティビティ・ソリューションなど、幅広い製品を製造している。１８５１年の創業以来、合併を重ねて組織を拡大し、今では２００の国と地域で５つの事業部門を運営している。だが、各部門はそれぞれ異なる報告システムやデータストレージを利用しており、全部門合わせて８００ものアプリケーションが稼働している。そのため、レポートを作成したり、包括的な視点でデータを概観したりするためには、従業員がさまざまなソースからのデータを手作業で抽出しなければならなかった。

　そこでスミス社は、あらゆる業務データを一元的に見られるようにするため、Microsoft Azureが提供する包括的なデータレイク・ソリューションを採用することにした。企業資源計画（ＥＲＰ）ソリューションや財務システム、ＳＡＰアプリケーションなど、複数の事業部門やデータソースからのデータを１つにまとめたのである。このシステムを採用したことにより同社は、レポート作成にかける時間を短縮し、手作業によるレポート作成につきもののミスを削減し、それにより空いた時間を、データによる知見をもとに戦略的な意思決定を行なう作業にあてることができた。

スミス社のアプリケーションおよびアナリティクス部門を指揮するアフメド・アドナニは言う。「今やわが社には、データから迅速に価値を引き出す能力がある。このデータモデルから得られる実践的な洞察により、収益を増やし、コストを減らし、リスクを最低限に抑えることができる[7]」

データレイクの価値をフルに活用する決め手となるのは、効果的なアプリケーションである。それを使って、データレイクにある膨大な量の構造化データおよび非構造化データを検索・解析し、そこから洞察を得るのだ。データレイクに適切なアプリケーションを組み合わせれば、幅広い新たなビジネス用途にデータを利用できる。例えば、契約書やコンプライアンス文書をメタデータに基づいて横断検索すれば、コンプライアンス違反を防ぎ、法的リスクを回避することが可能になる。また、金融サービス企業の場合、異なる企業や顧客のデータを安全に１つにまとめれば、ビジネス上の問題を解決し、コンプライアンス違反を防ぎ、不正を検知し、内部脅威のリスクを最小限に抑えることができる。

さらには、企業の動画コンテンツから起こした文字データを横断検索すれば、効率よくビジネス上の知見を集められる。生命科学系の企業が、部分構造が似ている分子を素早く検索できるようになれば、医薬品の研究開発・製造プロセスを加速させられる。このように、どんな業種であれデータレイクへの移行はリビングシステムへの第一歩となる。

レガシーアーキテクチャからのデジタル・デカップリングには、それだけの力がある。その力を20年以上前から認識していた企業が、アマゾンである。アマゾンは、この知見を利用してアマゾンウェブサービス（AWS）を生み出し、クラウドを通じて誰もがリソースの割当を柔軟に変更できる弾力性のあるインフラを利用できるようにした。その経緯をたどってみよう。

1998年当時、アマゾンはインターネット上で書籍の販売のみを行なっており、巨大な「書店」アプリケーションと巨大データベースがその運営を支えていた。このアプリケーションはモジュール1つで構成された「モノリシック」な構造であったため、同社の開発チームがすべてこの単一の巨大アプリケーションに取り組むことになり、あるチームがアップデートをするたびに、他のあらゆるチームとの調整が必要になった。動画ストリーミングなどの新たな機能を追加しようとすれば、そのたびにオンライン書店の運営用に特別設計されたアプリケーションのコードを大幅に書き直さなければならなかった（その大半は、新たな機能とはほとんど関係のない部分だった）。CTOのワーナー・ヴォゲルスは言う。「この長く煩雑なプロセスには複雑な調整が必要であり、迅速かつ大規模なイノベーションの障害になっていた」[8]

企業が運営上・戦略上の理由からさまざまなシステム（販売、研究開発、サプライチェーンなど）を1つにまとめ、コンピューター処理をすべて1カ所で行なっていた時代には、統合されたモノリシックな構造を採用することにも意味があった。しかし、テクノロジーが進化するにつれ、このような一体化は次第に意味を失いつつある。それどころか、それぞれのシステムやアプリケーションが最大の価値を提供するのを阻害している。さまざまなプロセスがモノリスの中で緊密に一体化していると、あるプロセスの需要が急増すればそのためだけにアーキテクチャ全体を拡張しなければならなくなるからだ。また、あるプロセスに欠陥があると、その問題が解決されるまで、アプリケーション全体を停止させることにもなりかねない。

そこでアマゾンは、「分散コンピューティング宣言」という計画に沿った変革を進め、モノリスをマイクロサービスに分解する作業に乗りだした。つまり、アプリケーションを独立した構成要素に分け、各プロセスをサービスとして実行するようにしたのである。

各サービスは単一の機能（オンラインショッピングカートなど）を持ち、ほかのサービスから独立している。そのため、取扱量が大幅に増えるセール期間など、特殊な需要に応える際には、サービス機能のアップデートや展開（ディプロイ）、拡大・縮小を個別に行なうことが可能になる（マイクロサービスについては確固たる厳密な定義はないが、ＳＯＡと呼ばれるサービス指向型アーキテクチャをよりきめ細かくしたものと言える。サービス指向型アーキテクチャは、ごく限られた機能ではなく幅広いサービスの提供を通じてモノリシックアーキテクチャの課題に対処しようと、２０００年代に生み出された概念である）。

アマゾンはまた、組織構造についても、あの有名な「ツー・ピザ・チーム」（ピザ2枚分で足りるほどの少人数チーム）に分割した。この自律的な小チームはそれぞれ、かつてのモノリシックアプリケーションの構成要素だった特定の製品や機能を担当し、その部分に対する権限を与えられている。その結果、各チームはほかのチームと調整する必要がなくなり、迅速な意思決定により新機能を展開することが可能になったため、アマゾンが展開する機能は年間数十の規模から数百万もの規模へと一気に拡大した。

さらにアマゾンは、ヴォゲルスの言う「現代的なアプリケーション」への転換の締めくくりとして、リリースパイプラインを自動化し、サーバーレスな運営へと移行した。これまでは手作業による一本のリリースパイプラインしかなかったが、それを自動化することにより、開発チームはそれぞれ独自に新たなサービスをリリースできるようになった。その結果、新たなリリースごとに生じていた調整の問題は解決できたが、チームを超えて一貫した品質を確保するにはどうすればいいのかという新たな問題が生まれた。

そこで、ソフトウェア配信のベストプラクティスのテンプレートを作成し、配信業務の一連の流れで人的ミスが起こらないようにした。具体的に言えば、各チームは定期的に、コードの変更をまとめて中央リポジトリにマージし、そこでテストや自動ビルドを実施する。それにより、１日に複数回の変更を行なうとともに、人間を介在させることなくその変更を本番環境のシステムに組み込むことが可能になった。

また、サーバーレスな運営により、開発者はインフラの管理から解放された。サーバーレスと言っても、ピアツーピアのようにサーバーがまったくないというわけではない。実際には、サーバーがクラウドに置かれているため、企業のソフトウェア開発者にはその存在が見えない、あるいは存在に気づかないのである。クラウドサービスを提供する企業は、顧客にマシンリソースを割り当て、容量の計画やメインテナンスを行ない、顧客が実際に利用したリソースに応じて課金する。そのため企業の開発者は、データに対する処理手順であるビジネスロジックの作成や競合他社に差をつけるイノベーションに集中できる。ヴォゲルスは言う。「近いうちに、サーバーに触れたことがない、ビジネスロジックしか書いたことがない、という開発者ばかりになる」

マイクロサービスを使ってアプリケーションを構築し、データストアをデカップリングで切り離し、システムをサーバーレスな構成にすれば、機敏性を最大化できるとともにリビングシステムの特徴である持続的な適応性を確保できる。このモノリシックアプリケーションからマイクロサービスへの転換を果たした好例が、配車サービスを展開するウーバー社である。ウーバーは創業当初、サンフランシスコのみで事業を展開しており、提供しているサービスも「UberBLACK」だけだった。そのため、モノリシックアーキテクチャにも意味があった。そのアーキテクチャに支えられたシステムが、乗客と運転者との連絡、課金、決済など、主要なビジネス機能を受け持っていた。ところが、事業が地理的に拡大して新たな製品が導入されるようになると、モノリシックアーキテクチャは次第に成長の阻害要因になった[9]。

同社のサービスは今や、複数の都市、製品、広報宣伝、車、身元確認などの要素で構成されており、それらが緊密に結びついていたため、会社の成長に合わせて絶えず各要素を統合する必要があった。だがウーバー社のエンジニアも認めているように、新たな機能を追加し、バグを修正し、「技術的負債」（柔軟性の低い時代遅れのテクノロジーを維持していくために企業が支払う代償）という問題を解決する作業を、１個のソフトウェアリポジトリだけでまかなうのは極めて困難である。[10]

コードは巨大化し、問題を切り分けるのが困難になっている。また、同社が抱えるエンジニアが数十人単位から数百人単位に増え、複数のチームがそれぞれ技術スタックの一部を担当するようになってはいたが、モノリシックアーキテクチャでは各チームが独立して作業するのも難しい。「たった１つの変更にも、さまざまなチームの知識が必要だった」とエンジニアリング・マネージャーのエイナス・ハダッドは言う。[11]

そこでウーバーは２０１２年ごろから、「カプセル化」された特定領域ごとのマイクロサービス開発へと移行した。それぞれのサービスを、必要に応じて独自のデータベースを使い、独自の言語や構成で記述するのである。この転換により、運営上のさまざまな利点が生まれた。まずは、システムの柔軟性が高まった。また、システムの信頼性も高まり、あるサービスがダウンしても、それに伴ってほかのサービスがダウンすることがなくなった。

さらに、さまざまな構成要素の役割を明確に定義することにより、必要なサービスや不要なサービスが明らかになった。各サービスの責任を負う担当者も明確になった。こうして責任が明確になると、さまざまな製品やプラットフォームを担当するチームが自律的かつ迅速に行動できるようになった。その結果、今では２２００種を超える重要なマイクロサービスが稼働し、数百人どころか数千人のエンジニアが活躍している。ウーバーは、「領域指向型マイクロサービス・アーキテクチャ（DOMA）」と呼ぶこのマイクロサービスのさらなる改良を目指しているという。[12]

クラウド連続体

ほとんどのITアーキテクチャは、クラウドを利用しなければリビングシステムにはなれない。過去数年にわたり、クラウドはコスト削減を推進するという評価を獲得してきた。実際、アクセンチュアがおよそ4000のグローバル企業やIT先進企業を対象に実施した別の調査によれば、回答企業のおよそ65パーセントが、クラウドへの移行により、平均して10パーセント近いコストを削減できたという。[13]

だがこの調査では、新たに驚くべき事実も明らかになった。調査の対象になった少数の企業（地域により異なるが、回答企業の12～15パーセント）が、クラウドでのイノベーションにより、パンデミックによる世界的混乱の中でもかなりの利益をあげている。例えば、これらの企業はほかの企業に比べ、知識労働を抜本的に見直している割合が2～3倍も高い。また、クラウドを利用して2つ以上の持続可能な目標に取り組んでいる割合が、3倍近く高い。さらに、50近い業績指標の改善を目指しているという。

総合的に見ると、これらの企業はクラウドの利用法が違う。それにより、顧客やパートナー企業や従業員との関わり方、製品やサービスや体験の創造・市場化の仕方、ＩＴシステムを構築・運用する方法、データやコンピューティングの役割に対する考え方を大きく転換しているのだ。その結果、ほかの企業よりも優位な立場を確立している。

こうした企業は、アーキテクチャについて後進企業が思ってもみない飛躍的な考え方をしている。現在のクラウドは、単なるコスト削減の手段ではなく、単一のアーキテクチャで構成されたものでさえない。むしろ、幅広いテクノロジーを含み、それを通じて機能するクラウド連続体と言うべきものである。それは、パブリックサーバーに置かれた集中型クラウドサービスから、モバイル機器の近くに設置された局所的なエッジコンピューティングサービスまで、さまざまなサービスを包含する。また、ＩｏＴ、５Ｇ、パブリックな機能とプライベートな機能を兼ね備えたハイブリッドクラウドなど、完全集中型と分散型の両極の間に存在するさまざまなテクノロジーを包含する。前述の先進企業は、このクラウド連続体こそが企業の存在意義を維持するための鍵であり、イノベーションを加速するための鍵であることに気づいている。

その一例として、アリババグループの金融部門であるアントグループを見てみよう。アント社はクラウドやＡＩを使い、モバイル決済、銀行・保険業務、資産管理に関する多種多様なサービスを提供しているが[14]、それまでの過程で、クラウドをベースにしたＡＩ駆動の大規模イノベーションを実現している。例えば、数秒で信用リスクを評価するＡＩシステムを開発し、銀行口座さえ持っておらず十分なサービスを受けられない人々にローンを提供している。また、同社の保険システムは、自動車事故を起こしたユーザーが写真を撮影できる機能を備えており、その写真をもとにコンピュータービジョンや機械学習アルゴリズムを利用して損害を評価している。その後、自動的に保険会社に保険金請求の手続きを行なうとともに、近隣の自動車修理工場をリストアップし、修理費の見積もりまで出してくれるという。

　ＡＩがあらゆる業種の企業で中心的な役割を果たすようになれば、クラウド連続体を活用したイノベーションが新たな喫緊の課題になるのは間違いない。例えば、先進企業は98パーセントの割合でＡＩを採用しているが、それを導入する前に、データレイクやクラウドサービスといった補完的なテクノロジーを準備している。ＪＰモルガン・チェース社のグローバル最高情報責任者としてクラウドサービスの採用を積極的に推進してきたローリー・ビアは言う。「ＡＩや機械学習の発展により、ますますパブリッククラウドを第一に考えるようになった[15]」

　ＡＩには３つの力強いトレンドが見られ、それによってレガシーシステムのみに頼るような姿勢はますます受け入れがたいものになりつつある。第一に、ルールをベースにした旧来のプログラムは、驚異的なデータ処理能力を必要とするモデルに基づく新たなＡＩシステムに置き換わろうとしている。第二に、企業が利用できるコンピューティング資源の規模や種類が爆発的に増加しており、この新たなテクノロジーを活用できない企業はますます競争上不利な立場に置かれている。そして第三に、ＡＩを数十億ものデバイスに分散させるエッジコンピューティングの普及により、クラウドとエッジを結びつける機敏性や適応性に優れたアーキテクチャを採用し、クラウドを通じてシステムを統合する必要が生じている。この3つのトレンドに直面した企業は、今後ますますアーキテクチャのバランスを変えていこうとするだろう。つまり、時代遅れのレガシーなインフラをスリム化し、クラウド連続体を幅広く採用していくに違いない。

かつてないほど高いデータ処理能力が必要に

ＡＩを訓練・実行するのに必要なデータ処理能力は２０１２年以来、３・５カ月ごとに倍増している。これは、従来のプログラムに必要なデータ処理能力の成長率の7倍に相当する。直近の18カ月間だけを見ても、主要ＡＩモデルを運用するのに必要なクラウドコンピューティング能力は、１０００倍に増えている。最先端の自然言語処理（ＮＬＰ）モデルを例に考えてみよう。このモデルの規模は、ここ数年で飛躍的に増大している。自然言語処理は音声認識をはるかに超えたレベルで人間の言語を理解し、人間とコンピューターとの言語による対話を推進することを目的とする。こうしたモデルは、訓練データが多ければ多いほど精度が向上する。訓練データが数十億件もあれば、大幅な向上が見込める。

２０１８年には、グーグル社のＡＩ言語の研究者らが当時最も先進的な自然言語処理モデルと言われていたＢＥＲＴ（「トランスフォーマーからの双方向エンコーダー表現」）をオープンソース化した。このＢＥＲＴは、文章中の単語間の文脈関係を学ぶトランスフォーマーという深層学習モデルを利用しており、自然言語による推論、感情分析、質問応答、言い換えの検知、文章としての自然さなど、11種の自然言語処理タスクについて最高水準の結果を得ている。[16] その中核モデルは、３億４０００万ものパラメーター（ニューラルネットワークが訓練を通じて最適化していく変数）で構成されている。

ところが、２０１９年には非営利団体のオープンＡＩがさらに性能を上げたＧＰＴ－２（「生成的な事前学習済み文章生成トランスフォーマー２」）を公開した。こちらは15億ものパラメーターを使用している。このモデルは、冒頭の一文を提示すれば、説得力のある文章をさまざまなスタイルで生成できる。

さらに２０２０年５月には、ＧＰＴ－３が公開された。このモデルは驚くべきことに、１７５０億ものパラメーターで構成されている。プライベートなベータ版を通じてＧＰＴ－３にアクセスした研究者たちは、それを利用して短編小説や歌詞、プレスリリース、技術マニュアル、特定の作家のスタイルをまねた文章、ギターのタブ譜、あるいはコンピューターコードさえ生成できた。[17] ＧＰＴ－２やＧＰＴ－３はあまりに高性能なため、オープンＡＩは当初、これらを公開するのは危険なのではないかと考えていたという。もっともらしい「フェイクニュース」を生成するなど、いかがわしい目的で利用されるおそれがあるからだ。

『人間＋マシン』を執筆していた当時は、トランスフォーマーによる飛躍的進歩がこれほど早く訪れることになろうとは思ってもいなかった。『人間＋マシン』では第一世代のＡＩを取り上げたが、私たちは今や、クラウドの莫大なデータ処理能力とアルゴリズムとを効果的に組み合わせた新世代のＡＩを目の当たりにしている。この次世代のクラウドＡＩは、少なくとも以下の3つの役割を担うことになるだろう。

第一に、設計者や販売員などのニーズを予測するスマートアプリなどを通じて、創造的な作業を支援する。第二に、保険求償の提出書の分析、広告キャンペーンの展開、科学研究など、言語をベースにした作業を強化する。そして第三に、デジタルイノベーションの垣根を取り払い、非技術系のスタッフでも、プログラミング言語ではなく日常的な自然言語を使って簡単にアプリやソリューションを構築できるようにする（機械学習からマシン教育への転換を解説した第3章で述べたように、これはすでに実現されつつある）。

レガシーシステムでは、これらを含め新興ＡＩテクノロジーが求めるようなデータ処理にはとても対応できない。だがクラウドを利用すれば、ほぼ無限のコンピューティング能力にアクセスできるだけでなく、弾力性も手に入れられる。つまり、リビングシステムの特徴であり戦略的にも重要な機敏性をさほどコストをかけずに獲得できる、ということだ。しかし、アクセンチュアの調査データや顧客とのやりとりを見ると、企業のコンピューティング能力のおよそ75パーセントがレガシーシステムと結びついており、痛ましいほど能力が不足している。アクセンチュアの推計では現在、次世代のリビングシステムが支配する世界で競争していけるインフラを備えた企業は、ごくわずかしかない。

　クラウドはまた、社内に配置されたデータセンターに比べて環境に優しく、持続可能な目標に大きく貢献する（詳しくは第９章で取り上げる）。テクノロジーやエネルギー利用、環境の分野の第一人者であるジョナサン・クーメイとエリック・マサネットの研究によれば、クラウドコンピューティングによるデータ処理が進めば、消費されるエネルギー量も必然的に増え、温室効果ガスの排出が増えるという悪夢のシナリオは、間違っているという[18]。

　確かに、２０１０年から２０１８年にかけて、大手クラウド事業者が運営するクラウドのデータセンターの作業量は２６００パーセント増え、エネルギー消費量も５００パーセント増加した。ところが、社内に配置されたデータセンターを含めたすべてのデータセンターのエネルギー消費量を見ると、その上昇率は10パーセントにも満たなかった。なぜそれほど少なかったのか？　研究者はその理由をこう説明している。２０１０年の推計では、データ処理の79パーセントが従来の社内データセンターで行なわれていた。だが２０１８年になる頃には、データ処理の89パーセントが大手クラウド事業者が運営する、はるかにエネルギー効率のいいデータセンターで行なわれるようになったからだ、と。

かつてないほど多くのコンピューティング資源が利用可能に

利用可能なコンピューティング資源は、過去10年の間に10倍に増えたが、「特定の目的のために構築された」ＡＩチップ設計、５Ｇ、センサーネットワークやメッシュネットワークなどのイノベーションにより、さらに増加の一途をたどっている。自然言語処理などＡＩアプリケーションの多くは、コンピューティング資源が多いほど精度が向上する。このような状況は、クラウドへとデジタル・デカップリングを果たした企業の大きな強みになる。というのも、レガシーシステムに縛られている企業に比べ、ＡＩの潜在能力をフル活用できる可能性が飛躍的に高まるからだ。

企業がクラウドＡＩサービスを利用すれば、自社よりランクの高い企業と張り合うことも可能になる。社内インフラをスリム化しながら、必要に応じて莫大な規模のコンピューティング資源にアクセスできるからだ。その好例が、ウクライナで配車サービスを提供するウクロン社である。同社は２０１０年にキーウ（キエフ）で創業して以来、グローバル企業のウーバーやロシアからの新規参入企業との競争にさらされながらも、次第にほかの都市へ事業を拡大し、今ではウクライナ最大の配車サービス企業にまで成長した。その原動力になったのが、クラウドベースの機械学習を利用した、他の競合企業には太刀打ちできない独自の価格設定サービスである。

ウクライナのタクシーには規定の料金というものがない。そのため利用客は、タクシー需要のピーク時になると、いわば入札でタクシーを確保する。適正と思われる価格をタクシー運転手に提示して、双方が合意に至るまで交渉するのである。そこでウクロンは、適正価格を提案するアプリを開発し、このプロセスを自動化した。価格は、時刻や交通状況、距離、過去に受け入れられた価格などに基づき、クラウドサービスのMicrosoft Azure上で稼働する、カスタマイズされたウクロン社のアルゴリズムにより生成される。利用客は、提案された価格をそのままタクシー運転手に提示してもいいし、運転手がもっと安い価格で引き受けてくれることを期待して価格を微調整してもいい。

「1日の一番忙しい時間帯でも成約数を増やす必要があった」と最高技術責任者のヴィタリー・ディアトレンコは言う。[19] 提案する価格の精度はクラウドベースのＡＩが絶えず向上させている。そのため利用客は、間もなく提案の75パーセントを受け入れるようになった。ピーク時にタクシー運転手との交渉に成功する割合も、平均して18パーセント上昇している。

今では大手クラウド事業者は、言語や視覚に特化したサービス、機械学習モデルの設計を自動化するサービスなど、ＡＩや機械学習をベースにした幅広いサービスを提供している。これらの主要カテゴリーの中には、さらに範囲を限定した個別サービスが無数にあり、それを単独で利用することも、ほかのサービスと組み合わせて独自のアプリケーションを生み出すこともできる。例えば、言語サービスの中には、音声から文字への変換、文字から音声への変換、言語認識、自然言語の理解、自然言語の生成、チャットボットフレームワーク、翻訳、テキスト分析、感情分析など、幅広いサービスがある。

クラウドは今後ますます、アプリケーション開発において重要な役割を担っていくことになるだろう。[20] リサーチ&アドバイザリ企業のガートナーは、未来をこう予測する。２０２３年には、開発チームの40パーセントが自動機械学習サービスを利用して、自社のアプリケーションにＡＩ機能を組み込むモデルを構築する（２０１９年時点では、そのような開発チームは2パーセントにも満たなかった）。さらに２０２５年には、ＡＩによりデータサイエンティストの仕事の50パーセントが自動化され、データサイエンティストがより価値の高い仕事に従事できるようになるとともに、現在の人材不足が緩和される。また２０２３年には、ＡＩが人間のプログラマーと結びついて半人半馬のケンタウロスとなり、プログラマーの仕事の50パーセントを遂行してくれるようになるため、人間のプログラマーの生産性が倍増する。

クラウドはまた、能力を向上させるにつれ、ホスティングの方法や配置を多様化させつつある。企業は、そのアプリケーション戦略やデータ戦略を発展させるため、複数のクラウド事業者を利用するアプローチを採用するようになっている。パブリッククラウドとプライベートクラウドをハイブリッドに活用し、アプリケーションやデータの処理作業を分散配置し、作業内容に応じて外部のクラウド事業者のデータセンターで処理する作業もあれば、自社専用の独自サーバーで処理する作業もある、というアプローチである。

このアプローチを採用すれば、機敏性やイノベーションの向上を目指すビジネス上のニーズに合わせ、性能やサービスのレベル、セキュリティ、コスト効率を最適化できる。また、ハイブリッド型は、イノベーションやスピード、機敏性、拡張性といったパブリッククラウドの利点と、制御、法規制の順守、これまでの投資の活用といったプライベートクラウドの利点を併せ持つことができる。

ハイブリッドクラウドの好例が、１９０２年に創業したイスラエルのレウミ銀行である。同行は２０１７年、モバイル環境にふさわしい銀行への転身を図ろうと、ＩＴインフラ投資をさらに強化し、ハイブリッドクラウド・モデルへと移行した。デルＥＭＣ社とＶＭウェア社が提供するテクノロジーやサービスにより、今では数週間どころかわずか数時間単位で新たなサービスを展開しつつ、コスト削減にも成功している。レウミ銀行がモバイルバンキングの世界で迅速な行動や機敏な反応を実現するためには、自社サーバーによるソリューションとパブリッククラウドが提供するサービスを組み合わせるこのアプローチが必要なのだ。

パブリッククラウドとプライベートクラウドの境界は次第に曖昧になっている。かつては、規模の大幅な拡大に賭ける企業は、プライベートよりもパブリックを選んでいたが、もはやそうとは限らない。大手クラウド事業者は、法規制や性能などの顧客の要求に対応するため、パブリック環境の一部をプライベートクラウドとして提供している。そのようなサービスには、アマゾンの「VMware Cloud on AWS（ＶＭＣ）」、マイクロソフトの「Azure VMware Solution（ＡＶＳ）」、グーグルの「Bare Metal Solution」などがある。また、Google Cloud上でＳＡＰやオラクルのサービスを利用するという方法もある。

大手クラウド事業者はその一方で、プライベートクラウドを延長させた事業にも取り組んでいる。顧客のデータセンターを製造などの制御・運用技術のユースケースにさらに近づける、プラットフォーム・アズ・ア・サービス（ＰａａＳ）、インフラストラクチャー・アズ・ア・サービス（ＩａａＳ）といったソリューションである。

このようなサービスには、マイクロソフトの「Azure Stack」、アマゾンの「AWS Outposts」、グーグルの「Anthos」、アリババの「Apsara」などがある。さらに、レッドハットの「OpenShift」やオープンソースの「Cloud Foundry」といったプラットフォームも、テクノロジープラットフォームの違いを超えた接続が可能なソフトウェア層を利用する方法や、基礎レベルに異なるテクノロジー層を導入し、それによりテクノロジープラットフォームの違いを超えた接続を可能にする方法により、ハイブリッド環境を生み出す。このような、パブリックとプライベートの境界を曖昧にしたハイブリッドクラウドは、今後さらに発展する可能性がある。

クラウドとエッジの統合

クラウドとエッジコンピューティングを組み合わせたアーキテクチャは、クラウド単独よりもはるかに多くの可能性を生み出す。エッジコンピューティングは、製造業務の管理や監視、ロボットの駆動や制御、自動運転車の操縦、「スマートホーム」の実現、ＩｏＴを構成する数十億ものデバイスの運用など、現代のデジタル世界を支えている。それは、情報処理作業の大半をネットワークの末端（エッジ）に移行させると同時に、クラウドの莫大なコンピューティング資源やＡＩの能力も活用する。

エッジＡＩチップの世界市場は、２０１９年に18億ドル規模に達し、２０２０年から２０２７年にかけて21・３パーセントの複合年間成長率で成長すると予想されている。というのも、今後もソーシャルメディアやｅコマースの利用は増える一方だと思われるからだ。これらのプラットフォームには、迅速な機械学習タスクの実行が可能な効率のよいプロセッサが必要になる。[21]

クラウドがバックエンドの弾力性や機敏性を高めるのに対し、エッジコンピューティングはフロントエンドの知能を高める。フロントエンドとは、センサーやスマートフォン、ロボット、ドローン、仮想現実装置、カメラ、自動運転車、ＩｏＴなどを通じてネットワークと現実世界とが出合う場を指す。例えば、拡張現実テクノロジーは、現実世界にデジタルの情報を重ね合わせる（スマートフォン向けの拡張現実ゲーム『ポケモンGO』など）。また、仮想現実テクノロジーは、完全没入型のデジタル環境を提供する（マイクロソフトの仮想現実ヘッドセット「HoloLens」など）。その応用範囲は、ゲームや娯楽から、訓練、教育、健康管理にまで及ぶ。いずれの場合でも、斬新で進歩的な体験の提供が設計の鍵だ。

エッジに多くの知能を配置すれば、処理速度が上がり待ち時間が少なくなり、判断や行動が必要なときにリアルタイムで価値を創出できる。それだけではない。ローカルデバイスで予測分析が可能になる。また、クラウドに大量の生データを送るのではなく、エッジがデータを取得した瞬間に処理するため、帯域幅の問題が緩和される。さらには、個人データのプライバシーの保護にも貢献できる。エッジコンピューティングは、システムが人間と直接やり取りする際に、これまで以上に即時的で没入感のある体験を提供してくれる。それをほかの新興テクノロジーと結びつければ、企業の業務能力や戦略能力は大幅に高まる（コラム「次世代の先端テクノロジー」を参照）。

COLUMN

次世代の先端テクノロジー

今後のイノベーションを牽引するテクノロジーは、今も数多く生まれている。現時点でどんなテクノロジーがあるのか、今後どんなテクノロジーを利用できるようになるのかを紹介しよう。

・ブロックチェーン

分散型台帳と呼ばれるテクノロジーの一種で、デジタル世界における所有権や信頼性を実現する。わかりやすく言えば、データを分散させて保持・記録し、セキュリティやプライバシー、管理にまつわる懸念を最小限に抑えつつ、組織や個人がリアルタイムで同じデータに確実にアクセスできるようにする技術である。一般的に知られている例としては、銀行などの金融機関の介在なしに金銭をやり取りするのに利用されている（ビットコインやイーサリアムは、ブロックチェーンをベースにした暗号通貨の好例である）。だが今では、暗号通貨に利用されていた初期段階をはるかに超え、政府発行の通貨やサプライチェーン、デジタルアイデンティティなどの用途に利用されるなど、企業や政府の活動にも多大な影響を及ぼしている。

例えば、ブロックチェーンをベースにした非代替性トークン（ＮＦＴ）を使えば、特定の個人がデジタルのオリジナルアート作品の所有者であることを証明できる。そのアート作品の価値が上がって売りたくなったら、所有者は公開された安全な分散型台帳にその作品を登録して、売りに出すことも可能だ。アーティストと最初の所有者との契約によっては、アーティストが二次販売による利益の一部を回収する場合もあれば、販売条件を厳格に指定するような場合もあるかもしれない。このように、ブロックチェーンはデジタル世界における信頼性や透明性を新たな形で実現しており、これまで想像もできなかった新たな経済やデジタル価値システムを生み出していくことになるだろう。

・メタバース

かつてはＳＦ小説の概念に過ぎなかったが、一部の大手テクノロジー企業が注目していることもあり、今では議論にたびたび登場するようになった。メタバースは、仮想・拡張現実、ブロックチェーンによるデジタルアイデンティティや商取引、深い没入体験をもたらすＡＩといったテクノロジーで構成されている。その中心にあるのは、かつては足を踏み入れることができなかったデジタル世界を相互利用可能なものにするという理念である。メタバースでは、さまざまな仮想環境を自由に動き回ることができる。友人と一緒に『フォートナイト』をプレイできるだけではない。自宅でくつろぎながら、お気に入りの店で没入型の買いもの体験ができる。そこでは自分の仮想アバターが、自分のサイズにぴったり合う服を見つけてくれる。また、バーチャルな教授が行なう双方向授業を受けることも可能だ。

あるいは、仮想空間で出会った世界各地の友人と、エアロバイクを使った仮想トレーニングクラスに参加してもいい。一緒に仮想コンサートに参加したり、緑の空を背景にピンクの木が生い茂る仮想公園を散歩したりもできる。これらのサービスは、ある程度は現在でも利用可能だが、まだ十分には一体化されていない。共有メタバース内にデジタルスペースを構築する利点に気づく企業が増えれば、この世界はますます利用しやすくなっていくだろう。

・量子コンピューティング

かつては科学者の研究領域でしかなかったが、ようやく研究室から脱け出し、実務に応用される可能性が高まってきた。いまだ黎明期にあるものの、従来のコンピューターよりも演算速度や処理能力を飛躍的に向上させると期待されている。電子もつれや重ね合わせなど、あまりなじみのない量子物理学の素粒子理論を応用しているが、ヘルスケアや金融サービス、サプライチェーン管理、研究開発、そしてもちろんテクノロジーなど、多種多様な分野に適用できる。

容易に利用可能な量子コンピューティングを応用したソリューションはいまだ存在しないが、胸を躍らせるようなさまざまな商用開発が期待されており、このようなマシンの幅広い活用を推進する研究が進められている。一部の先進企業はすでに、購入や共同使用が可能な量子ハードウェアの開発に協力している。また、顧客に量子コンピューティング能力を提供するクラウドベースのプラットフォームやソフトウェア・アプリケーションの開発に取り組んでいる企業もある。今後2～5年でビジネスに幅広く採用され、量子コンピューティングの市場規模は２０３０年までに６５０億ドルに達すると予想されている。量子コンピューティングの利用範囲が広がれば、これまで対処できなかった問題を解決できるようになるかもしれない。難病の治療や配送ルートの最適化、解読不可能な暗号技術、あるいは、気候変動に対処するシミュレーションなど、今後数十年の間に人類が直面する複雑な問題などである。

エッジで分析する

世界有数の地理的位置（ジオ）データ専門企業のフグロは、エッジでの分析を高速化し、クラウドにまつわる帯域幅の問題を解消した好例である。[22] 再生可能エネルギー、石油・天然ガス、電力、インフラなどの分野で、地質工学、測量、海洋、地球科学に関連するサービスを顧客に提供し、顧客資産の設計・建設・運用を支援している。

風力発電所などの構造物を設計・建設する際には、異常気象時にどんな影響があるかを理解するため、海洋学者・気象学者・水路学者から成るチームが事前に、水深・風・波・水流・温度など、環境に関するメタデータを収集する。同社はこのジオデータを分析して、最もコスト効率がよく持続可能性が高い設計に至る知見を生み出すとともに、構造物のライフサイクル全体を通じて顧客の資産管理を支援する。

海洋ジオデータは、海底の状態を調査する船を派遣したり、海洋ブイの中に設置されたセンサーなどの構造物から衛星を経由して時系列データを送信したりするなど、さまざまな方法で収集できる。同社は大抵の場合この作業を遠隔地で行なっているため、衛星に頼らなければならないが、衛星は時に接続に難があり、大量のデータを扱う能力にも限界がある。わずか1時間でも機能が停止すれば、顧客の業務に影響を及ぼす重要な環境事象を見逃すことになりかねない。

これまで機能停止が起きたときには、必要なセンサーがある場所へ船とスタッフを派遣していた。そして、センサーが収集したデータを船上にあるサーバーにアップロードして船が港に帰還すると、そのデータを外部のハードディスクドライブに送り、そのドライブを自社オフィスに持ち帰って分析を行なっていた。だがこれでは、時間もコストもかかる。

このプロセスを効率化するため、フグロ社は現在、およそ30隻の外航船にクラウド連続体ソリューションを導入している。つまり、船上サーバーをクラウドに移し、船上でデータを処理する完全管理システムを採用したのだ。時系列データはエッジで収集・照会・保存・処理される。クラウドとの通信にはこれまでよりはるかに少ない時間しかかからないため、待ち時間や帯域幅にまつわるコストも時間も大幅に削減できる。また、エッジにＡＩや機械学習能力が内蔵されているため、エッジでの解析能力の向上をリアルタイムで評価できる。同社の主席クラウド設計者リシャール・コーレスは言う。「わが社では、機械学習や時間データのリアルタイム解析といった先進機能を、最も必要な場所、つまり現地の資産に配備している[23]」

こうしてフグロ社は、クラウドを通じて会社の船舶と陸上の資産をつないだ結果、月々のデータを処理してオフショア拠点から顧客のもとへ報告書を提供するのに必要な処理と配信の時間を、２週間から8分に短縮できた。新たなソフトウェアを展開する際も、そのたびに開発者チームが一から苦労してつくらなくても、すぐさま船舶に遠隔配備できる。それに、ソフトウェアをアップデートする際、船舶が帰港する必要もない。

フグロ社の統合海洋管理を担当するグローバル・プロジェクトマネージャー、ピム・ピーレボームは言う。「今では、世界のどこでもほぼリアルタイムでデータを収集・処理できるので、場所やプロジェクトの範囲に関係なく、作業のスピード・安全性・効率を高められる[24]」

さまざまな処理をエッジに移すことで、待ち時間（応答時間の遅れ）を削減できる。これは、処理・推測・行動をリアルタイムで実行しなければならない産業用安全システムや自動運転車といった領域において重要な意味を持つ。エッジでの解析により、風力タービンや航空機のエンジン、ＭＲＩなどの問題を検知し、それをもとにＡＩがすぐに調整を行なえば、損傷を防いだり性能を最適化したりできるのだ。

シュナイダーエレクトリック社は、この待ち時間を削減するよう設計されたクラウドアーキテクチャを採用し、顧客のエネルギー会社が世界各地で使用している数千もの石油・ガスポンプに予測解析能力を組み込んでいる。「リアリフト・ロッド・ポンプ・コントロール」システムにより、ポンプの設定・操作を遠隔操作で監視・修正し、設定や性能の調整、および故障した機器の停止などを実現しているのだ。

シュナイダー社の解析アプリケーション設計者マット・ブジョニエは言う。「石油ポンプであれ製造工場であれ、一部の重要なシステムやプロセスでは、わずか数ミリ秒で判断を下さなければならないことがある。それによって、誰かの命が危険にさらされることもある。だが、アプリケーションに機械学習アルゴリズムを組み込み、それをエッジに導入すれば、クラウドや中央システムへの通信に伴う待ち時間が減り、重要な判断をただちに下せる」[25]。エッジに知能を組み込み、動作異常を事前に予測して対処するようにすれば、保守サービスの機敏性を高めるとともに、計画外のシステム停止時間を減らしてコストを下げ、生産性を向上させることもできる。

ブジョニエはこうも述べている。「これまで機械学習はクラウドのみで行なわれていたが、様々なＩｏＴ環境を考えるとそれでは不十分だ。どの企業も、事象のなるべく近くでアプリケーションを実行したいと思っている。だが今では、クラウドでもエッジでも機械学習を行なえる柔軟性がある。どこでも必要なところでね[26]」

マルチアクセス・エッジコンピューティングと5Gの出会い

マルチアクセス・エッジコンピューティング（ＭＥＣ）のテクノロジーが５Ｇネットワークと結びつけば、クラウドのより多くの機能がエッジに移行され、アプリケーションやビジネスモデルに新たな変革の波を引き起こすことになるだろう。５Ｇが本格的に導入された場合、その潜在能力は計り知れない。帯域幅容量はメガビット毎秒単位ではなくギガビット毎秒単位になり、現在のモバイルテクノロジーの１００倍ものスピードになる[27]。こうしたスピードや容量の向上、および消費電力や通信応答時間の劇的な低下により、驚くほど幅広い分野で革新的な製品やサービスが可能になる。それによる経済的・社会的利益は相当なものになると予想される。

ＭＥＣを５Ｇと連携させて利用した先駆的な企業が、テクノロジー・通信・情報・娯楽関連の製品やサービスを提供する世界有数の企業、ベライゾンである。同社は、コンピューティングパワーやストレージサービスなどのＡＷＳインフラを、ベライゾン社のネットワークを構成するエッジに拡張するサービスを使い、５Ｇによるマルチアクセス・エッジコンピューティングを真っ先に採用した。

　クラウドとエッジをつなぐサービスと５Ｇの帯域幅とを結びつけたことにより、ベライゾン社の顧客である企業や起業家、ソフトウェア会社は、モバイルのエンドユーザーやデバイス向けに遅延がほとんどない大規模なアプリを構築できるようになった。例えば、ベライゾン社の「超広帯域５Ｇ」サービスのおかげで、今ではすでに、満員の観客席で試合を観覧しているアメリカンフットボールのファンが、その場でスマートフォンを使って最大７回まで試合のリプレイ映像を見ることができる。いずれはコンサート常連客の多くが、ライブイベントなどで没入型の新たな拡張現実体験を楽しめるようになるかもしれない。

　このアプリの中でもとりわけ低遅延を必要とする部分は、ネットワークのエッジに配置され、ＡＷＳのあらゆるクラウドサービスに接続されている。こうしてそれらのサービスをエッジに提供することで、５Ｇ接続デバイスからアプリに連絡するのに必要なネットワーク上のホップ数を可能なかぎり少なくしている。これまでアプリケーションのデータは、デバイスを出てモバイルネットワークからネットワーク機器を経てインターネットへと入り、大抵は遠隔地にあるアプリケーションサーバーへ、という旅路をたどらなければならなかった。しかし、会社のデータセンターにあるコンピューティングパワーやストレージをエッジに組み込むインフラがあれば、接続デバイスはモバイルネットワークを離れることなくアプリケーションサーバーに到達できる。[28]

わずか数ミリ秒の遅延しかない技術を応用できる領域や分野は、開発者の想像力次第でいくらでも広がる。例えば、仮想と現実世界を融合させる「エクステンデッド・リアリティ」機器や遠隔ゲーム操作、ライブストリーミングなどで、驚異的な没入体験を顧客に提供できる。また、自動運転車、ロボットによる製造システム、スマートシティなど、低遅延が欠かせない分野でも、エッジにリアルタイムの分析・推測機能が組み込まれることになるだろう。

データプライバシーを尊重したコンピューティング

プライバシーが優先される場合、機械学習で扱うプライバシー情報を保護する新しい技術（ＰＰＭＬ）を使ってクラウドの能力をエッジに組み込むこともできる。この技術には、連合学習、秘密分散型のマルチパーティ計算、差分プライバシー、暗号化計算技術などがある。例えば、連合学習では訓練データをローカルのエッジデバイスに保存する。各デバイスは、クラウドから機械学習モデルをダウンロードし、そのモデルを訓練データでアップデートしてクラウドに送り返す。その後、クラウドでほかのデバイスから来たアップデート情報をもとにモデルを平均化する。こうすれば、ローカルにデータを保存したままモデルを訓練できる。

ＰＰＭＬは、医療などの分野で新たな可能性を切り開いている。ＡＩは人命救助に利用できる可能性を秘めており、さまざまな病気との闘いに欠かせないものとなっている。機械学習の標準的なアプローチでは、クラウドに訓練データを一元化し、そこで莫大なコンピューティングパワーを駆使して予測モデルを生み出す。しかし、医療の分野ではプライバシーを守るため患者の情報をローカルで管理する必要があり、従来の訓練アプローチを実現できない。そんなときに役立つのが、連合学習だ。

　グーグル社が開発した連合学習は、患者のデータをローカルで管理しながら医療の発展を支援するという難問に見事に対処している[29]。このアプローチでは、スマートフォンなど医療施設にあるエッジデバイスに、特定の病気を予測するモデルをダウンロードする。するとそのモデルは、デバイスにある患者データを使って学習し、アップデートの必要がある部分として修正事項をまとめる。それが終わると、暗号化通信技術を使ってアップデート情報がクラウドに送られ、そこでほかのデバイスからのアップデート情報とともにただちに平均化され、共有モデルが更新される。その間、モデルの訓練に利用される患者の個人データがローカルデバイスを離れることはない。

　この技術は、薬剤の開発においても極めて有望である。新たな薬剤を市場に出すまでには、何年にも及ぶ時間と10億ドルを超えるコストがかかる場合がある。そこで、誰かの命を救うことになるかもしれない化合物の発見を加速するため、アストラゼネカ、バイエル、グラクソ・スミスクライン、ノバルティスなど、世界の大手製薬企業10社が、「ＭＥＬＬＯＤＤＹ」と呼ばれる共同連合学習プロジェクトに取り組んでいる。ＭＥＬＬＯＤＤＹとは、「薬剤発見のための機械学習台帳統合システム」の頭字語である。

このプロジェクトをまとめるフランス・アメリカ共同のＡＩ企業、オウキンの最高製品責任者マチュー・ゴルチエは言う。「このプロジェクトの目的は、拡張プライバシー管理システムを組み込んだマルチタスク予測学習アルゴリズムなどのプラットフォームを使って企業共同体（コンソーシアム）の集合知を利用し、共同体参加企業の知的財産権を守りながら薬剤開発に最も効果的な化合物を見つけることにある[30]」

各企業は、化合物の化学構造や科学的性質など自社が持つ知的財産を保護しながら、自社やほかの企業の化合物ライブラリをもとにアルゴリズムを訓練する。こうすれば各企業は、数百万を超える化合物にアクセスできるため、薬剤候補になり得る有望な化合物を特定するアルゴリズムの能力を向上させられる。例えば、バイエル社のライブラリにはおよそ４５０万もの化合物が登録されているが、このプロジェクトを利用すれば、さらに１０００万もの化合物のほか、これらの化合物の生物学的効果に関する数十億ものデータにアクセスできる[31]（バイエル社はまた、７つの病院や研究機関とともに、まれな遺伝的変異により起こるがんに対処する第二の連合学習プロジェクトを計画している）。

つまり各企業は、データを共有しつつも、もとになる重要な知的財産を保護しながら、有望な化合物の発見を加速し、開発における失敗率を低下させ、特許へつながる発見への道を確保することができる。

現在このプロジェクトでは、臨床前データのみを扱っている。つまり、薬剤候補を人体で試験する前に行なわれた研究データである。だが、ＭＥＬＬＯＤＤＹが成功すれば、各企業は臨床研究データを使った同様のプラットフォームを構築することになるかもしれない。実際、メイヨー・クリニックはすでに「臨床データ解析プラットフォーム」を構築して、その方向へ最初の一歩を踏み出している。[32]

連合学習アーキテクチャに基づくこのプラットフォームは、メイヨー・クリニックなどの医療機関が持つ匿名データや膨大な量の学術文献に先進的なデータ解析を適用し、一部の極めて複雑な難病の治療の選択肢を広げていくことを目指している。各参加機関は、マサチューセッツ州ケンブリッジに拠点を置く拡張知能の会社インファレンスの協力のもと、データセットを共有せずに、共同の人工・機械学習モデルを構築する。その重点的な狙いは、新薬の標的や生体指標の特定、患者と治療法との最適なマッチング、および実世界のデータや証拠の応用（適応拡大、市販後調査、薬剤転用など）にある。

メイヨー・クリニック・プラットフォームの社長、ジョン・ハラムカ医学博士は言う。「プラットフォーム事業モデルは、さまざまな分野を一変させる力を持っている。医療分野の急速なデジタル化により私たちは、複雑な医療問題を解決し、全世界の人々の生活を向上させるかつてないチャンスを手に入れようとしている[33]」

戦略的なスタック、全体論的なスタック

これらの事例が示すように、テクノロジーとビジネス戦略は一体化しつつある。これは主に、企業がＩＴ導入の際に選ぶアーキテクチャ、個々の技術、パートナー企業など、技術スタックのさまざまな階層内で発展が見られるためだ。しかし、極めて野心的な課題に取り組み、未来に適応できる柔軟な組織をつくるためには、企業はこの階層を超えて全体論的・戦略的に考える必要がある。それが、企業が行なう最も重要な判断と言えるかもしれない。

エヌビディア社は、パンデミックのさなかにこのアプローチの価値を実証してみせた。同社は新型コロナウイルスが世界的に猛威を振るっていた頃、この前例のない時代に病院の迅速な対応を可能にするスマート病院ソリューション「クララ・ガーディアン」を立ち上げ、一万を超える病室に配備した[34]。このシステムを使えば、患者の生命徴候の遠隔監視や変化の検知、個人用防護具の着用の指示、病院の高リスク区域へ入ろうとする従業員や訪問者への注意喚起、音声で制御可能なＡＩエージェントを通じた患者との非接触型の対話、といったことが可能になる[35]。

この偉業は、技術アーキテクチャのあらゆる階層でイノベーションや統合がなければ不可能だったに違いない。このシステムに採用されたスマートセンサーは、体温・動作・ソーシャルディスタンス・マスク検知などのデータを絶えず生成し、それらに関する知見を生み出す。ま

た、事前に訓練されたデータモデルは、データを利用して診断を支援したり、患者を集中治療室に連れていく必要があるかどうかを予測したりする。エッジＡＩチップやＧＰＵは、このシステムに欠かせない処理能力を提供すると同時に、音声アシストによる人間とコンピューターとの知的な対話を支援したり、状況に応じて施設内の安全な経路を指示したりする。

これらのテクノロジーに支えられたシステムにより病院は、スピードが何よりも重要なときに、絶えず変化するニーズに適応・対処できた。しかもこのシステムは、新型コロナウイルス対策にとどまらず、その後も価値を高めていく。病院がシステムの一部を別の用途に利用したり、新たなユースケースを発見したりすれば、今後もずっとその恩恵を受けられる。[36]

テクノロジーを駆使した製品やサービスの可能性を再考してみれば、人間とテクノロジーとの関係において、これらの製品やサービスがかつてないほど積極的な役割を果たしていることに企業はたちまち気づくことだろう。ビジネスとテクノロジーは融合しつつある。顧客もまた、人間のようなＡＩエージェントと対話したり、仮想現実ゴーグルを装着したり、ブロックチェーンについて学んだりしたときに、企業の最先端の製品やサービスとつながることになる。

アクセンチュアの最初の調査によれば、回答企業のおよそ80パーセントが、未来のシステムは人間とシームレスに対話するようになると考え、78パーセントが、そのシステムは人間の働き方に適応すると考えている。[37] 現代の日常生活同様、今後は職場にも知的テクノロジーが浸透していくことになるため、企業がそこから最大の利益を手に入れるためには、人間の本質に迫る革新的なシステムを設計することが最重要課題になる。人間の本質に迫る革新的なシステムとは、自然言語処理、コンピュータービジョン、話者認識、機械学習などのテクノロジーを使い、簡単かつ効率よく人間と対話できるシステムである。今や企業は、システムを再考し、自然な会話、単純な操作、多様なパーソナライゼーション（個別化）で人間とマシンとの新たな関係を強化していかなければならない。

　この未来に進めるかどうかは、経営者が行なうテクノロジー戦略の選択にかかっている。有能な指導者であれば、レガシーシステムを縮小してデジタル・デカップリングを実施しながらクラウドを利用することで、境界がなく、適応性が高い、人間の本質に迫る革新的な機能を強化していくことだろう。それこそが、リビングシステムの特徴である。

　こうした指導者はまた、高性能なクラウドサービスを戦略的に採用し、ネットワーク化されたアーキテクチャを組織・統合するさまざまな方法を活用して、スピードや柔軟性、応答性を高めていくに違いない。例えば、アクセンチュアのクラウド連続体に関する調査によれば、北米の先進企業の90パーセント以上がクラウドを利用して従業員間の連携を強めたり、ビジネス機能や地域を横断する野心的なプロジェクトを支援したりしている。また、クラウドを利用することで、機械的な作業や人力による保守作業を減らし、もっとやりがいのあるデータ駆動型の仕事を生み出したり、クラウドベースのツールを使って先進テクノロジーの利用を推進したりしている。

有能な指導者はさらに、クラウドのアーキテクチャにエッジコンピューティングを組み込み、ローカルで起きていることを中央に知らせたり、中央が知っていることをローカルに伝えたりするようにしていく。エッジはクラウドでの知見を導く手段となり、クラウドはその知識をエッジに広める媒体となる。

そして最後に、こうした指導者は、アプリケーションやシステムのさまざまな階層を超えて戦略とテクノロジーを融合させたＩＴへの全体論的アプローチを構築する。この戦略とテクノロジーの大融合は、個々のＩＴシステム内だけでなく、それらのシステムを超えて行なわれ、ビジネスの新時代をもたらす。その新時代には、競争がシステムをめぐる闘いになる。ビジネス戦略とテクノロジー戦略とを見事に融合させ、技術スタックのさまざまな階層で最適な技術の組み合わせを見出そうとする企業だけが、かつてないほど機敏に唯一無二の製品やサービスを生み出し、変転著しい世界でも新たな市場を獲得できる。

次章では、企業がそれらすべてをまとめ、未来を見据えた有効なビジネス戦略（Ｓ）をいかに生み出していけばいいのかを詳細に見ていこう。これは、ＩＤＥＡＳフレームワークの要石にあたる。知能（Ｉ）、データ（Ｄ）、専門性（Ｅ）、アーキテクチャ（Ａ）へのアプローチは、人間の本質に迫る革新的な方向へ転換を遂げつつある。それをいかに利用し、テクノロジー投資をいかに統合していけばいいのか？　その戦略こそが、最終的に市場の変化を先取りして未来をつかめるかどうかを決める。

【注】

(1) "L.L.Bean: Modernizing the IT Architecture at a 105-Year-Old Retailer," Google, n.d., https://cloud.google.com/customers/l-l-bean.

(2) Emma Sopadjieva, Utpal M. Dholakia, and Beth Benjamin, "A Study of 46,000 Shoppers Shows That Omnichannel Retailing Works," *Harvard Business Review*, January 3, 2017, https://hbr.org/2017/01/a-study-of-46000-shoppers-shows-that-omnichannel-retailing-works.

(3) Andre Israel, Brett Goode, Jason Mark, and Edwin Van der Ouderaa, "Digital Decoupling: A Maturing Concept in Digital Disruption," Accenture, March 27, 2019, https://bankingblog.accenture.com/digital-decoupling-maturing-concept-digital-disruption.

(4) Bhaskar Ghosh, Adam Burden, and James Wilson, "Full Value. Full Stop. How to Scale Innovation and Achieve Full Value with Future Systems," Accenture, 2019, https://www.accenture.com/us-en/insights/future-systems/future-ready-enterprise-systems.

(5) Adam Burden, Edwin Van der Ouderaa, Ramnath Venkataraman, Tomas Nyström, and Prashant P. Shukla, "Technical Debt Might Be Hindering Your Digital Transformation," *Sloan Management Review*, June 19, 2018, https://sloanreview.mit.edu/article/technical-debt-might-be-hindering-your-digital-transformation/.

(6) "Smiths Group Unites Data from Five Global Divisions and Hundreds of Apps with Azure Data Lake Storage," Microsoft, March 10, 2020, https://customers.microsoft.com/en-GB/story/769823-smiths-group-manufacturing-azure.

(7) "Smiths Group Unites Data from Five Global Divisions and Hundreds of Apps with Azure Data Lake Storage."

(8) Werner Vogels, "Modern Applications at AWS," All Things Distributed Weblog, August 28, 2019, https://www.allthingsdistributed.com/2019/08/modern-applications-at-aws.html.

(9) Einas Haddad, "Service-Oriented Architecture: Scaling the Uber Engineering Codebase as We Grow," Uber

Engineering, September 8, 2015, https://eng.uber.com/service-oriented-architecture/.

(10) Haddad, "Service-Oriented Architecture: Scaling the Uber Engineering Codebase as We Grow."

(11) Haddad, "Service-Oriented Architecture."

(12) Adam Gluck, "Introducing Domain-Oriented Microservice Architecture," Uber Engineering, July 23, 2020, https://eng.uber.com/microservice-architecture/.

(13) "Ever–ready for Every Opportunity," Accenture, 2021, https://www.accenture.com/_acnmedia/Thought-Leadership-Assets/PDF-5/Accenture-Unleashing-Competitiveness-on-the-Cloud-Continuum-Executive-Summary.pdf.

(14) Will Knight, "Meet the Chinese Finance Giant That's Secretly an AI Company," *MIT Technology Review*, June 16, 2017, https://www.technologyreview.com/s/608103/ant-financial-chinas-giant-of-mobile-payments-is-rethinking-finance-with-ai/.

(15) Kevin McLaughlin, "After Strategy Reboot JPMorgan Going Deeper in the Cloud," The Information, May 7, 2019, https://www.theinformation.com/articles/after-strategy-reboot-jpmorgan-going-deeper-in-cloud.

(16) Jacob Devlin, Ming-Wei Chang, Kenton Lee, and Kristina Toutanova, "BERT: Pre-training of Deep Bidirectional Transformers for Language Understanding," arXiv, May 24, 2018, https://arxiv.org/pdf/1810.04805.pdf.

(17) Will Douglas Heaven, "OpenAI's New Language Generator GPT-3 Is Shockingly Good—and Completely Mindless," *MIT Technology Review*, July 20, 2020, https://www.technologyreview.com/2020/07/20/1005454/openai-machine-learning-language-generator-gpt-3-nlp/.

(18) Steve Lohr, "The Internet Eats Up Less Energy Than You Might Think," *New York Times*, June 24, 2021, https://www.nytimes.com/2021/06/24/technology/computer-energy-use-study.html.

(19) "AI Gives Ukrainian Internet Taxi Start-up Real Competitive Edge," Microsoft, April 19, 2018, https://customers.microsoft.com/en-gb/story/uklon-transportation-powerbi-azure-machine-learning-ukraine.

(20) Van Baker, "Technology Insight for Cloud AI Developer Services," *Gartner*, October 1, 2019, https://www.

gartner.com/en/documents/3969932/technology-insight-for-cloud-ai-developer-services.
(21) "Edge Artificial Intelligence Chips Market Size, Share & Trends Analysis Report by Processor (CPU, GPU, ASIC), Device Type (Consumer, Enterprise Devices), Function (Training, Inference), by Region, and Segment Forecasts, 2020–2027," Grand View Research, May 2020, https://www.grandviewresearch.com/industry-analysis/edge-artificial-intelligence-chips-market.
(22) "Geotechnical Company Generates Environmental Insights Faster and More Reliably with Edge Computing," Microsoft, February 17, 2020, https://customers.microsoft.com/en-gb/story/772599-fugro-professional-services-azure-sql-database-edge.
(23) "Geotechnical Company Generates Environmental Insights Faster and More Reliably with Edge Computing."
(24) "Geotechnical Company Generates Environmental Insights Faster and More Reliably with Edge Computing."
(25) "Oil and Gas Experts Use Machine Learning to Deploy Predictive Analytics at the Edge," Microsoft, September 25, 2017, https://customers.microsoft.com/en-gb/story/schneider-electric-process-mfg-resources-azure-machine-learning.
(26) "Oil and Gas Experts Use Machine Learning to Deploy Predictive Analytics at the Edge."
(27) Omar Abbosh and Larry Downes, "5G's Potential, and Why Businesses Should Start Preparing for It," *Harvard Business Review*, March 5, 2019, https://hbr.org/2019/03/5gs-potential-and-why-businesses-should-start-preparing-for-it.
(28) Catherine Sbeglia, "Verizon to Offer 5G Network Edge Computing with AWS Wavelength," *RCRWirelessNews*, December 4, 2019, https://www.rcrwireless.com/20191204/5g/verizon-5g-network-edge-computing-with-aws-wavelength.
(29) Brendan McMahan and Daniel Ramage, "Federated Learning: Collaborative Machine Learning without Centralized Training Data," Google, April 6, 2017, https://ai.googleblog.com/2017/04/federated-learning-collaborative.html.

(30) Talha Burki, "Pharma Blockchains AI for Drug Development," *Lancet*, June 15, 2019, https://www.thelancet.com/journals/lancet/article/PIIS0140-6736(19)31401-1/fulltext.

(31) Jared Council, "Bayer Looks to Emerging Technique to Overcome AI Data Challenges," *Wall Street Journal*, January 27, 2020, https://www.wsj.com/articles/bayer-looks-to-emerging-technique-to-overcome-ai-data-challenges-11580121000.

(32) Duska Anastasijevic, "Mayo Clinic Launches Its First Platform Initiative," Mayo Clinic, January 14, 2020, https://newsnetwork.mayoclinic.org/discussion/mayo-clinic-launches-its-first-platform-initiative/.

(33) Anastasijevic, "Mayo Clinic Launches Its First Platform Initiative."

(34) Khari Johnson, "Nvidia Launches Clara Guardian to Power Smart Hospitals with Surveillance, Sensors, and Edge AI," Venture Beat, May 14, 2020, https://venturebeat.com/2020/05/14/nvidia-launches-clara-guardian-to-power-smart-hospitals-with-surveillance-sensors-and-edge-ai/.

(35) "Nvidia Clara Guardian," Nvidia, 2021, https://www.nvidia.com/en-us/clara/smart-hospitals/; Arya Goswami, "Ouva's Hospital Intelligence Platform Uses NVIDIA Clara uardian Framework to Monitor Patients in a Contact Free Environment," MarkTech-Post, September 17, 2020, https://www.marktechpost.com/2020/09/17/ouvas-hospital-intelligence-platform-uses-nvidia-clara-guardian-framework-to-monitor-patients-in-a-contact-free-environment/; "Diycam Brings AI to the Edge of Healthcare with NVIDIA Clara Guardian," *Times of India*, May 27, 2020, https://timesofindia.indiatimes.com/business/india-business/diycam-bringsai-to-the-edge-of-healthcare-with-nvidia-clara-guardian/articleshow/76035783.cms.

(36) Johnson, "Nvidia Launches Clara Guardian to Power Smart Hospitals with Surveillance, Sensors, and Edge AI."

(37) Ghosh et al., "Full Value. Full Stop."

第5章 戦略――もはやすべての企業がテクノロジー企業

戦略ほど人間（の営み）が中心になる分野はない。違いを生み出せるかどうかは、人間（特に経営幹部）の想像力に左右される。経営幹部は未来を切り開いていく責任がある。その未来では、人間の本質に迫る革新的なテクノロジーが競争の条件となり、テクノロジー先進企業と後進企業の差がさらに開くことになる。どんな業種であれ、もはやあらゆる企業がテクノロジー企業であるというのは、そういう意味だ。どんな企業のＣＥＯも、テクノロジー企業のＣＥＯにならなければならない。

だが、そこには難題がある。今では、テクノロジー、ビジネス戦略、実行が、ほとんど区別できないほど密接に結びつくようになった。これら3つの要素は、ほぼ同時に進化している。人間の本質に迫る革新的な知能、データ、専門性、アーキテクチャへのアプローチにより、柔軟性や機敏性が高まっているからだ。ＩＴと戦略と実行の一体化はもちろん、突如として起きたのではない。それは段階を追って起きたのであり、各段階はその時代特有のテクノロジーやビジネス戦略により特徴づけられていた。それを以下で解説しよう。

人間とマシンの相互関係に見られる３つの段階

知的テクノロジーに対する企業の反応は、３つの段階を通じて展開された。第一の段階は「マシン中心」であり、主にリエンジニアリングにより新テクノロジーに対応する（デスクトップコンピューティングがビジネスの世界に広がった１９９０年代に起きたリエンジニアリングと似ている）。反復的な作業を自動化するためにＡＩなどの新興テクノロジーが利用されるこの段階では、人間はマシンに適応しなければならない（マシンに置き換えられることも多かった）。戦略と実行は逐次的であり、評価・識別・設計・導入といったステップを踏む。

人間とマシンの相互関係の第二段階は「コラボレーション（協働）」である。前著『人間＋マシン』で述べたように、人間とマシンは相互に適応し合う。新世代の知的テクノロジーや技術が現れると、企業は従来のビジネスプロセスを再考し、人間とマシンが協力して働くチームの利点を活かそうとした。それでも、戦略と実行はいまだ分離している。まずは、ＡＩや機械学習といった観点からプロセスを再考し、次いで小規模な実験を試みる。テストがうまくいけば、それを企業全体に大々的に導入する。第一段階同様、戦略と実行を分けた逐次的アプローチである。

そして、現在進行中の第三段階は「人間中心」である。この段階ではマシンが人間に適応する。人間の本質に迫る革新的なテクノロジーが持つ高い機敏性や適応性により、先進的な企業は、テクノロジー、戦略策定、実行を相互に関連づけ、有機的に一体化することが可能になる。この３つの要素は、同期しながら極めて迅速に成長・変化する（図表5－1「テクノロジーの進化」を参照）。

その一例として、スターバックス社が新型コロナウイルスパンデミックの危機にどう対応したかを紹介しよう。パンデミックの影響規模がようやく明らかになり始めたばかりの２０２０年３月、早くも同社のＣＥＯケヴィン・ジョンソンは、決算説明会の場で投資家やアナリストに向け、スターバックス社はその対応策として競合他社とのさらなる差別化を積極的に進めていると語った。[1]同社にはすでに、電子決済、モバイルアプリ、持ち帰り専用ストア、提携企業による配送ネットワークなどの実験を重ねてきた歴史があり、それにより同業者の一歩先を進んでいた。[2]そのため、パンデミックに襲われたときも、新たなデジタル機能を即座に導入できた。注文の90パーセントを、リモート注文による店舗での受け取りへと速やかに転換したのである。

また、ＡＰＩや機能ごとにサービスを分割して開発・運用を行うマイクロサービス・アーキテクチャを導入していたおかげで、ウーバーイーツ社と即座に提携し、新たな配送手段やサー

図表5-1　テクノロジーの進化

テクノロジーが発展していく一例

	マシン中心 マシンがプログラムされたことを実行する	**コラボレーション** 人間がマシンを訓練し、マシンが人間の能力を拡張する	**人間中心** マシンが人間に適応し、人間がマシンを教育する
知能	**工業用ロボット** 安全柵の奥でセンサーを使い、事前にプログラムされた作業をする	**ディープラーニング** ニューラルネットワークを使い、大規模なデータセットで学習する	**感情AI** 人間の感情に反応し、関連性を高める
データ	**ビジネスインテリジェンス1.0** データベースクエリやバッチ処理をもとにレポートを生成する	**ビッグデータ** 大規模なデータセットから実用的なパターンを見つける	**合成データ** オリジナルデータを模倣して活用し、プライバシーを力強く保護する
専門性	**従来のプログラミング** コンピューターコードを使ってマシンに指示する	**データサイエンス** 問題を解決する知見をデータから引き出す	**マシン教育** 非技術系の専門家がAIシステムを訓練する
アーキテクチャ	**モノリシック** 静的に統合された同質的なシステムとして機能する	**多重構造** さまざまなレベルで自律的に機能を果たす	**リビングシステム** 異質だが適応性の高い機能を、レゴブロックのように動的に組み合わせる
戦略	**リエンジニアリング** 分析から実行へと逐次的に進む	**再考** プロセスを再検討し、その後逐次的に実験・採用・拡大を図る	**相互関係** 人間主導のテクノロジー・戦略・実行が同期する

ビスモデルを顧客に提供できた。第三段階にある企業は、テクノロジーをうまく活用して、戦略策定とそれに基づく実行を同時に行なう能力に長けている。それは、企業が進化し、市場を確保し、成長するスピードを大いに高め、その能力を持たない企業に多大な脅威を及ぼす。

業界を一変させる食料雑貨小売業者

実店舗を持たないオンライン取引専門の食料雑貨小売業者として世界最大手のオカドは、自社をテクノロジー企業だと言ってはばからない。同社は20年以上も前から、ＡＩ、機械学習、ロボット工学、クラウドテクノロジー、ＩｏＴ、シミュレーションやモデリング、デジタルツインなどを利用して、世界一先進的と言ってもいい機能を開発している。実際、その貴重な知的財産には１５０件以上の特許が含まれ、さらに現在申請中の特許も数百件ある。

しかも、その知的財産の開発を食料雑貨の小売という極めて困難な業務環境で成し遂げているのだ。食料雑貨は、小売業の中でも世界最大の規模を誇る上に、書籍などとは違って保存可能期間や保存最適温度がそれぞれ異なる製品の構成が絶えず変わり、極めて複雑な様相を呈している。さらにオカド社の場合、それにオンラインのみで対応している。全国に広がる顧客が、魅力的な価格帯で、正確かつ確実な注文処理を要求してくる。そうなると、複雑さは飛躍的に高まる。

そのためオカド社の商品注文から配送までの総合的な管理運営業務を行う顧客フルフィルメントセンターは、世界的に見ても先進的な食料雑貨ピッキングテクノロジーを採用している。[3]一般的なセンターは、サッカーの競技場と同等かそれ以上の広さがある。その中では、数百台のロボットが４Ｇネットワークを通じて相互に通信し合いながら、３階建てになったアルミ製グリッドの上を動きまわっている。その姿はまるで、３次元のチェスをしているかのようだ。

この食器洗い乾燥機サイズのロボットは、スウォームテクノロジーを使い、食料雑貨が入った箱の上に敷かれたレールに沿って、時速14キロメートルほどの速さで移動する。その箱は、製品カテゴリーとは関係なく、購入頻度に基づいたアルゴリズムにより配置されている。ロボットはかぎづめを使って箱を持ち上げ、自分の中に置き、それをほかの場所へ移動させるか、ピッキングステーションに至る傾斜台に置く。ピッキングステーションでは、人間の従業員が目の前のスクリーンを見ながら、注文されたアイテムを選び、買い物袋に入れていく（この買い物袋も箱に入っている）。その後、箱はグリッドに戻され、アイテムを補充されるか、出荷前のアイテムを収集している出荷ドックに送られる。このシステムを使えば、50アイテムの注文も、わずか５分で配送できる。

オカド・テクノロジー社の最高執行責任者として商取引を指揮するアン・ニーサムは言う。「これこそまさに、『ジャスト・イン・タイム』〔必要なものを必要なときに必要なだけ供給する管理システム〕処理です。ペンを注文したら、ペンの入った箱が持ち出され、ちょうどいいタイミングでピッキング担当のもとへ送られる。そして、担当者がそれをピッキングして、ほかの注文品が入った箱に入れる[4]」

各センターには2つのモジュール式データセンターが設置され、ロボットを管理している。ほかのエッジコンピューティング・システム同様、このデータセンターは待ち時間を減らすことを目的としている。それがなければ、ロボットは複雑な行動を処理しきれず、絶えず衝突を繰り返すことになるだろう。

オカド社はまた、この優れたテクノロジーを開発する中で、さらに大きなビジネスチャンスを見つけた。オンライン小売業だけにとどまらず、このスマートプラットフォームをほかの食料雑貨小売業者へ提供することにしたのだ。世界中の小売業者がこれを利用すれば、それぞれの地域でオカド社のオンラインモデルを有効かつ大規模に再現できる。こうして、オカド・スマートプラットフォームが生まれた。エンドツーエンドのeコマース処理、物流、スウォームロボットテクノロジーを組み合わせたこのプラットフォームを、ほかの小売業者に提供し、独自の顧客フルフィルメントセンターを構築してもらおうというのである。

この劇的な転換をもたらす戦略を実行に移すため、オカド社はクラウドに目を向けた。オカド・グループの最高技術責任者ポール・クラークは言う。「オカド・スマートプラットフォームを開発する際には当然、顧客となる小売企業にまったく新しい環境を提供するものでなければならないと思っていた。まるでスイッチを切り換えるように。しかし、それぞれの国にデータセンターを構えるのは大変だ。そこで、クラウドファーストの戦略を採用することにした[5]」

アマゾンウェブサービス（ＡＷＳ）のクラウド上で稼働するオカド・スマートプラットフォームを利用すれば、小売企業はｅコマース事業すべてを運営できる。また、リアルタイムの在庫予測、配送トラックのインテリジェントなルート選定、駆け込み注文の処理といった機能も利用できる。さらに、顧客がオンラインでもオフラインでも、モバイル機器からアプリを通じてサイトにアクセスできるようになる。

　クラウドのおかげでオカドは、コスト効率よく顧客の需要の急増に応えられる弾力性のあるイベント駆動型アーキテクチャのみならず、機敏な開発能力も手に入れた。同社のエンジニアは、事前にインフラの整備に取り組まなくても新たなアイデアを試すことができるため、１時間もかけずにアイデアをコンセプト段階から生産段階にまで進めることが可能になった[6]。また、数百ものマイクロサービスから生まれるデータをデータレイクに統合することで、インフラ全体のＡＩ能力を強化することもできた。

　だが、レガシーシステムからリビングシステムへの飛躍には長い時間がかかった。クラークは言う。「あらゆるコードを徹底的に書き改め、あらゆる技術スタックの組み合わせを一新した。これまでのプラットフォームと新たなプラットフォームとの間には、共通のコードなど一行もないと思う[7]」

　今では世界中の食料雑貨小売業者が、オカド社のプラットフォームを採用している。アメリカの食料雑貨小売チェーンのクローガー社は、今後数十年をかけてこのプラットフォームをもとに20の自動化された顧客フルフィルメントセンターを建設する予定だという。その他、カナダのソビーズ、スウェーデンのＩＣＡ、フランスのカジノグループ、スペインのプレウ、日本のイオン、といった企業もこのプラットフォームを採用している。２０２０年には、オカド社の最高経営責任者ティム・スタイナーが事業の重心の転換についてこう語っている。「わが社は今や、ソフトウェアやロボティクスプラットフォームを提供する、本当の意味でテクノロジーを主力としたグローバル企業になった[8]」

新型コロナウイルスのパンデミックにより、食料雑貨のオンラインショッピングの分野もほかの分野同様、未来に向けた歩みを加速させた。消費者が家に閉じこもるようになり、世界中の食料雑貨小売チェーンがオンライン事業の強化を急いだからだ。スタイナーは言う。「新型コロナウイルス感染症の流行のせいで、食料雑貨オンライン市場の数年分の成長がわずか数カ月に凝縮された。もう後戻りはできない。わが社は、オンラインチャネルの加速的発展が今後も続き、世界中の食料雑貨小売産業の様相が永久に書き換えられることになると確信している[9]」

大半の識者によれば、食料雑貨のショッピング習慣のこうした変化は、今や幅広く浸透しているため、オカド・スマートプラットフォームの人気はさらに高まっていくと思われる。だが、パンデミック終息後にこのショッピング習慣がすたれてしまったとしても、オカド社の深遠なテクノロジー戦略はこの産業だけにとどまるものではない。同社のロボットが行なう、持ち上げ、移動、仕分けといった基本的な作業は、さまざまな産業や業務環境に応用できる。近いうちに、それ以上の作業も可能になるかもしれない。同社は最近、「ソフトハンド」を開発するプロジェクトを立ち上げた。これは、新鮮な果物など繊細な扱いを要するどんな物体でも、傷つけることなく拾い上げることができるシステムである。そんなスキルがあれば、多くの製造環境で重宝されるに違いない。[10]

オカド社のプラットフォームは拡張性が高いモジュール設計を採用しているため、顧客企業は地域に合わせてサイズの異なる倉庫を設置したり、必要に応じて柔軟にサイズを変更したりできる。ゆるく結びついたマイクロサービスやＡＰＩで構成されるクラウド／エッジ・アーキテクチャのおかげで、ＩＴインフラを機敏に変更することもできる。これなら、苦労してＩＴインフラを変更したのにたちまちそれが時代遅れになる、といった悲劇に見舞われることもない。オカド社ほど、テクノロジーと戦略、実行を徹底的に一体化させた企業は少ない。その結果得られた強みをほかの企業に幅広く提供している企業となると、さらに少ない。

ＩＤＥＡの時代にふさわしいテクノロジーと一体化した戦略

ほかの企業もオカド社同様、テクノロジーに対するこうしたアプローチを採用し、業種ごとに異なる戦略に、人間の本質に迫る革新的な知能、データ、専門性、アーキテクチャを組み込んでいる。どんな業種にも当てはまる戦略というものはない。だが、人間の本質に迫る革新的なテクノロジーが切り開く幅広い可能性を教えてくれる卓越した戦略が３つある。

それは、フォーエバー・ベータ、ミニマム・バイアブルＩＤＥＡ（ＭＶＩ）、コ・ラボの３種だ。この３つの戦略は、企業にも顧客にも多大な利点をもたらす。フォーエバー・ベータ戦略では、ソフトウェアをベースにした製品やサービスを提供し、購入された後もそれを絶えず進化・発展させることで、製品やサービスの価値や有用性を時間とともに低下させるのではなく向上させていく。ＭＶＩ戦略では、ＩＤＥＡＳフレームワークの１つあるいは複数の要素を取り上げ、伝統的産業の弱点にターゲットを絞って優れた顧客体験を生み出し、それを速やかに発展させることで迅速な市場参入を図る。コ・ラボ戦略では、人間が主導するマシン駆動型の発見を通じて、科学などの知識集約的な環境で優れた成果をもたらす。

戦略１：フォーエバー・ベータ

イーロン・マスクは、テスラ・モーターズを立ち上げて間もない２００６年、同社のウェブサイトで幅広い読者に向けて「（あなたと私だけの）極秘のマスタープラン」を公開した。それは、ヘンリー・フォードとは正反対の戦略だった。フォードは、誰もが無理なく購入できる製品モデルで低価格市場に参入し、のちに高価格市場に製品を拡大していったが、マスクはこう宣言したのだ。「テスラの戦略では、まずは顧客が高額を支払ってくれる高価格市場に参入する。そしてモデルを更新するごとに、より販売数量が多く、より価格が低い方向へ、可能なかぎり迅速に市場を下降していく」[11]。これは、マスク自身も認めているように、自動車ではなくテクノロジー製品でよく利用される戦略だった。

２００８年、テスラ社はスポーツカータイプの電気自動車、Roadsterを発売した。これにより、電気自動車が高い性能やしゃれたデザインを提供できること、１回の充電で４００キロメートルの走行が可能なことを証明してみせた。発売時の価格は10万ドルだったがその後、同社の製品の価格は着実に低下していった。２０１２年にはRoadsterの生産を打ち切り、高級セダンのModel Sの本格生産に入った。価格は７万６０００ドルで、１回の充電による走行距離を４８０キロメートルにまで延ばし、充電に要する時間も短縮させている。２０１６年にはModel 3の開発を告知し、２０２０年初めに3万８０００ドルで販売を始めた。

こうしてマス市場に参入を果たすと、同社は次いでより高価なＳＵＶ市場にも製品を拡大した。中型クロスオーバー車のModel X（価格は8万ドル強）と、２０１９年に導入された小型クロスオーバー車のModel Y（価格はおよそ4万９０００ドル）である。同社はさらに、自動運転機能のついたセミトレーラーのトラクターや、一時話題になったCybertruckという未来的なピックアップトラックの開発も進めた。

この生産スケジュールに特徴的なのは、各モデルの年度ごとのアップデートがない点だ。車の買い手は、ほかの自動車メーカーのせいで、そのような販売方法に慣れてしまっている。だがテスラ社がそうしないのは、あるモデルを販売したらそれで終わりなのではなく、販売後もその性能を絶えず向上させているからだ。テスラの車は、ソフトウェアのアップデートを通じて、性能を向上させ、自動運転機能や安全機能を高めるなど、絶えず進化している。

　テスラ社は、車とつながるクラウドやエッジを通じて性能を監視し、遠隔診断や遠隔修理を実施する。例えば、時々過熱するなど、モーターに問題があると診断されれば、すぐさまソフトウェアのパッチで対応する。[12]「専門性」や「マシン教育」を扱った章でも述べたように、テスラの車はテスラ社とフィードバックループを形成し、絶えず運転や走行に関する情報をやり取りしており、その車を誰かが運転するだけで、テスラのニューラルネットワークが訓練される仕組みになっている。その結果、車の所有者は車の価値や有用性が絶えず向上していくのを体験できる。

　この体験は、顧客が製品の有用性やほかの製品との差を判断する重要な要素になる。テスラの顧客は事実上、新たに機能を向上させたベータ版の利用者になるという特権を有しているのである。この戦略により、テスラは２０２０年代に入る頃には年間生産台数が50万台にも満たないのに、総利益、売上成長、長期的な株主価値において世界一の自動車メーカーになった。[13]

　顧客が持つ製品の価値や有用性を絶えず高めているという点では、サムスン社も同じである。同社は「SmartThings」というアプリで異なる企業のコネクテッド製品を統合し、テレビや冷蔵庫などの一般家電の機能を常に拡張している。また、ソフトウェアのアップデートを通じて、顧客が購入したデバイスの機能の向上を図っている[14]。

この継続的改善において重要な役割を担っているのが、マシン教育である。《ファミリー・ハブ》というスマート冷蔵庫は、内部にカメラを搭載しており、利用者が冷蔵庫のドアを閉めるたびに庫内を撮影して中にどんな食品が入っているのかを特定する。利用者は、アプリを通じて手元のデバイスで、あるいは冷蔵庫のドアについたタッチスクリーンで冷蔵庫の中に入っているものを確認できる。冷蔵庫が食品の特定を間違えていたら（アボカドをパプリカと誤認したなど）、利用者がそれを修正すれば、それをもとに冷蔵庫は性能を向上させていく。

フィリップスライティングから社名を変更したシグニファイ社は、循環型照明というサービスを通じて、最新の照明テクノロジーを顧客に提供している。これは、照明機器から来る稼働時間やエネルギー需要の情報に基づいて照明を提供する企業向けサービスで、器具・電球・センサーを管理し、古い部品を新しいものに交換するなど、一貫した顧客体験を提供する。こうすれば、製品のできるかぎりの再利用、修理調整、リサイクルが可能になり、エネルギー効率の向上、デジタル廃棄物の削減により、自社も顧客企業も持続可能な目標の達成に貢献できる。

実際、シグニファイ社はこのサービスを通じて、ドバイに電気を供給する発電所すべての照明を提供し、照明関連のエネルギー消費を68パーセント節約することに成功した[15]。同社は、将来のあらゆるテクノロジーのアップデートも含め、事実上サービスとして照明を提供している

(ライティング・アズ・ア・サービス)。このアプローチは、個々のデバイスを重視するのではなく、絶えず最適な体験を提供することを重視する。製品の販売から望ましい結果の継続的な提供へと、ビジネスモデルを転換したのである。

この戦略は、シグニファイ社のＩｏＴプラットフォームと結びつくと、さらなる力を発揮する。[16]「Interact」と呼ばれるこのプラットフォームのおかげで、同社の業務は照明のための製品やシステムから、データを利用した新たなサービスへと拡大している。極めて拡張性の高いこのクラウドベースのプラットフォームは、機械学習を利用してさまざまなソースから来るデータの意味を理解する。顧客のコネクテッド照明システムに搭載されたセンサーが収集したデータを、安全なＡＰＩを通じてほかの管理システムと共有することで、その照明が設置されたビルや企業、地域の機能をいかに向上させられるか、といった新たな知見を提供するのだ。例えば、企業のビルに設置された照明機器からデータを収集し、それを組み合わせて分析し、従業員がオフィス空間をどう利用しているのかを理解・予測する。この知見を利用すれば、より効率的で優れたビルの設計が可能になる。

顧客企業はまた、InteractのＡＰＩを使ってパートナー企業やソフトウェア会社とデータを共有することで、シグニファイ社のクラウドベースのサービスを利用して追加のソフトウェアやデータを活用したイノベーションを生み出すこともできる。既存のコネクテッド照明機器を使っている顧客でも、ソフトウェアをアップデートすれば、シームレスにInteractに移行でき、そのプラットフォームで利用可能な幅広いサービスにアクセスできる。ここにも、購入後の製品の価値を高めていく戦略との一貫性が認められる。

シグニファイ、サムスン、テスラなどの企業は、物理的なデバイスに知能を組み込み、新たな機能が実現可能になった時点でそれを提供できる柔軟な製品やサービスを設計することで、製品やサービスの価値を拡大している。これはまさに、戦略と実行の一体化である。その結果これらの企業は、購入されたデバイスが日々価値を高めていくという認識のもと、顧客との関係をさらに強化していく。かつての製品は、購入した時の価値しかなかった。だが今では、前述した事例からもわかるように、購入後も進化するデジタル体験が製品の本質的な要素になっている。顧客は物理的な製品を所有しているかもしれないが、それを販売した企業は引き続きデジタル面を管理している。いやむしろ企業が、製品を価値あるものにする本質的な部分を所有し、サービスとして価値を提供（バリュー・アズ・ア・サービス）しているのである。

戦略2：ミニマム・バイアブル－IDEA（必要最低限のIDEA）

ダニエル・シュライバーとシャイ・ウィニガーが設立したニューヨークの保険会社レモネードは、借家人、マンション所有者、住宅所有者、ペット所有者に保険を提供している。ＡＩを利用したアプリで保険料の見積もりや保険金の支払いを効率化し、早い時にはわずか数秒でそれを実現している。だが、ウィニガーは言う。「レモネードは保険を扱うテクノロジー企業であって、アプリを扱う保険会社ではない[17]」

保険業界は、幅広い顧客から嫌われている。レモネードは、ＡＩチャットボットと機械学習、クラウドを組み合わせ、そんな従来の保険会社が持つ負の特性を正確に見抜き、見事に対処している。専門の領域において、業務プロセスに人間を介在させる実に独創的な方法を発見したのだ。

創業者のシュライバーとウィニガーは、保険業の仕組みについてごく一般的な知識しかなかったため、まずはその仕組みがどうあるべきかを考えるところから始めた。従来の保険業のビジネスモデルには、無数の書類作成、古い官僚的な事務プロセス、面倒な保険金の交渉、保険会社と顧客との相互不信、といった問題がある。それらがなくなればいい。そこで2人は、最初からＡＩを会社の中心に据えることにしたが、既存の保険会社に先進テクノロジーを提供する「保険テクノロジー」提供会社にはせず、むしろ垂直統合された保険会社にしようと考えた。同社の言葉を借りればこうだ。「仲介や官僚的な手続きの仕事をチャットボットや機械学習に任せ、文書業務の完全廃止など、あらゆる業務の即時化を目指す[18]」

実際に、レモネード社の保険金請求プロセスを見てみよう。保険の契約者は、アプリの「請求」ボタンをタップして、マヤという名前のチャットボットに何があったのかを伝えるだけでいい。記入すべき書類もなければ、電話口で待たされることもない。さまざまな部署をたらい回しにされることもない。ＡＩが不正防止アルゴリズムを作動させ、その結果即座に請求が承認されれば（請求のおよそ30パーセントはすぐに承認される）、ＡＩがただちに支払いを行なう。ＡＩが承認しない場合、その請求は人間の処理事項となり、担当者ができるだけ早く契約者に連絡することになる。

同社の説明によれば、わずか数秒で保険金が支払われた例もあるという。[19] 気温が氷点下まで下がった12月のある夜、ニューヨークで若い男性がコートを盗まれた。その男性はしばらくコートが見つかるのを待っていたが、やがてそれもあきらめると、６日後の午後5時43分、iPhoneにインストールしていたレモネード社のアプリを立ち上げ、詳細情報を入力した。「カナダグースのラングフォード・パーカ、サックス・フィフス・アベニューで９７９ドルで購入」。次いでカメラに向かって話しかけ、何が起きたかを説明した。それにかかった時間はおよそ１分である。そして午後5時49分、男性が「送信」ボタンをタップすると、３秒後には保険金が支払われたという。

これほど保険金請求プロセスがスムーズに進む一因は、創業者の２人が従来の保険会社に内在する「利害の衝突」問題を解消する財務モデルを採用していた点にある。従来の保険会社では、顧客に提供する保険金の額を引き下げるほど、会社の利益は増える。これが、顧客と保険会社との間に敵対関係をもたらす。保険会社には、保険金の支払いを断る、あるいはその額をなるべく引き下げようとするインセンティブが生まれる。するとそれがまた、顧客が請求金額を引き上げようとする動機になる。この不信の連鎖により、保険会社は嫌われ、普段は誠実な顧客も保険会社をだまそうという気になるのだ。

だがレモネード社は、各保険料から一律の割合を利益として受け取るだけだ。請求がなくて余った額は、毎年の「ギブバック（恩返し）デー」に、保険契約者が指定した非営利団体に寄付される。同じ団体を選んだ契約者は、仮想的に同じグループに分けられ、各グループから集められた保険料は、そのグループの契約者から請求があったときの支払いにあてられる。グループから集められた保険料が余れば、そのグループが最初に指定した団体に寄付するのである。実際、２０２０年には、ＵＮＩＣＥＦ、新型コロナ救済基金、女子教育を支援するマララ基金、若者を支援するボーン・ディス・ウェイ財団など、34の非営利団体に１１０万ドル以上を寄付している。[20]

つまり、保険金請求プロセスに介在させた人間とは、顧客自身のことなのである。保険金を請求する顧客は、レモネード社には不当に保険金の支払いを断ったり額を引き下げたりするインセンティブがないことを理解している。また、自分が保険金の請求額を不当に引き上げれば、自分が深く関心を抱いている非営利団体への寄付金がその分だけ減ることも理解している。こうして、このプロセスに人間を介在させるだけでなく、何よりも人間らしい道徳的良心をプロセスの中心に組み込むことに成功した。レモネードの最高行動責任者を務める有名な行動経済学者ダン・アリエリーは言う。「要するに、顧客とお金を取り合うのではなく、社会貢献に顧客を参加させる。これですべてが変わる！　利害の衝突がなくなり、レモネード社と顧客と、顧客が指定した非営利団体との間に連携が生まれる」[21]

　レモネード社はまた、この綿密にターゲットを絞ったＭＶＩ戦略により「保険引受の精密化」も実現している。[22]同社のボットは、所定の保険引受アルゴリズムをもとに設計されており、大半の顧客に即座に保険料の見積もりを提示できる。それは、従来の保険会社が一般的な保険申込用紙に記入される40種ほどのデータしか収集しないのに対し、レモネードは顧客ごとに１００倍も多くのデータを収集しているからだ。

　40種のデータを見ただけでは同一に見える顧客グループも、それより飛躍的に多くのデータを通して見れば、相異なるさまざまな下位グループで構成されていることがわかる。これらの下位グループを比較してみると、グループによって損害率（保険料の総額に対する、支払われた保険金の総額の割合）が著しく異なる。損害率が低ければ、保険会社には利益になる。そのため、顧客のデータを増やして蓄積していけば、これらの下位グループをさらに細分化してますます保険引受業務を精緻化し、より望ましい損害率を導き出すことができる。

　実際、レモネードのこれまでの業績を見れば、保険引受業務の精密化がもたらす累積的な力がどれほどのものかがわかる。２０１７年の第１四半期には、１ドル稼ぐごとに３・68ドルを支払っていた。３６８パーセントという何とも悲惨な損害率である。だがそれ以後、この数字は着実かつ急速に減少しており、２０２０年の第２四半期には67パーセントにまで低下している。

社内で新興企業を育てる大手電気通信事業者

マドリードに本社を置くテレフォニカ社は世界有数の通信事業者であり、２０１９年の年間収益は４８０億ユーロを超える。それでも、会長兼ＣＥＯのホセ・マリア・アルバレス＝パレートは、２０１９年後半に株主への手紙の中で、全面的に新たな戦略を採用することを発表した。そこにはＭＶＩ戦略を宣言しているような内容が含まれている。[23]「かつては、音声サービスやデータサービスを多少なりとも採用すれば、今後の成長を確保できた。しかし現在では、市場が成熟し、別のルールに従う新たな競合企業も登場している。そのため成長を続けていくためには、これまでとは違った極めて集中的で戦略的なアプローチが必要になる。これまで成功に導いてくれたモデルがもはや力尽きようとしていることを認識しなければならない」

この新たな戦略的アプローチの１つが、サイバーセキュリティ、ＩｏＴおよびビッグデータ、クラウドという３つの事業に重点的に取り組む子会社、テレフォニカ・テックの創設である。前述の株主への手紙にはこうある。「このアプローチを通じて、この３つの事業の成長を促進していきたい。これらの事業はすでに、全体で年間30パーセント以上の収益増を実現しており、この子会社を、先進的な企業として市場シェアを拡大しているユニコーン企業〔企業価値が10億ドルを超えた新興〔企業〕」と見なすこともできる[24]」

例えば、テレフォニカ・テック社のサイバーセキュリティ事業を担当するイレブンパス社はこう宣言している。「スタートアップ企業が持つ新鮮さやエネルギーと、グローバルな電話会社が持つ知識・能力・強みとを組み合わせ、デジタル世界における日々の脅威を抑止・検知し、それに対応する革新的なソリューションを提供する[25]」

テレフォニカ・テック社は間もなく、２つの企業の買収・統合を通じて、イレブンパスの重点事業をさらに強化した。２０２０年8月に買収したゴベルティス社は、ガバナンス・リスク管理・コンプライアンス、および電子デジタル資産管理に特化したサイバーセキュリティ・コンサルティング会社で、サイバーセキュリティの法律面と技術面を統合したソリューションを提供している[26]。ゴベルティスの1カ月後に買収したアイハックラブズは、サイバーセキュリティの訓練を専門とする会社だ[27]。クラウドベースのプラットフォームや実習環境を利用してサイバーセキュリティの専門家を教育・訓練しており、ランサムウェア攻撃やサービス妨害攻撃など、さまざまな分野の企業に合わせた現実的なサイバー脅威状況をシミュレーションするＳａａＳモデルを活用している。

現在テレフォニカ・テック社は、２０２０年10月にイレブンパス社の肝入りで設立されたテレフォニカ・テック・ベンチャーズを通じて、精密イノベーション戦略を拡大している。これは、サイバーセキュリティ関連のスタートアップ企業に投資を行なうベンチャー投資会社だ。

その投資は、「サイバー脅威インテリジェンス、クラウドセキュリティ、データ保護、自動化や人工知能を応用した組織保護などの分野で、革新的な潜在能力を有するスタートアップ企業をターゲットにする」という。[28]

この取り組みは、スタートアップ企業9社への投資から始まり、今後3年の間にさらに15社に投資を行なう予定だ。最初の9社のうちの1社は、法執行機関や防衛機関のサイバー脅威インテリジェンス・センターの強化に取り組んでいる。また、顧客資産の違法コピーを追跡・抑止している企業もあれば、従業員のサイバーリスク管理を専門にしている企業もある。これらのスタートアップ企業は、イレブンパスの製品ポートフォリオを補完し、テレフォニカ・テック社に新たな機能を提供してくれるだろう。将来の買収候補になる可能性もある。

テレフォニカ傘下の3つの「ユニコーン企業」、およびテレフォニカ・テック・ベンチャーズを通じたＭＶＩ戦略の拡大といったアプローチを見れば、大手企業でも多大な利益が見込めることがわかる。大手には、何ごとも自社だけでこなさなければならないスタートアップ企業とは違い、複数のＭＶＩ戦略を立ち上げられる資源がある。

戦略3：コ・ラボ

コ・ラボ戦略は、人間とマシン双方から同時に最良の能力を引き出せるようプロセスを設計することで、優れた発見を迅速に生み出す。この戦略を推進する企業は、ＩＤＥＡのいずれかの要素を利用して、マシンの能力を活用しつつも人間が主導する極めて効率のいい科学を追求する。自動化や機械学習により退屈な仕事から解放され、高度な知識をフルに活用できるようになった専門家や知識労働者は、これらの力強いテクノロジーをもとに、生産性を飛躍的に高め、価値を何倍にも増大させ、高い参入障壁を築くことが可能だ。

例えば、イギリスのスタートアップ企業エクセンティア（Exscientia）を見てみよう。同社は、ケンタウロス・ケミストというＡＩ創薬プラットフォームを開発している。この名称は、チェスの世界チャンピオンだったガルリ・カスパロフが考案した「ケンタウロス・チェス」に由来する。これは、人間がコンピューター・テクノロジーの支援を受けながらチェスをプレイするスタイルを指す。ケンタウロス・ケミストもケンタウロス・チェス同様、マシンが人間には真似できないようなコンピューティング能力を提供するが、それでも主導権を握っているのはあくまでも人間だ。その結果、どちらの場合も、専門家やマシンが単独で行動するよりも良い成果を生み出す。

東京のイギリス大使館で開かれた会合で、ある企業の科学者はこう述べている。「人工知能が化学者に取って代わることは今後もない。ただし、ＡＩを使わない化学者はいずれ、ＡＩを使う化学者に取って代わられることになる[29]」

エクセンティア社では、ターゲットにする疾患を特定するため、まずはディープラーニング・

アルゴリズムを適用してほぼ無限にある候補を絞り込む。次いで、同社の専門家がケンタウロス・ケミストの「能動学習」システムが実行する発見戦略を考案する。このシステムは、極めてデータ効率のいいアルゴリズムを採用している。一般的に創薬の段階では、治療の新たなターゲットに関する知識がほとんどないため、大規模なデータセットによる機械学習アプローチを採用できるほどのデータがない。

エクセンティア社の担当者は言う。「数年前から、新たなターゲットの創薬を進めるには、複数の革新的なアプローチの組み合わせが必要だと認識していた。とりわけ問題になるのが、データ不足だ。データが不足していると、そもそも予測モデルを構築できない。そのため、文献や特許情報からのデータであれ、社内の小規模な医学検査からのデータであれ、限られた初期データで効率よくプロジェクトを始める必要がある」。能動学習アルゴリズムは、この限られたデータから、創薬に必要なデータセットにたどり着く方法を「学習」する。[30]

このアプローチは実を結んだ。エクセンティア社は２０１２年の創業以来、セルジーン、グラクソ・スミスクライン、サノフィ、バイエル、エヴォルテックなどの企業とさまざまな調合薬やバイオ薬剤の共同開発を実現している。この共同開発には、開発テクノロジーや特許使用料など、総計10億ドルを超える価値があると推計されている。

エクセンティア社は現在、ヨーロッパの製薬会社のエコシステムの中心にいる。ＣＡＲＥ（ヨーロッパにおけるコロナ研究開発促進）コンソーシアムで、低分子薬剤設計活動を牽引しているのだ。

ジョンソン・エンド・ジョンソンや武田薬品工業が共同主導するＣＡＲＥは、Ｃｏｖｉｄ－19および今後生まれるコロナウイルスの治療法の発見・開発を目指す世界最大規模の取り組みであり[31]、欧州委員会の支援を受ける革新的医薬品イニチアチブ（ＩＭＩ）から資金の提供を受けている。

その5カ年計画には、ベルギー、中国、デンマーク、フランス、ドイツ、オランダ、ポーランド、スペイン、スイス、イギリス、アメリカ合衆国から、バイエル、メルク、ノバルティス、ファイザー、ビル＆メリンダ・ゲイツ財団など、37の企業や団体が参加している。その中でエクセンティア社は、前臨床段階の創薬を加速するため、ＡＩプラットフォームを駆使して新薬の設計を生成・最適化しており、今後のコロナウイルスの流行から数百万人の命を救う薬剤の開発の起点として活躍している。

無数の穀粒の中から有害な穀粒を見つけるビューラー

世界保健機関（ＷＨＯ）によれば、汚染された食材の摂取により毎年6億人が何らかの病気にかかっているという[32]。そのため製粉業界では、安全な食品の製造が喫緊の課題になっている。その場合、企業の財政面から言えば、健全な穀粒を捨てることなく、汚染された穀粒のみを効率よく除外できるかどうかが重要になる。食品加工機器の分野で世界をリードするスイスの企業ビューラーは、マイクロソフトと協力して、穀粒選別プロセスにマシンの能力を活用しつつも人間が主導する、極めて効率のいいアプローチを組み込んでいる。

　世界のさまざまな地域で人間や動物の主食となっているトウモロコシは、アフラトキシンという毒物の影響を極めて受けやすい。そのため、およそ5億人（そのほとんどが貧しい地域の人々）が慢性的にアフラトキシンにさらされる危険性がある。実際、この毒物により、毎年15万５０００人近い肝臓がん患者が生まれ、数百万人の子どもの成長が阻害されていると推計されている。[33]

　アフラトキシンは目で見てもわからず、匂いもなければ味もない。熱でも破壊されないため、アフラトキシンで汚染された食品を加熱調理しても安全とは言えない。このように、消費者には食品が汚染されているかどうかわからないため、安全性を確保する責任は、生産者や収穫者、加工者が全面的に担わざるを得ない。しかも、１万粒の中に汚染された穀粒がわずか２つあっただけでも、その全体が目的の用途には使えなくなる。[34]となると、健康リスクだけでなく生産者や食品加工業者への経済的影響も無視できない。厳密に選別できなければ生産ロット全体を廃棄しなければならない場合もあるからだ。

　そこでビューラー社は、自社の最新テクノロジーをマイクロソフトのクラウドやＡＩと組み合わせ、「ルーモビジョン」と呼ばれる独自の光学選別テクノロジーを開発した。これは、クラウドベースのリアルタイム・データを利用して汚染リスクを監視・分析し、抜き取り調査ではなく、汚染の直接の指標に基づいてアフラトキシンに汚染された穀粒を特定する。[35]

汚染されたトウモロコシの穀粒は、紫外線を当てると独特の明るい緑色を呈する。この発光を検知するため、トウモロコシの穀粒が強力な紫外線を照射されながら選別機を通過していく際に、ルーモビジョンに搭載された高感度カメラがそれぞれの穀粒が示す色を分析する。そして独特の色を検知すると、わずか数ミリ秒のうちにエアノズルを動かして、汚染された穀粒を外に吹き飛ばすのである。このマシンは、１時間に最大15トンもの量を処理し、90パーセント近い汚染物を除去できる。これまでの対策に比べれば、かなりの進歩である。

ここで採用されているのは、数テラバイトあるいは数ペタバイトものデータを保存・解析して知見を生み出す、昔ながらのビッグデータ・アプローチではない。それよりもむしろ、スピードが重視されている。検知モデルの訓練が終われば、もう監視データを保存する必要はなく、あとはリアルタイムで異常をチェックするだけだ。これまでの対策では、収量の損失が最大25パーセントにも及んだが、このアプローチを採用すれば５パーセント未満に抑えられる。現在ビューラー社は、データや特定領域の深い専門性、クラウド／エッジ・アーキテクチャに対するこの効率的なアプローチを利用して、コ・ラボ戦略をほかのサービスにも拡大している。

コ・ラボ戦略でパンデミックに正面から取り組む

２０２０年11月8日日曜日、ファイザー社のＣＥＯアルバート・ブーラ博士は急いで本社へ向かっていた。ドイツの企業ビオンテックと共同開発した新型コロナワクチンの初めての臨床試験結果を確認するためだ[36]。その１週間後には、モデルナのＣＥＯステファン・バンセルも、自社のワクチンに関する同様の知らせをやきもきしながら待っていた。

その知らせはこの上なく重大なものだった。２０２０年11月までに、世界中で４６００万人以上が新型コロナウイルスに感染していた。死者数はおよそ１３０万人。しかもこのパンデミックは、第一波よりも致死率の高い第二波に入ろうとしていた。

両社のワクチンの試験結果は驚くほど似ていた。新型コロナウイルスの感染防止におよそ95パーセントの効果があったのだ。ブーラはこの知らせを受け取っても自分の耳が信じられず、もう一度繰り返すよう頼んだという。一方、バンセルは家族と抱き合い、一緒に喜びの涙を流した[37]。

類似点は、両社がほぼ同時にゴールラインを切ったことだけではない。モデルナ製のワクチンも、ファイザー／ビオンテック製のワクチンも、メッセンジャーＲＮＡ（ｍＲＮＡ）を利用していた。ｍＲＮＡ分子には、新型コロナウイルスが持つタンパク質を製造するよう細胞に指示する内容が含まれており、それにより感染しなくても免疫系が作動する。これまでアメリカ食品医薬品局がｍＲＮＡワクチンを承認したことはなかったにもかかわらず、両ワクチンはわずか数カ月で実用化された。一般的には、ワクチンの実用化には4、５年の歳月がかかる。[38]

だが、筆者の視点から見てそれ以上に衝撃的だったのは、本書を執筆しているさなかに、筆者の主張がこの上なく重要な形で証明されたことだ。ファイザー／ビオンテックとモデルナどちらの取り組みも、ＩＤＥＡＳフレームワークをほぼ全面的に採用しており、両社ともにそれを未来に跳躍するための戦略（この場合はコ・ラボ戦略）に組み込んでいた。

実際、モデルナはそれを公言していた。新型コロナウイルスが現れる前から、「モデルナの使命に欠かせないデジタル・バイオテクノロジー」と題する公式文書の中で、その業務・テクノロジー・戦略について包括的かつ詳細に語っていたのだ。[39]

モデルナはすでに、同社が開発する薬剤すべてに同じ仕組みを導入しようと、核となるｍＲＮＡプラットフォーム・テクノロジーを開発していた。病気の予防または撃退に役立つタンパク質をつくるよう体内の細胞に指示するための仕組みである。多くの病気に同時に対処するには、薬剤の設計や製造のあり方を変えるデジタルモデルが必要になる。そこで同社は、２０１０年9月の創業から２０１９年までの間に、デジタルテクノロジー、ロボットによる自動化、アナリティクス、データサイエンス、ＡＩに1億ドル以上を注ぎ込んだ。

このテクノロジー戦略は、６つの「デジタル化要素」で構成されている。

・クラウドの有効活用――その計算能力や弾力性を利用して、コンピューティング技術の限界を超える。
・統合――システム間のデータやプロセスを統合して縦割りのサイロ構造をなくし、成長とともに継続的に事業内容を同期させる。
・ＩｏＴ――機器や環境からのＩｏＴデータを利用して、研究者やエンジニアにリアルタイムで指針を与えると同時に、サプライチェーンや製造プロセスのコンプライアンスや追跡可能性を高める。
・自動化――ロボット工学を駆使して、操作の正確性、再現性、処理能力を高める。
・アナリティクス――データの力を活用する。
・ＡＩ――解析や予測モデリングの飛躍的進歩を実現し、学習サイクルを加速させ、調査や生産データからＡＩなしでは得られない知見を生み出す。

さらに、事業の中心には核となる2つの「エンジン」がある。第一の「研究エンジン」は、柔軟に規模の拡大・縮小を行ないながらコンセプトから開発候補特定へとさまざまなｍＲＮＡ研究プログラムを同時に実施する。第二の「初期開発エンジン」は、その後の臨床試験を通じて、開発候補の人体での概念実証を進める。

このプロセスでは専門知識が重要な役割を果たす。モデルナ社の研究者は、新たなｍＲＮＡ配列を構築できるツールを利用して、自身のアイデアをもとにｍＲＮＡを設計する。そこに埋め込まれたＡＩアルゴリズムは、ｍＲＮＡ配列とその生産収量やタンパク質との相互作用について長年にわたり蓄積された知識を体現しており、酸配列をヌクレオチド配列に変換し、生産に最適な配列を生み出す。こうして生データがクラウドに保存されるとすぐに、完全自動化されたパイプライン方式によりＡＷＳサーバーが解析アルゴリズムを作動・終了させる。これでコストも最小限に抑えられる。

この配列の解析を改善させていくため、同社はさらに畳み込みニューラルネットワーク（ＣＮＮ）を開発している。そのアルゴリズムは、専門家が生み出したわずか2万ほどのラベルつきデータで訓練されており、人間の専門性に頼ってはいるが、人間の能力をはるかに超えてｍＲＮＡの一貫性や品質を高め、手作業での解析にかかる多くの時間を節約してくれる。

モデルナ社は２０１８年、マサチューセッツ州ノーウッドに完全デジタル化された製造拠点を立ち上げた。レガシーなシステムやデータによる縦割り構造のない、完全に統合された拠点である。そこでは、人間の専門家がオペレーターとして製造の実行を加速するとともに、迅速に規模の拡大・縮小を行ないながら柔軟性を維持している。新製品の開発にデジタルテクノロジーの変更が必要になっても、わずか数日でそれを実現できる。

こうしてモデルナ社のプラットフォームは、従来の製薬会社のように製品ごとに異なる記録やプロセス、設備を利用するのではなく、「製品にとらわれない」製造プロセスを生み出している。その作業の90パーセント以上は、クラウドから制御されている。同社の担当者は言う。「施設内での限定的なコンピューティングと幅広い対応力・復元力とをバランスよく組み合わせたこの事例は、今後少ない資本投資で迅速に追加拠点を展開していくための雛形になる」

モデルナ社はもともと抗がん剤を専門にしていた。だが、同社のアプローチを支える原則には高い適応性や幅広い応用性があったため、新型コロナウイルスが現れたとき、ワクチン開発に総力をあげて取り組めた。このプラットフォームがあったからこそ、驚異的な速さで戦略的な転換を図り、実行することができたのである。

ビオンテック社の場合もそれと変わらない。ビオンテックには、危機的状況にも対応できるテクノロジー重視のｍＲＮＡプラットフォームがあった。これらの事例は、人間が主導するマシン駆動型の発見により優れた成果を生み出し、戦略と実行を融合させるコ・ラボ戦略の力を見事に証明している。

IDEA+S

人間の本質に迫る革新的な知的テクノロジーから生まれる戦略は、フォーエバー・ベータ戦略やミニマム・バイアブルＩＤＥＡ戦略、コ・ラボ戦略だけではない。テクノロジーの歴史が教えてくれることがあるとすればそれは、新たなツールは途方もないほど力強く、かつてないほどの戦略の発展を促すということだ。ネットワーク効果という現象がソーシャルメディア企業のさまざまな戦略を生み出したのが好例である。

もちろん、テクノロジー主導の戦略が自然に生まれてくるわけではない。それを生み出すには、ほかの人が気づかない可能性に気づく先見の明を持った指導者が必要になる。オカド社は、最初からスマートオンライン小売システムを提供していたわけではない。だがロボットのスウォーム（群れ）テクノロジーやＡＩを組み合わせたアーキテクチャをプラットフォーム化していくなかで、同社の指導者はそこに、食料雑貨ビジネスを超える戦略的チャンスを見出した。同様にテスラ、サムスン、シグニファイといった多種多様な企業もまた、クラウド／エッジ・テクノロジーやマシン教育を駆使して、フォーエバー・ベータ戦略を切り開いた。

保険会社のレモネードは、モバイルアプリとクラウド駆動型の解析を組み合わせ、ＭＶＩ戦略によく見られるような特定の問題に的を絞った優れたサービスを提供することに成功した。その成功の鍵は、保険金請求プロセスに顧客を介在させるという創業者の慧眼《けいがん》にあった。また、エクセンティア、ビューラー、モデルナ、ファイザー／ビオンテックといった企業のコ・ラボ戦略を見れば、至るところに知能、データ、専門性、アーキテクチャの極めて複雑かつ先進的な結びつきがある。だがこれも、先見の明のある指導者が最初からそのように会社を導いてきたからだった。前述したモデルナの公式文書には、がんのみならずほかの病気にも応用できる知的テクノロジーをつくりあげる意図がはっきりと記されている。

また、戦略と実行を融合させるＩＤＥＡ重視のテクノロジーへと歩を進めるには、指導者のこうした想像力のほか、多少相矛盾する２つの姿勢も必要になる。それは熟慮とスピードだ。テクノロジー投資は、慎重に合理的な順序で進めなければならない。だが、「ためらう者は負ける」という言葉ほど確かなものはない。パンデミック以前、テクノロジーを重視する先進的な企業は、熟慮した上でテクノロジーを採用した。やがてパンデミックが始まると、多くの企業がテクノロジーを採用してこの時代に対処しようと躍起になったが、それに成功できたかどうかはまちまちだった。中でも、モデルナやファイザー／ビオンテック、オカドやスターバックスといった一部の企業は、パンデミック以前の熟慮が功を奏し、見事な成功を収めた。

だが、パンデミックを経験し、人間の本質に迫る革新的なＩＤＥＡＳに基づいたイノベーションの成功が証明された今、熟慮の上にスピードを上げて前に進むことが求められている。未来は予想よりも早くやって来た。それに対応するには、イノベーションへの新たなアプローチを熟慮の上、迅速に習得する姿勢を持つとともに、どんな業種であれ、人間とテクノロジーが人間の本質に沿った形で革新的に融合できる機会を新たに見出せる指導者が必要だ。

【注】

（1）"How Starbucks Is Using COVID-19 Crisis to Differentiate the Brand," WARC, March 8, 2020, https://www.warc.com/newsandopinion/news/how-starbucks-is-using-covid-19-crisis-to-differentiate-the-brand/43929.

（2）Chris Walton, "3 Ways Starbucks Will Emerge from COVID-19 Stronger Than Before," *Forbes*, April 3, 2020, https://www.forbes.com/sites/christopherwalton/2020/04/03/3-ways-starbucks-will-emerge-from-covid-19-stronger-than-before/?sh=60ac5f3d1844.

（3）James Vincent, "Welcome to the Automated Warehouse of the Future," The Verge, May 8, 2018, https://www.theverge.com/2018/5/8/17331250/automated-warehouses-jobs-ocado-andover-amazon; "See Inside Ocado's Warehouse Where Robots Pick Groceries," BT, May 31, 2018, https://home.bt.com/tech-gadgets/tech-news/see-the-ocado-robots-whizz-around-their-automated-supermarket-warehouse-11364269826882.

（4）Max Smolaks, "Robots and Software: How Ocado Is Creating New Business Models," DCD, August 29, 2018, https://www.datacenterdynamics.com/en/analysis/robots-and-software-how-ocado-creating-new-business-models/.

（5）Michael Moore, "How Ocado and AWS Are Teaming Up to Keep Your Shopping Fresh," ITProPortal, June 29, 2017, https://www.itproportal.com/features/how-ocado-and-aws-are-teaming-up-to-keep-your-shopping-fresh/.

（6）"The Art of the Pivot: How Enterprises Do It in the Cloud," Amazon, 2019, https://pages.awscloud.com/rs/112-TZM-766/images/AWS_The_Art_of_the_Pivot_2019.pdf.

（7）Moore, "How Ocado and AWS Are Teaming Up to Keep Your Shopping Fresh."

（8）"Our Strategy," Ocado Group, https://www.ocadogroup.com/about-us/our-strategy#ip-anchor-4162.

（9）Simon Read, "Ocado Says Switch to Online Shopping Is Permanent," BBC.com, July 14, 2020, https://www.bbc.com/news/business-53402767.

（10）Vincent, "Welcome to the Automated Warehouse of the Future."
（11）Elon Musk, "The Secret Tesla Motors Master Plan (Just between You and Me)," Tesla, August 2, 2006, https://www.tesla.com/es_ES/blog/secret-tesla-motors-master-plan-just-between-you-and-me.
（12）Bernard Marr, "The Amazing Ways Tesla Is Using Artificial Intelligence and Big Data," BernardMarr.com, Retrieved October 4, 2020, https://bernardmarr.com/the-amazing-ways-tesla-is-using-artificial-intelligence-and-big-data/.
（13）Nathan Furr and Jeff Dyer, "Lessons from Tesla's Approach to Innovation," *Harvard Business Review*, February 12, 2020, https://hbr.org/2020/02/lessons-from-teslas-approach-to-innovation.
（14）Ry Crist, "Samsung's Bixby Will Soon ID the Foods in Your Family Hub Fridge," CNET, January 10, 2019, https://www.cnet.com/news/samsungs-bixby-will-soon-id-the-foods-in-your-family-hub-fridge/.
（15）"DEWA Power Plants, Dubai," Signify Holding, 2019, https://www.assets.signify.com/is/content/PhilipsLighting/Assets/signify/global/20191211-dewa-case-study.pdf.
（16）"Philips Lighting Underlines Leadership in Lighting for the Internet of Things with New IoT Platform," Signify, March 19, 2018, https://www.signify.com/global/our-company/news/press-release-archive/2018/20180319-philips-lighting-underlines-leadership-in-lighting-for-the-internet-of-things-with-new-iot-platform.
（17）Shai Wininger, "Lemonade Launch Metrics Exposed," Lemonade, November 22, 2016, https://www.lemonade.com/blog/lemonade-launch-metrics-exposed/.
（18）"Lemonade Shareholder Letter, Q2 2020," https://s24.q4cdn.com/139015699/files/doc_downloads/2020/08/Shareholder-Letter-Q2-2020-(1).pdf.
（19）Daniel Schreiber, "Lemonade Sets New World Record," Lemonade, January 5, 2017, https://stories.lemonade.com/lemonade-sets-new-world-record-706ef8674110.
（20）"Lemonade Shareholder Letter, Q2 2020."

(21) Dan Ariely, "Social Impact in 100 Days: Transparency Chronicles Part 4, Insurance as a Social Good," Lemonade, January 31, 2017, https://www.lemonade.com/blog/lemonade-social-impact-100-days/.

(22) Daniel Schreiber, "Precision Underwriting," Lemonade, April 3, 2018, https://www.lemonade.com/blog/precision-underwriting/.

(23) José María Álvarez-Pallete, "The New Telefónica," Telefónica, November 27, 2019, https://www.telefonica.com/ext/the-new-telefonica/letter-ceo-alvarez-pallete.pdf.

(24) Álvarez-Pallete, "The New Telefónica."

(25) "ElevenPaths Has Achieved Amazon Web Services (AWS) Security Competency Status," Telefónica, May 26, 2020, https://www.telefonica.com/en/web/press-office/-/elevenpaths-achieves-amazon-web-services-aws-security-competence-status.

(26) "Telefónica Tech Reinforces Its Cybersecurity Consulting Capabilities with the Acquisition of Govertis," Telefónica, August 25, 2020, https://www.telefonica.com/en/web/press-office/-/telefonica-tech-reinforces-its-cybersecurity-consulting-capabilities-with-the-acquisition-of-govertis.

(27) "Telefónica Tech Fosters the Training of Cybersecurity Professionals with the Acquisition of iHackLabs," Telefónica, September 7, 2020, https://www.telefonica.com/en/web/press-office/-/telefonica-tech-fosters-the-training-of-cybersecurity-professionals-with-the-acquisition-of-ihacklabs.

(28) "Telefónica Introduces Telefónica Tech Ventures, Its Investment Vehicle Specialized in Cybersecurity," Telefónica, October 22, 2020, https://www.telefonica.com/en/web/press-office/-/telefonica-introduces-telefonica-tech-ventures-its-investment-vehicle-specialized-in-cybersecurity.

(29) Daisuke Tanaka, "Re-Energizing Small Molecule Drug Discovery by Centaur Chemist," presentation at British Embassy, Tokyo, July 25, 2018, https://www.ebi.ac.uk/sites/ebi.ac.uk/files/groups/industry_office/industry-events/japan-2018-event/British% 20Embassy% 20conference_Japan_Daisuke% 20Tanaka.pdf.

(30) Joanne Kotz, "In Silico Drug Design," Science-Business eXchange, January 24, 2013, https://link.springer.com/article/10.1038/scibx.2013.50.

(31) "Europe's Largest Initiative Launches to Accelerate Therapy Development for COVID-19 and Future Coronavirus Threats," BioSpace, August 18, 2020, https://www.biospace.com/article/releases/europe-s-largest-initiative-launches-to-accelerate-therapy-development-for-covid-19-and-future-coronavirus-threats/.

(32) "More than 23 Million People in the WHO European Region Fall Ill from Unsafe Food Every Year," World Health Organization, March 12, 2015, https://www.euro.who.int/en/health-topics/disease-prevention/food-safety/news/news/2015/12/more-than-23-million-people-in-the-who-european-region-fall-ill-from-unsafe-food-every-year#:~:text=New%20report%20on%20the%20burden%20of%20foodborne%20diseases&text=Each%20year%2C%20as%20many%20as,the%20age%20of%205%20years.

(33) "LumoVision: Saving Lives and Improving Livelihoods with Revolutionary Data-Driven Maize Sorting Technology," Bühler, n.d., https://digital.buhlergroup.com/lumovision/.

(34) "Bühler LumoVision: Saving Lives and Improving Livelihoods with Revolutionary Data-Driven Grain Sorting Technology," *Milling and Grain*, April 23, 2018, https://millingandgrain.com/entrada/buhler-lumovision--saving-lives-and-improving-livelihoods-with-revolutionary-data-driven-grain-sorting-technology-18263/.

(35) "LumoVision: Saving Lives and Improving Livelihoods with Revolutionary Data-Driven Maize Sorting Technology."

(36) Sharon LaFraniere, Katie Thomas, Noah Weiland, David Gelles, Sheryl Gay Stolberg, and Denise Grady, "Politics, Science and the Remarkable Race for a Coronavirus Vaccine," *New York Times*, November 21, 2020, https://www.nytimes.com/2020/11/21/us/politics/coronavirus-vaccine.html?login=smartlock&auth=login-smartlock.

(37) LaFraniere et al., "Politics, Science and the Remarkable Race for a Coronavirus Vaccine."

(38) Joe Palco, "Moderna's COVID-19 Vaccine Shines in Clinical Trial," *NPR Morning Edition*, November 16,

2020, https://www.npr.org/sections/health-shots/2020/11/16/935239294/modernas-covid-19-vaccine-shines-in-clinical-trial.

（39）"How Building a Digital Biotech Is Mission-Critical to Moderna," Moderna, n.d., https://www.modernatx.com/sites/default/files/Moderna_Digital_WhitePaper_Final.pdf.　モデルナの業務に関する後述の説明は、主にこの文書による。

PART 2

人間の本質に迫る
未来を勝ち抜く

ＰＡＲＴ１では、先見の明のある指導者が企業を変えていくために利用することになる、知能、データ、専門性、アーキテクチャ、戦略（ＩＤＥＡＳ）の最新動向を紹介した。これらのテクノロジーは、人間の本質に迫る革新的な方向へ向かい、１つになってビジネスのあり方を変えていく。知能の面では、マシンはよりいっそう人間の考え方、感じ方、行動の仕方を真似るようになっている。データの面では、より人間的な規模のデータで、的を絞った機敏なアプリケーションを生み出す企業が増えており、それにより大規模データシステムを補完して、前例のないレベルの精度や性能を実現しつつある。専門性の面では、人間がマシン教育を通じて、職業的・集団的・個人的な専門性をＡＩアプリケーションに直接組み込んでいる。アーキテクチャの面では、クラウド／エッジ・コンピューティングやデジタル・デカップリングにより機敏性や適応性を増したリビングＩＴシステムが、モノリシックなレガシーシステムに取って代わろうとしている。

これらはいずれも、単なる理論上の仮説ではない。その一部あるいは全部が、フォーエバー・ベータやミニマム・バイアブルＩＤＥＡ、コ・ラボなどの戦略の中ですでに実現されている。テクノロジーが進化を続けるにつれ、さらに多くの戦略が登場するだろう。

ＰＡＲＴ２では、人間の本質に迫る革新的な未来を企業が勝ち抜いていくために欠かせない４つの重要領域において、これらの新たなテクノロジーやプラットフォームがいかにほかの企業との差を生み出すのかを見ていこう。その４つの領域とは、人材、信頼、体験、持続可能性である。

なぜこの４つなのか？　多くの企業は少なくとも今世紀に入って以来、これらの領域の一部あるいは全部で他社との差別化を図ろうとしてきた。そのためこれは目新しいことではない。では何が目新しいのかと言えば、これらの問題が前例のないほどの緊急性を帯びてきた点である（これが、経営幹部らの悩みでもある）。これは、知的なテクノロジーの登場により緊急性が高まっているとも言える。例えば、信頼という面では、ＡＩの発展により顧客も従業員も技術革新に多少なりとも不信感を抱いている。また、こうした新たなテクノロジーの登場により、人材にもプレッシャーがかかっている。前述したように、あらゆる企業がテクノロジー企業と化すなら、あらゆる従業員もまたテクノロジー企業の従業員と化すことになり、知的テクノロジーに対する従業員のスキルが大きな差別化要因になるからだ。

これらのテクノロジーはさらに、従来の顧客体験やブランドの概念を超えるデジタル主導の体験を顧客や従業員に提供し、ありきたりな体験しか提供できない企業を置き去りにしていく。ここで注目すべきは、これらの差別化要因自体が、テクノロジーと同じように人間の本質に迫る革新的な要素を備えている点だ。人材は言うまでもなく、人間の本質に迫る上で何よりも欠かせない資源である。信頼は、人間間の絆の基礎であり、商取引の基礎にもなる。記憶に残る体験は、単なる取引を超え、個人を変化させる力を持つ。持続可能性は、ヒトという種の存続そのものに関わる。

多くの経営幹部は、すでにこれらの領域でプレッシャーがあることを十分に認識している。アクセンチュアがパンデミック以前に行なった調査の企業回答を見ると、従業員を再訓練しなければ、ＩＴ関連の従業員のスキルの52パーセント、非ＩＴ関連の従業員のスキルの半分近く（47パーセント）が、3年以内に時代遅れになると答えていた。[1] そこでまず第6章では、先進的な企業が人材の問題にいかに対応しているのかを紹介しよう。

これらの企業は、あらゆるレベルの多種多様な従業員に知的テクノロジーを委ね、革新的な「デジタルフルーエンシー（デジタル活用力）」の訓練に資金を投じ、テクノロジーによりオフィスとリモートワークを結びつける新たな方法を通じてどこでも生産性をあげられるようにしている。また、既存の人材を再教育するとともに、新たな人材を引き寄せ、深く根づいた文化をつくり変え、従業員を単なる知的システムの受動的な利用者から知的システムの積極的な開発者へと変え、人材の価値や生産性を飛躍的に高めている。

信頼の問題も同様に、新たな緊急性を帯びている。ＩＤＣの予測によれば、『フォーブス』誌の「グローバル２０００」〔同誌が毎年発表している世界の公開企業上位２０００社のランキングリスト〕に含まれる企業の半分が、２０２３年までに最高信用責任者という役職を設け、セキュリティ、財政、人事、リスク管理、販売、生産、法務などの部署をまたいで信頼性を統合する役割を担当させることになるという。[2]

だが信頼の問題については、テクノロジーがどこにでもあるという点からも再考しなければならない。テクノロジーは、私たち人間の間に多大な不安を生み出している。そこで第7章では、人間性、公正性、透明性、プライバシー、セキュリティなど、信頼性に欠かせないものを各種テクノロジーに組み込むにはどうすればいいのかを解説しよう。プライバシーは今や、アップル社の最大の差別化要因となっている。ゴールドマン・サックス社が出資するスタートアップ企業サイファーマは予測分析を使い、サイバー攻撃が来る前にサイバー脅威を検知している[3]。

マンハッタンのＡＩスタートアップ企業パイメトリクスは、ＡＩの支援による雇用プロセスの刷新に取り組み、人間の偏見から解放された、求職者にとっても雇用主にとっても本当の意味で公正な雇用を目指している。これらの企業は、信頼性をビジネスモデルや戦略、テクノロジーに欠かせない要素とすることで、信頼のおける事業を実現しつつある。

アーキテクチャを扱った第4章で述べたとおり、テクノロジーのおかげで企業は顧客にも従業員にも新たな体験を無数に提供できるようになった。顧客には新たな製品・サービス体験、従業員には新たな労働体験である。第8章では、先進的な企業がいかにＩＤＥＡＳを利用して人間の本質に迫る革新的な体験を設計しているのかを見ていく。こうした革新的な体験は、人間の心を強く捉えて離さない願望や関心をうまく活用している。（1）人間の熟達したいという欲求を満たす「力を与える」体験、（2）個人の成長、楽しみ、やりがいのある共同作業を提供する「価値ある」体験、（3）苦もなく利用できる「ニーズにマッチした」体験、（4）個人を超えた大きな世界に触れる「責任ある」体験である。いまだに顧客との接点だけで体験を考案している企業は、従業員に優れた体験を提供する好機を逃し、市場で後れを取る可能性が高い。

生命の危機にさらされている地球にとって、持続可能性ほど緊急を要する問題はないかもしれない。気候変動の予測が現実になるにつれ、企業は新たなテクノロジーを展開して、責任感の低い企業を尻目に、顧客やパートナー企業、幅広い社会の高まる期待に応えようとしている。第9章では、自動車産業や繊維産業、鉱業などさまざまな業種で持続可能性を前面に押し出している企業を紹介する。これらの企業は、知的テクノロジーやクラウド／エッジ・アーキテクチャを取り入れたリビングシステムを駆使し、自社が掲げた公約を果たそうとしている。

商取引やテクノロジーが人間の本質に迫る革新的な未来では、これら主要な差別化要因で優れた成果をあげる企業が頭角を現す。中にはすでに一歩抜きん出ている企業もある。以下でそれらの企業を紹介しよう。それを見れば、ほかの企業もどうすればいいのかがわかるに違いない。

【注】

（1）Bhaskar Ghosh, Adam Burden, and James Wilson, "Full Value. Full Stop. How to Scale Innovation and Achieve Full Value with Future Systems," Accenture, 2019, https://www.accenture.com/us-en/insights/future-systems/future-ready-enterprise-systems.

（2）Frank Gens, Meredith Whalen, Deepak Mohan, Philip Carnelley, Larry Carvalho, Gary Chen, Ruthbea Yesner, Arnal Dayaratna, Frank Della Rosa, James Wester, et al., "IDC FutureScape: Worldwide IT Industry 2020 Predictions," IDC, October 28, 2019, https://www.idc.com/getdoc.jsp?containerId=US45599219.

（3）Aaron Tan, "Getting Threat Intelligence Right," TechTarget, May 30, 2017, https://www.computerweekly.com/feature/Getting-threat-intelligence-right.

第６章 人材——人間の本質に迫る革新的テクノロジー

文：クリスティ・スミス

新型コロナウイルス対策のロックダウン規制が実施されると、わずか数日のうちにドイツテレコム（ＤＴ）社のネットワークへのアクセスが急増した。デジタル会議の開催数は３２２パーセント増えた。ネットフリックスを見る視聴者の数は３０７４パーセントもの増加を見せた。それでもＤＴの通信ネットワークは安定した確実なアクセスを維持した。その上、同社は極めて短い期間のうちに、サービスやコールセンターの運営にかかわる１万６０００人もの従業員を在宅勤務へと移行させた。

どうしてそんなことが可能だったのか？

それは、２０１６年に同社がＩＴ資産を現代化するとともに、テクノロジーや文化のイノベーションに資金を投じる決定を下していたからだ。[1] この取り組みの中でも重視されたのが、テクノロジーへのアクセスを企業全体に広げ、従業員のデジタルスキルを向上させ、柔軟で復元力のある組織を生み出すことだ。その結果、必要があればどこからでも仕事ができる態勢を整えておくことができたのである。

パンデミックをかろうじて生き延びただけでなく、その間に成長を果たした企業は、テクノロジー系の従業員と非テクノロジー系の従業員を頑なに分断させたままでは、すぐに利用可能な、人間の本質に迫る上で不可欠な資源を十分に活かせないことを認識している。その資源とは、人材である。ＩＤＥＡＳを大なり小なり活用するには、人間＋人間の本質に迫る革新的なテクノロジーの潜在能力をフルに解放する３つの大胆な措置を講じる必要がある。そうすれば、人材の差を新たなレベルの独自性にまで高められる。

その措置とは、以下の３つである。（１）あらゆるレベル、あらゆる業種の従業員の手にテクノロジーを委ねることでテクノロジーを民主化する。（２）テクノロジーに関する革新的なスキル訓練プログラムに資金を投じて、従業員にデジタルリテラシーを超えたデジタルフルーエンシー（デジタル活用力）を身につけさせる。（３）民主化されたテクノロジーとデジタル活用の文化とを融合させ、仕事の時間や場所、方法が大々的に変わりつつある時代に、どこからでも生産性を上げられるようにする。

テクノロジーを民主化する

従業員間の平等を実現するには、多様性や包摂性《インクルージョン》（すべての人々が仕事に参加する機会を持ち、それぞれの経験や能力、考え方を活かせる状態）のほか、仕事の能力を向上させたりイノベーションを起こしたりする機会（そこにはテクノロジーに接する機会も含まれる）が平等にあることが重要だ。３万人以上の従業員を対象にした調査によれば、平等性が極めて高い職場では平等性が極めて低い職場に比べ、「イノベーション思考」（職場でイノベーションを発揮する意思や能力）が６倍も高いという[2]。

テクノロジーに接する機会が平等でないと、士気や業績に悪い影響を及ぼすおそれがある。多くの企業では、知的テクノロジーにすぐにアクセスできるチームとそうでないチームとの分断が広がっている。知的テクノロジーにアクセスできないチームは、生産性の面でもスキル開発の面でも不利な立場にある。

ソフトウェアプログラマーを例に、この格差について考えてみよう。一部のプログラマーは、１日の仕事の60パーセントを自動化可能な作業に費やしている。だが、ＡＩツールを利用してそのような作業を処理しているプログラマーは、それだけコードを早く作成できる。また、ＡＩシステムとの共同作業に熟達し、間違いや誤りも少なくなる。この差は、緩慢なペースの開発・提供サイクルなど許されない現在の市場では、極めて重要である。現代の市場には、開発・測定・学習のサイクルを速めた現代的なエンジニアリング慣行が必要だ。それは、テクノロジーなしには生み出せない。

テクノロジーを民主化するとは、できるだけ多くの従業員に変革の推進者になる能力や権限を与えるということだ。テクノロジーを利用したソリューションを必要なときに生み出せるツールとスキルをすべての従業員が身につけることで、草の根のイノベーションを促進できる。テクノロジーを利用しやすいものにする機能やサービスの一例が、自然言語処理（ＮＬＰ）、ローコード開発プラットフォーム〔ソースコードを書かずにアプリケーションを迅速に開発するための支援ツール〕、ロボティック・プロセス・オートメーション（ＲＰＡ）などである。これらにはそれぞれ異なる独自の用途があるが、いずれも比較的簡単に専門家ではない従業員にイノベーション能力を付与できる。つまり、従業員が独自に自分の仕事を最適化したり、問題を克服したりすることが可能なのだ。

例えば、世界有数のバイオ医薬品企業の武田薬品工業は、自動化を会社全体に普及させ、従業員がより高い価値を持つ仕事に集中できるようにすることで、患者の転帰向上を支援している。そのために同社は、本書の出版時点で２２００人以上の従業員を訓練し、５００を超えるボットの開発を民主化してきたという。[3] またレクシスネクシス社では、ユーアイパス社が開発したＲＰＡ管理ツールを使って自動化のアイデアの実現・管理やボットの再利用を進め、この投資が利益になったことをプロジェクトマネジャーが経営陣に証明している。[4]

実際、ある事例では、処理しなければならない記録が大量に存在することが明らかになったが、11台のロボットを使い、３万１０００件もの記録をわずか1日で処理したという。さらに、これらの成功事例により、ＲＰＡをほかの従業員に広め、自動化や価値創造を全社的に拡大していくこともできた。

テクノロジーの民主化は、企業にとってこの上なく危機的な今の時代に欠かせない。企業が新しい環境に適応しようとデジタルトランスフォーメーション（ＤＸ）を迅速に進めているときに、今日必要なソリューションを明日誰かを雇って構築しているような余裕などない。医療サービスを提供するガイシンガー社では、パンデミックが始まって数カ月のうちに外来患者の来診が50パーセント減少するとともに、入院患者やＩＣＵの需要が急増した。[5] その結果、適切な医療専門家を適切なタイミングで適切な場所に配置するという新たな課題が発生した。そこでクイックベース社が提供するローコード開発プラットフォームを利用したところ、わずか2日で数千もの医療従事者の調整・配置を支援するアプリを構築できたという。

クラウドへの大々的な移行が進んでいる今、テクノロジーの民主化に取り組もうとする企業の多くは、既存のクラウドサービスを通じてすでにこれらのツールを利用しているかもしれない。例えば、アマゾンウェブサービス（ＡＷＳ）にはコードを一行も書かなくてもモバイルアプリやウェブアプリを開発できる「Amazon Honeycode」というサービスがある。[6] また、セールスフォース社はマウスの操作だけで同社アプリのページをカスタマイズできる「Lightningアプリケーションビルダー」を提供している。[7] リモートワークや共同作業のためのツール「Microsoft Teams」を利用している企業であれば、そこに直接ビジネスアプリ作成ツール「Power Apps」を組み込むこともできる。[8] これらのツールが、組織内のあらゆるレベルの従業員と複雑なテクノロジーとの橋渡しをしてくれるのだ。

　組織全体が力強いテクノロジーを利用できるようになれば、あらゆる従業員がデジタルトランスフォーメーションにおいて積極的かつ重要な役割を果たすことが可能になる。それぞれの従業員が、何を自動化すべきかを自分で決め、最も得意な仕事、一番好きな仕事に集中することができる。それはまた、顧客体験や従業員体験の向上にも役立つ。集めたフィードバックを検討材料としてテクノロジーの専門家に伝えるのではなく、それぞれの従業員自身がテクノロジーを動かして、体験を向上させていくのである。

　シュナイダーエレクトリック社は、そんな未来のビジョンを提示している企業の好例だ。同社は、デジタルトランスフォーメーションへの取り組みの中でＲＰＡを大規模に採用し、その一環として２２０を超えるボットを展開している。[9] だが同社には、ボットが縦割り構造を生み出したり、システムのほかの部分に悪影響を与えたり、期待どおりの性能を発揮できなかったりする場合もあるのではないか、と考える先見の明があった。そこで、これらの問題に対処するため社内にグローバルＲＰＡチームを設立した。

このチームはいわば、リーダーが提案したユースケースを再検証するなど、ユースケースが徹底したデジタルトランスフォーメーション戦略にとって重要なものかどうかを保証する予防的な役割を果たす。現時点では、このチームに承認されたボットは承認されなかったボットより少ない。だがこの追加のプロセスにより、承認されたボットは今後も末永く役立つだろうことが保証されている。

またグーグル社では、従業員がぜひともビジネスに必要というのであれば、同社がまだサポートしていない新たなツールでも利用できる。[10] これは、従業員がいつ何を使ってもいいということではない。新たなツールを採用したチームは、そのツール・技術スタックをサポートする役目を負い、チーム間の通信や共同作業に難があるなど潜在的な問題がないかどうかを常に意識するよう求められる。現場に近い従業員に自由裁量を認めることに価値があると考えるグーグルは、どのテクノロジーを使うべきでないといった方針を提示するのではなく、従業員に自身が利用する技術スタックを選ばせる、より包括的な枠組みを採用しているのである。

民主化には多様性が必要

民主化とは、人材を民主化することでもある。多様性や包摂性のない従業員の手に知的テクノロジーを委ねても、それだけでは十分でない。だが多くの企業は、この多様性や包摂性の基準を満たしていない。実際、研究やエンジニアリングに従事する従業員のうち、女性は28パーセントしかいない。黒人女性となると、わずか2・5パーセントである。[11] これは、単に公平という面で問題になるだけではない。女性が歴史的な規模で職場を離れれば、アメリカの国内総生産だけでも2兆ドルの損失がある。さらに、公平なスキル教育を施さなければ、今後10年でG20諸国に11兆ドルの損失があると予想されている。[12]

　こうした多様性やジェンダーの問題を改善するため、多くの企業がＡＩに頼っているが、その結果はまちまちである。例えば、ＡＩを雇用に応用すると人間の偏見を排除した雇用判断ができるのではないかとの期待がある。ところが、信頼の問題を扱う章で述べるように、このような形でＡＩを利用しても、それを開発した人間の偏見が再生産されるだけという場合も多い。しかしその一方で、ＡＩは偏見を排除する強力なツールにもなり得る。

　インテリジェントなテキストエディタ「Textio」は、過小評価グループにも仕事が魅力的に見えるよう職務説明書を修正する。アトラシアンというソフトウェア会社は、Textioを利用して女性の新入社員の割合を10パーセントから57パーセントに増加させた。[13] ユニリーバ社も採用プロセスにパイメトリクスが開発したＡＩベースのインタラクティブゲームを採用している（パイメトリクスについては次章でも取り上げる）。このツールのおかげで、最終的な採用者数を倍増させ、質の高い従業員を雇うことで収益を上げると同時に、応募者全体の多様性を高めることができたという。[14]

実際、ＡＩが生み出す知見は今や、偏見にとらわれた行動や言葉づかいをリアルタイムで突き止めて矯正できるほどの力を持ち、企業の公平性や収益の向上を支援している。ＡＩスタートアップ企業のパイプライン・エクイティは、アメリカに年間およそ２兆ドルもの損害を及ぼしている性差別に対する評価・対処・措置を行なうデータ駆動型の分析プラットフォームを提供している。このテクノロジーはさらに、公平性の達成状況を見きわめ、それを改善するごとにどれだけ収益が上がるのかを見積もってくれる。

最近では、革新的な現象がもう１つ起きている。それは、従来の雇用・人材配置モデルから、スキルに基づいた経済活動の構築を支援するモデルへの移行である。ウォルマート社やユニリーバ社は、ＡＩスタートアップ企業スカイハイブのプラットフォームを利用することで、より公平なスキル訓練の機会を創出している。

このプラットフォームでは、量子労働分析と呼ばれる技術を使って労働市場の需要と供給を判断する。具体的には、減少しつつある仕事も新たに発生しつつある仕事も個々のスキルの集合と見なし、これらのスキルがさまざまな仕事間でどれだけ重なるかを分析し、各労働者が減少しつつある仕事から新たに発生しつつある仕事へと移るために必要なスキルを特定するのである[15]（正直に言えば、ＡＩを利用して性別格差に対応するＳａａＳプラットフォームを提供しているパイプライン・エクイティもスカイハイブも、アクセンチュアが出資している。アクセンチュアでは両会社のサービスを広く活用している）。

スカイハイブのプラットフォームが登場するまで労働者は、自分の仕事に必要なスキルを平均11種類持っていると自己認識していた。調査によれば、その中でも女性や有色人種の労働者は、特に理系の分野で自分のスキルを過小評価する傾向が極めて高かった[16]。ところが、スカイハイブ社のＡＩソリューションが登場すると、労働者が持っているスキルの平均数は34に上昇した。このデータはまた、労働者が職種を変える際に、わずかばかりのスキルを追加するだけでいいことを示してもいる。ＡＩは、労働者がすでに持っていることに気づいていないスキルを見出してくれたのだ。

アイデアを自由に出せる文化をつくる

テクノロジーの民主化や人材の民主化により、イノベーション、競争力、従業員の質といった面で成果を生み出すには、たとえ失敗する可能性があったとしても、誰もが自由に新たなアイデアを出せる環境がなければならない。従業員が自由に意見を述べ、イニシアチブをとり、可能性の限界を押し広げることができるような環境とは、従業員が心理的な安心感を感じられる環境である。従業員の心理的な安心感という概念は、ハーバード大学の組織行動の専門家エイミー・エドモンドソンの先駆的研究に由来する。エドモンドソンはこれを、「チームのメンバーが抱く、そのチームには対人的なリスクがないという共通認識」と定義している[17]。人間＋

人間の本質に迫る革新的なテクノロジーが提供する豊富な機会を誰もが活用でき、そこから持続的な価値を創出できるようにするためには、心理的に安全で公平な環境が欠かせない。

　グーグル社も、優れた業績をあげるチームの要因について数年に及ぶ大規模調査を実施し、こう結論している。チームの成功を左右する最大の要因は、各従業員が仲間の従業員に対してどれほど心理的な安心感を抱いているかにある、と。[18] 興味深いことに、チーム内での施設共用や年功はチームの成功とは関係がない。各メンバーがほかのメンバーと自由に意見交換を行ない、リスクを負い、失敗から学習することができるチームだけが優れた業績をあげられるのだ。

　そのため企業は、心理的な安心感を生み出す方法についても、ますますＡＩやピープルアナリティクスに頼るようになっている。化学薬品業界の上位3社に入るあるグローバル企業は、よく知られた問題に直面していた。過去の改革や組織再編・リストラなどにより、従業員の信頼感や意欲、エンゲージメントが減少していたのである。そこで経営陣が心理的な安心感を計測するピープルアナリティクスのプラットフォーム「インサイトスキャン」を使って調べてみると、従業員がマイナスの結果になるのを怖れて意見を言えないでいることがわかった。経営陣はこの知見をもとに、心理的な安心感の高い環境を生み出す行動について指導を受けた。その結果どうなっただろう？　その年の終わりには、従業員のエンゲージメントが10パーセント以上も上昇した。

　調査によれば、従業員が心理的な安心感を感じ、不安を抱くことなく仕事ができるようになると、そうでない企業に比べて生産性が50パーセント向上し、離職率が27パーセント低下し、従業員が疲労を感じる割合が40パーセント低下し、イノベーション能力が11倍高まるという。[19]民主化の重要性を把握した企業は、もはや「誰を雇えばいいのか」を考えず、「どのような力を与えればいいのか」を考える。

デジタルリテラシーからデジタルフルーエンシー（デジタル活用力）へ

テクノロジーの進化がますますスピードアップする中、従来の仕事や役割はかつてないほどの速さで時代遅れと化している。すでに述べたように、アクセンチュアがパンデミック以前に行なった調査（８３００社以上が対象）の企業回答を見ると、従業員を再訓練しなければ、ＩＴ関連の従業員のスキルの52パーセント、非ＩＴ関連の従業員のスキルの半分近く（47パーセント）が、３年以内に時代遅れになると答えていた。[20]そのため2回目の調査の時には、その対応策として経験学習を採用していた先進企業が後進企業の3倍も多くなっていた（先進企業が73パーセント、後進企業が24パーセント）。また、実習・みならいプログラムを立ち上げていた先進企業も、後進企業の2倍以上に増えていた（先進企業は79パーセント、後進企業は36パーセント）。さらに、先進企業の87パーセントがＡＩや先進的な解析テクノロジーを使い、学習のパーソナライズやスキルの需要予測、従業員に必要なスキルと適切な訓練とのマッチングを実施していた（後進企業は35パーセント）[21]。パンデミックを受け、先進企業はさらに猛烈な勢いで従業員の訓練を進めており、その70パーセントが従業員訓練予算の大幅な増加を予定している（後進企業は52パーセント）。

　経験豊かな競合企業の間で素早く地歩を固めようとするスタートアップ企業から、デジタルトランスフォーメーションに尽力する老舗企業に至るまで、賢明な企業はいずれもスキル不足を克服するプログラムを設けている。かつては人事部のみの責任とされていた業務を、今では経営幹部全体が担っている。実際、各企業のＣＥＯは、従業員の再訓練の重要性を実感している。その54パーセントが、デジタルトランスフォーメーションから価値を生み出す上で最大の障壁は従業員のスキル不足にあると考えている[22]。

　基本的なレベルでは、従業員にはまずデジタルリテラシーが必要だ。利用できるテクノロジーにどんなものがあるか、それがどんな仕組みなのか、といった初歩的な理解である。これまで企業は、従来の教室形式の訓練やオンライン訓練を通じて、従業員にデジタルリテラシーを付与するだけで満足していた。だが、基本的なリテラシーを育成するだけでは、テクノロジーの採用や理解、デジタル能力の活用に差が生まれる。それに加えてパンデミックの影響もあり、デジタルリテラシーからデジタルフルーエンシー（デジタル活用力）へと、求められるものが一気に変化した。

　デジタル活用力とは、知的テクノロジーの言語や技術、応用に長けた能力を指す。デジタルリテラシーとデジタル活用力の差は、外国語について会話表現程度の知識しかない人と、ネイティブと自信を持って話ができる人との差に等しい。顧客や得意先、あるいは内部の問題に近い従業員がデジタル活用力を備えれば、かつてないほど機敏にカスタマイズされた対応やサービスを提供することが可能になる。

　こうした取り組みを推進するため、アクセンチュアはＴＱ（Technology Quotient）というプログラムを採用している。これは、企業のあらゆる従業員が訓練や競技を通じて「ＴＱ（テクノロジー指数）」を向上させていくのを支援する総合学習プランである。このＴＱは、従業員のテクノロジーに対する熱意、テクノロジーと協力して働く能力、テクノロジーにより仕事に付加できる価値などを考慮して算出される。

　従業員はこのプログラムを通じて、重要なテクノロジーの概念やビジネスにおける価値、用途を理解し、それらを明確に説明できるようになっていく。その内容にはDevOps（デブオプス）〔開発担当者と運用担当者が緊密に連携して開発を迅速に進める仕組み〕やクラウドといった成熟した戦略からブロックチェーンやＡＩなどの最新テクノロジーまであらゆる要素が含まれ、どんな役職やスキルレベルの人にも対応している。このプログラムの目的は、あらゆる従業員がテクノロジーに精通し、差し迫った顧客ニーズに対するソリューションの一環としてテクノロジーを利用できるようにすることにある。

　オーストラリアの資産管理会社ＩＯＯＦは、自社の従業員をローコード開発に習熟させるプログラムを開発した。同社はそれまで、新たなデジタルイノベーションの推進を模索していたが、スキルの高い開発者の大半は複数年にわたるプロジェクトに取り組んでおり、そこまで手を伸ばす余裕がなかった。[23] そこで最高情報責任者が、ローコード開発コンテストを立ち上げたのだ。開発者と非技術系の従業員とをペアにして２週間の休暇を与え、優れたローコード開発プラットフォームである「アウトシステムズ」を試用させるのである。この実験的プログラムが有益だったことはすでに証明されている。このプログラムのおかげで、時代遅れのスキルしかない従業員も、数年にわたり再訓練を受ける必要はなくなった。しかも、彼らが生み出したローコードアプリは極めて重要なニーズを満たしている。中には本格的な生産システムへと進化を遂げたアプリもある。

　このように、数多くの企業が創造的な方法で特定領域の専門家にＡＩの実用的知識を与え、専門領域内でそれを応用できるようにしている。金融サービスを提供するグローバル企業モーニングスターでは、アマゾンの「AWS DeepRacerリーグ」を利用して従業員チームがミニチュアの自走型レーシングカーをつくり、それをほかの参加者のレーシングカーと競走させる取り組みを行なっている。

　「AWS DeepRacerリーグ」は、参加者に強化学習のスキルを教育することを目的にＡＷＳが提供しているサービスである。参加者は、アマゾンの「SageMaker」というソフトウェアを使い、18分の１スケールの自走型レーシングカーをおよそ５×８メートルのトラックで競走させるためのアルゴリズムをつくって訓練する。そして、世界中で開催されているＡＷＳのイベント、あるいは仮想空間で開催されるイベントやトーナメントで賞品を求めて競い合う。仮想空間では「AWS DeepRacerシミュレーター」を使い、専用トラックでタイムトライアルを行なう。

ＡＷＳの機械学習担当副社長スワミ・シヴァスブラマニアンは、このプログラムをスタートさせたときにこう述べている。「『DeepRacerリーグ』では、実践的な形で強化学習を学ぶ。強化学習モデルを構築・訓練・チューニングし、それを自走モデルのレーシングカーにディプロイする機会を提供する[24]」

モーニングスター社が２０１９年１月にこの取り組みを始めると、同社の株式アナリスト、定量的研究者、ソフトウェア開発者など４５０人以上の従業員が10カ国で１００近いレーシングチームを結成した。これらのチームは、「AWS DeepRacerシミュレーター」内の仮想レーストラックだけでなく、シカゴからムンバイまで同社の多くのオフィスに設置された実在のトラックも利用できる。すると、それから数カ月もしないうちにあるチームが、規制関連文書のパターンを探して自社に関連する情報を正確に特定する強化学習ツールのアイデアを思いついた。また別のチームは、強化学習を利用して金融機関のウェブサイトへのリンク切れを自動的に発見・修復する方法を見つけた。同社は２０２０年末までにこうしたプロジェクトを数十件立ち上げる予定だという[25]。

モーニングスター社の最高技術責任者ジェームズ・ローズはこう語っている。「この取り組みのおかげで、実践的な訓練が会社全体にいきわたり、わが社の投資関連の製品やサービス、プロセスに機械学習を応用する試みが加速している」[26]

デジタル活用力と人間の本質に迫る革新的なテクノロジーの論理

デジタル活用力を高めるには、従業員の能力を心から信じ、それに釣り合う投資を行なう必要がある。ネイションワイド相互保険会社は、米国内にいる従業員２万８０００人の「将来能力」の訓練に、５年で１億６０００万ドルを投資すると発表した。こうして企業全体にデジタル活用力を広めることに成功すれば、従業員にできることも会社全体としてできることも一変する。

その具体例として、金融サービス企業のキャピタル・ワンを見てみよう。同社は、イノベーション志向のデジタル企業に全面的に移行した際、それを補完するように人材や文化に対するアプローチも刷新した。技術スタックを置き換えるだけでなく、従業員にデジタル活用力を植えつけることにしたのだ。例えば、クラウド重視の戦略に着手した際には、クラウドコンピューティングに関する訓練プログラムを策定した。エンジニアがエンジニアのために構築した「キャピタル・ワン・テック・カレッジ」と呼ばれる学習プログラムである。誰もがクラウドに精通できるよう、技術系・非技術系を問わず従業員に10以上の分野にわたるオンライン講座や対面での研修を提供する。

２０１７年にはまた、さまざまな経歴を持つ非ＩＴ系の従業員をテクノロジーにつなげようと、「キャピタル・ワン開発者アカデミー（ＣＯＤＡ）」を開設した。ここではまず、６カ月にわたる集中的な訓練プログラムを通じて非ＩＴ系の従業員がエンジニアのそばで働きながらコードの書き方を学ぶ。このプログラムを修了したら、その従業員はフルタイムのソフトウェアエンジニアとして、２年交代の「テクノロジー開発プログラム」に参加するのである。同社はその一方でテクノロジーや解析、デザイン思考に関するプログラムを個別に立ち上げ、従業員にスキルを再訓練・向上させる機会を提供している。それには、投資銀行業務には直接関係はないが、多分野でテクノロジーによる実験を推進する文化を構築するのに欠かせないスキルも含まれる。

さらには、スタートアップ企業の精神を社内文化に取り込むことを目的とするイノベーション部門「キャピタル・ワン・ラボ」を設置し、顧客中心のデザイン思考を育成して新たなプロセスや製品、サービスに生かしている。また、「キャピタル・ワン・ベンチャーズ」を通じてスタートアップ企業のイノベーションを常に把握し、協力関係を築いてそのイノベーションを利用する活動も進めている。現在では、これまで大手ＩＴ企業しか扱ってこなかったカオステスト、回復力、機敏性といった先進テクノロジーの実習にも取り組んでいる。

デジタル活用力を最優先課題とするテクノロジー重視の文化は、優秀な人材を引き寄せるのにも役立つ。最高情報責任者のロブ・アレクサンダーは言う。「才能あるソフトウェアエンジニアは、優秀なソフトウェアエンジニアがいるところで働きたいと思っている。また、最新テクノロジーを使って働くことを望んでおり、時代遅れのアプリケーションプラットフォームをいまだに使っている職場や、手続きばかりでスピード感のない職場で働くことを望んではいない。大手投資銀行など、大企業にはそんなところがよくある。そこでわが社では、2つの課題に取り組んだ。第一に、ほかのエンジニアを引き寄せられるよう優れたソフトウェアエンジニアを一定数以上集めたチームを構築する。第二に、最高のテクノロジー企業として進化できるようテクノロジーの運用モデルを変革する[27]」

　すると当然のことながら、キャピタル・ワンは最高の職場との評価を一貫して受けるようになった[28]。同社が積極的な能力開発や訓練プログラム、事業単位を超えた協働や実験を推進せず、テクノロジーを変えただけであれば、同社がテクノロジー企業に生まれ変わることはおそらくなかっただろう。そこにこそ、人間の本質に迫る革新的なテクノロジーの論理がある。そんなテクノロジーの時代に企業が人材面でどう差別化を図っていけばいいのか？　その答えもここにある。

どこにいても同じ生産性を実現する

２０２０年は、現在生きている人々が経験したことがないほど、労働や職場のあり方が大きく変化した年になった。企業はパンデミックが発生すると、従業員の安全を確保するため、その多くに在宅勤務を認めた。また、それでも事業を続け、従業員の生産性を維持しようと、テクノロジーによるソリューションを強化した。こうして瞬く間に、世界中の数十億もの人々が働き方を変えた。２０１９年当時、欧州連合（ＥＵ）を構成する27カ国の労働者のうち、普段から在宅勤務をしていたのはわずか５・４パーセントに過ぎなかった。それまでの10年間の数字も、おおよそ同じである。だが、パンデミックが勃発すると、この数字が40パーセントに急増した。[29] ２０２０年５月にスタンフォード大学が実施した調査によると、アメリカだけでも、職場勤務より在宅勤務のほうが２倍近く多くなり、在宅勤務が経済活動の３分の２以上を占めるようになったという。[30]

当初、多くの企業はこの大規模な労働の変化を、一時的な問題に対する短期的な対策と見なしていた。だが労働者たちは間もなく、在宅勤務のよさを実感するようになった。例えば、富士通が自社の従業員を対象に行なった調査を見てみよう。[31] パンデミックが始まる直前には、同社の従業員の74パーセントが、仕事をするにはオフィスがいちばんいいと考えていた。だが３

月になると、同社の日本のオフィスに勤める従業員8万人が在宅勤務を始めた。その結果5月には、オフィスでの仕事が望ましいと考える従業員は、わずか15パーセントに減少したという。

　スタンフォード大学の調査からおよそ1年が過ぎても、米国最大のビジネス街であるマンハッタン中部および南部の会社員の90パーセントがいまだリモートワークを続けている。[32]同時期に、ある不動産テクノロジー企業が商業用地の地主を対象に実施した全国調査によると、いずれ従来のような週5日出勤の職場勤務に戻ると考えている回答者は、わずか18パーセントだけだった。[33]それに、より感染力の強い新型コロナウイルスのデルタ株が出現したことにより、リモートワークが必要な状態はさらに長引く一方だ。テクノロジー・金融・メディア系の企業の多くは、今後もずっと、あるいは間欠的に、従業員にリモートワークを続けさせると表明しており、ノバルティスやフォード、シーメンスといった企業もそれに同調している。[34]

　多くの労働者がリモートワークに付随する自由を楽しんでいるようだが、調査によれば、労働者が本当に望んでいるのは職場に合った仕事とリモートに合った仕事との最適なバランスを見つけることだという。労働者は、自分たちの仕事に最も適した環境を望んでいる。中にはオフィスでの仕事に戻りたいという人や、１００パーセントリモートでいいという人もいれば、両方を好きに活用したいという人もいる。

　どこからでも仕事ができるのであれば、これまでとはまったく違う新たな形での仕事が可能になる。それはパンデミックが終息した後も続いていくに違いない。例えば、リバプール大学では研究者たちがロボットを使い、ロックダウン中も研究を続けていた。[35] このロボットは、人間が側についていなくても、太陽電池内の反応を加速する方法を見つけ、自律的に実験を進める。だがそんなものがあるのなら、研究者たちはたとえ研究室に戻れるようになっても、それを活用するのをやめないだろう。ロボットを使って、24時間３６５日体制で実験を行なったり、有害物質を扱ったりなど、ロボットにできることを増やしていくと思われる。

企業も、この新たな現実に対抗するのではなく、それを受け入れなければならない。従来の慣例を捨て去り、従業員の支援や生産性の向上に最も役立つ労働モデルを再考する必要がある。つまり、職場の従業員とリモートの従業員をどう協力させるのか、どの仕事をどちらの場所でさせるのがいいのか、オフィスの存在目的をどう位置づけるのか、といった問題の再検討である。

こうした再考が十全な効果を発揮するためには、従業員の自律意識が必要だ。組織心理学者たちは１９７０年代に、従業員に自律的に仕事をする意識を与えれば、責任感が高まり、業績が向上することを発見した。つまり、従業員をコントロールしないようにすれば、それだけ多くの価値が生まれるということだ。この知見をもとに富士通は、従業員に最適な労働環境を自分で決めさせることで創造性や効率性を最大化する「Work Life Shift」プログラムを実施している。[36] 従業員はみな、今後ずっと在宅勤務を続けることも、フレックスタイムで働くこともできる。さらに富士通は、日本におけるオフィススペースの総面積を半減させる一方で、日本の各地にサテライトオフィスを拡大している。つまり、自宅であれ近場の小規模オフィスであれ、働きたい場所を従業員に自由に選ばせようというのである。

企業はまた、従業員の管理や評価の方法を変える必要もある。調査によれば、極めて生産性の高い人は自分の能力を高めるために適度に休憩をとっていることがはっきりと証明されているのに、多くの労働文化では「忙しさ」ばかりが重視されている。[37] だが、どこでも同じ生産性を実現できる労働環境では、忙しく働いているところを見せる文化ではなく、価値ある成果の提供を重視する文化が必要になる。

ある世界的なバイオテクノロジー企業の事例を見てみよう。この会社は、いつ、どこで、どのように仕事をするかという問題に柔軟なアプローチで対応し、成果を達成する方法を従業員の裁量に委ねる成果重視の文化を生み出した。まずは、共同作業用のプラットフォームにデジタルツールを組み込み、円滑な非同期コミュニケーション〔チャットや電子メールなどを使い、それぞれの都合のよい時間に通信を行なうコミュニケーション形態〕を可能にした。また、自発的な行動変化を促し、会議のエチケットの向上を図るとともに、従業員に時間を管理する権限を与えた。

その結果同社は、従来の「プレゼンティーイズム」（実際に働いている姿を見せることが従業員の価値を示す最善の方法とする考え方）文化からの離脱に成功した。信頼性や柔軟性が高まったおかげで従業員は、常に働いていなければならないというプレッシャーから解放された。この対応により、成果が最優先され、共同作業が促進され、チームに縛られない柔軟性が確保され、休憩をとるために必要な線引きができるようになった。いつでも好きなときに、重要な関係を構築したりじっくり考えたりすることが可能になったのである。その結果、会社の業績が向上したのは言うまでもない。

現在では、「Microsoft Viva」などのプラットフォーム・テクノロジーの登場により、企業にとって成果重視の方針ははるかに受け入れやすいものになっている。ＡＩを搭載したマイクロソフトのこのプラットフォームは、どこで働いている従業員にも一元的な体験を提供してくれる。参加者の共通の認識や関係がプラットフォーム上で可視化されているため、誰もがほかの参加者の仕事内容を認識し、リアルタイムで価値ある情報にアクセスし、その仕事をしている理由を把握することができる。

在宅勤務がますます増えている今、大手医療会社のヒューマナは「Microsoft Viva」プラットフォームを使い、２万６０００人の従業員を在宅勤務へと迅速に移行させた[38]。このプラットフォームにより、「プライバシーを保護しながら、労働パターンや共同作業の過重負担、管理者の能力、組織の弾力性に関する知見を手に入れることができた」という。これらの知見のおかげで同社は、より賢明な働き方が可能になり、ハイブリッド労働モデルにおける生産性とウェルビーイングとのバランスを維持できるようになった。

どこでも同じ生産性を実現できるようになれば、企業は新たな従業員を採用する方法についても再考を迫られることになる。ほとんどの大手企業はすでにグローバルにビジネスを展開しているが、それでも企業はまだ地理と結びついている。だが、地理的要因に縛られることなく従業員を雇用するというアイデアを採用すれば、企業は本当の意味でグローバルで多様な人材にアクセスできる。それに、従業員は好きな場所で暮らすことができるため、仕事を得るために家族から離れなければならないといった事態も回避できる。実際メタ社は、人材の拡大・多様化の一環として、従業員の半数をリモートワークへと移行させつつある。マーク・ザッカーバーグはこう述べている。「この新たなアプローチにより、これまで以上に多くの場所から社員を採用することも、別の地域に引っ越したいがために会社を辞めようとしている社員を引き留めることもできる[39]」

企業はまた、職場勤務の従業員とリモートワークの従業員との関係が断絶しないよう管理しなければならない。職種が違えば、そのニーズに最適な労働環境も異なる。だが、何の配慮もなくハイブリッド労働モデルを導入すれば、職場勤務の従業員とリモートワークの従業員の共同作業が困難になったり、士気が低下したり、会社への不信感が増したりするおそれがある。そのため、知識共有プラットフォームを運営するクオラ社は、リモート重視のアプローチを採用する一方で、カリフォルニアの本社を共同作業空間として開放してもいる。また、オフィスに出勤している従業員の声によってリモートワークの従業員の声がかき消されてしまうことのないように、会議に出席する従業員はすべてスクリーンに自分の姿を見せることが義務づけられている[40]。

さらに、職場勤務を経験したことのない新入社員に自社の使命や価値観を植えつけるにはどうすればいいのか、という新たに生まれた厄介な問題にも対処しなければならない。電気通信事業を営むベライゾン社は、２０２０年3月半ばに従業員の90パーセントを在宅勤務に移行させた後、在宅の顧客サービス担当者を新たに９５０人採用した。[41] その際、パンデミックが始まった当初に既存従業員をリモートワークに移行させた経験を活かして、新規採用者研修プログラムをデジタル化し、ビデオで自習できるよう再設計するとともに、現従業員による訓練だけでなく在宅勤務者に特化した訓練を加えた。

リモートワークの恒久化を真っ先に表明した大手企業の１つであるツイッター社は、さらに多くの方法で社内文化を変えつつある。[42] リモートワークには、全国各地から多様な人材を採用できる利点はあるが、改善が必要な部分もある。まずは会議疲れを回避するため、ビデオ会議の削減を正式に表明した。また、リモートワークに対する偏見を防ぐため、業績評価システムを見直すとともに、職場の休憩所での雑談に見られるような人間関係や社会との関わりを再構築する方法を模索している。

どこでも同じ生産性を実現するアプローチは、事業やブランドにさまざまな利点をもたらす。例えば、グローバルレベルで多様な人材にアクセスできる。時差の制約がなくなり、いつでもどこかで働いている従業員がいる。将来の混乱に対する回復力が高まる。オフィススペースを縮小し、通勤に伴う大気汚染やエネルギー消費を抑制することで持続可能な目標も達成できる。

だがそれ以上に重要なのは、経営者に何ができるのか、それを支援してくれる従業員に何を提供できるのかを再考するきっかけが生まれることだ。その再考を通じて人的資源を人間の本質に迫るための資源に変えれば、いまだ従来の人材獲得競争に従事している企業に差をつけることができる。

どこでも同じ生産性を実現するアプローチがビジネス上の利益になることは、具体的な形で証明されている。アクセンチュアの調査によれば、成長率の高い企業の63パーセントが、従業員がどこにいても同じ生産性をあげられるようにしている。逆に、マイナス成長やゼロ成長が見込まれる企業の69パーセントが、職場勤務であれ在宅勤務であれ、従業員が働く場所にいまだにこだわっている。また、どこでも同じ生産性を実現できると実感している労働者の85パーセントが、これからも現在の会社で働くつもりだという[43]。

取り組みを始めるにあたって

人間＋人間の本質に迫る革新的なテクノロジーを利用して人材面で会社の差別化を図る方法は、絶えず変化する。ベストプラクティスは今も進化を続けている。それでも、これだけは言える。まだ行動しないという選択肢はない。新たなソリューションで絶えず実験を行なう必要がある。従来の人事の考え方にとらわれず、テクノロジーを民主化し、デジタル活用力の高い文化を構築し、どこでも同じ生産性を実現するための具体的な措置を講じなければならない。

テクノロジーを民主化するにあたっては、まずはこれまでどのようにテクノロジーを利用してきたのかを認識しよう。そして、草の根のイノベーションを強化するため、すでにあるどんなツールが利用できるか、どんな追加投資が必要なのかを特定し、事業の一分野を選んで実験してみよう。例えば、販売開発担当者に独自のアプリを設計できるツールを与えたり、顧客サービス担当者にワークフローを自動化する能力を提供したりする。

人材を民主化するにあたっては、民主化されたテクノロジーをキャリア構築に利用できる可能性や勤務形態の柔軟性を高め、多様な人材を引き寄せられるよう自社ブランドを強化・差別化しよう。また、偏見を排除する雇用テクノロジーを利用して真に多様な人材を獲得するとともに、その多様な人材からイノベーションを引き出せるように、心理的に安心できる環境を生み出そう。

テクノロジーを指導するのは人間である。人間の本質に迫る革新的なテクノロジーの力強い論理をフル活用するにあたっては、従業員全体のデジタル活用力を向上させるプログラムに投資して、利用可能なテクノロジーについて従業員を訓練しよう。テクノロジーの利用方法を教え、必要なときにソリューションを設計できるようにするのである。

今や、どこでも同じ生産性を実現できる時代が始まっている。この時代に対応するには、パンデミックにより迅速なデジタルトランスフォーメーションを実施した分野を改めて認識し、セキュリティの問題に対処し、どうすればハイブリッド労働モデルを持続可能かつシームレスなものにできるのかを考えよう。これは産業革命以来、最大規模の労働実験である。この現状がどう展開していくのかを見守りながら、職場分析ツールに投資し、従業員がリモートワークにどう対応しているのか認識できるような業績指標を開発しよう。

会社の物理的オフィスをどう利用するのかも再考する必要がある。増加するリモートワーク従業員に合わせてオフィススペースを最適化し、そのスペースをどう変えていけばいいのかを検討しよう。また、デジタルを利用した没入型の共同作業を推進して、職場勤務の従業員と在宅勤務の従業員が一体となって連携・共有できる機能・環境を構築したり、職場の日常的な利点を仮想化したりすることも検討すべきである。

テクノロジーの民主化、デジタル活用力のトレーニング、どこにいても同じ生産性を実現するアプローチには、ある共通点がある。それは、人間の本質に迫る上で欠かせない従業員の革新的な可能性に対する深い信頼である。この信頼は、個人にとってこの上なく重大であるばかりか、企業にも多くの影響をもたらす。信頼は、商取引の目に見えない原動力となる。また、個人が他人や大小の企業にどう反応するかを決める、人間の最も根源的な本能の基盤になる。そのため企業やそのテクノロジーが、人間の反応の最も根源的なこの部分とどう関わり、それをどう具体化するかが、企業の競争力において重要な役割を果たすことになる。それを次章で見ていこう。

【注】

（1）Claudia Nemat, “Resilience: A Success Factor for Deutsche Telekom,” Deutsche Telekom, July 16, 2020, https://www.telekom.com/en/company/management-unplugged/details/resilience-a-success-factor-for-deutsche-telekom-604006.

（2）Julie Sweet and Ellyn Shook, “The Hidden Value of Culture Makers,” Accenture, 2020, https://www.accenture.com/ie-en/about/inclusion-diversity/_acnmedia/Thought-Leadership-Assets/PDF-3/Accenture-Getting-To-Equal-2020-Research-Report-IE.pdf.

（3）２０２１年10月の著者と同社との通信による。

（4）“Why LexisNexis Is ‘in Awe’ of Automation Hub and Task Capture,” UiPath, 2020, https://www.uipath.com/resources/automation-case-studies/lexisnexis-risk-solutions-rpa.

（5）Roberto Torres, “Low Code Helped Put Out COVID-19 Fires: How Can Leaders Sustain Momentum?” CIO Dive, June 18, 2020, https://www.ciodive.com/news/low-code-implementation-coronavirus-2020/580024/.

（6）Jeff Barr, “Introducing Amazon Honeycode—Build Web & Mobile Apps without Writing Code,” AWS, June 24, 2020, https://aws.amazon.com/blogs/aws/introducing-amazon-honeycode-build-web-mobile-apps-without-writing-code/.

（7）Stephanie Condon, “Salesforce Rolls Out New Low-Code Features for Lightning App Builder,” ZDNet, May 7, 2020, https://www.zdnet.com/article/salesforce-rolls-out-new-low-code-features-for-lightning-app-builder/.

（8）“Add an App to Microsoft Teams, Microsoft Power Apps,” September 15, 2020, https://docs.microsoft.com/en-us/powerapps/user/open-app-embedded-in-teams.

（9）John Moore, “RPA Journey: Schneider Electric’s Global Plan Taps Blue Prism, UiPath,” TechTarget, August 19, 2019, https://searchcio.techtarget.com/feature/RPA-journey-Schneider-Electrics-global-plan-taps-Blue-Prism-UiPath.

(10) "DevOps tech: Empowering Teams to Choose Tools," Google Cloud, November 16, 2020, https://cloud.google.com/solutions/devops/devops-tech-teams-empowered-to-choose-tools.

(11) "Statistics," National Girls Collaborative Project, 2021, https://ngcproject.org/statistics.

(12) Pierre Nanterme and Bruno Sanguinetti, "It's Learning: Just Not as We Know It," Accenture, n.d., https://www.accenture.com/_acnmedia/Thought-Leadership-Assets/PDF/Accenture-Education-and-Technology-Skills-Research.pdf.

(13) Paul R. Daugherty, H. James Wilson, and Rumman Chowdhury, "Using Artificial Intelligence to Promote Diversity," *Sloan Management Review*, November 21, 2018, https://sloanreview.mit.edu/article/using-artificial-intelligence-to-promote-diversity/.

(14) Kimberly A. Houser, "Can AI Solve the Diversity Problem in the Tech Industry? Mitigating Noise and Bias in Employment Decision-Making," *Stanford Technology Law Review*, Spring 2019, https://law.stanford.edu/wp-content/uploads/2019/08/Houser_20190830_test.pdf.

(15) "Future Skills Pilot Report," World Economic Forum, Unilever, Walmart, SkyHive and Accenture, 2021, https://www.accenture.com/_acnmedia/PDF-149/Accenture-Future-Skills-Case-Study.pdf.

(16) "The STEM Gap: Women and Girls in Science, Technology, Engineering and Math," AAUW, n.d., https://www.aauw.org/resources/research/the-stem-gap/.

(17) Amy Edmondson, "Psychological Safety and Learning Behavior in Work Teams," *Administrative Science Quarterly*, Vol. 44, No. 2, June 1999, https://www.jstor.org/stable/2666999?seq=1#page_scan_tab_contents.

(18) Charles Duhigg, "What Google Learned from Its Quest to Build the Perfect Team," *New York Times Magazine*, February 25, 2016, https://www.nytimes.com/2016/02/28/magazine/what-google-learned-from-its-quest-to-build-the-perfect-team.html?smid=pl-share.

(19) "The Missing Element in Nearly Every Learning Strategy," Gartner Research, September 22, 2020, https://

www.gartner.com/en/documents/3990788/the-missing-element-in-nearly-every-learning-strategy; Andy Young, Edwin Van der Ouderaa, Monica Juneja, and Diana Barea, "Fearless: How Safety and Trust Can Help Financial Services Thrive Even During Disruption and Transformational Change," Accenture, 2019, https://www.criticaleye.com/inspiring/insights-servfile.cfm?id=5657;Paul J. Zak, "The Neuroscience of Trust," *Harvard Business Review*, January–February 2017, https://hbr.org/2017/01/the-neuroscience-of-trust.

(20) Bhaskar Ghosh, Adam Burden, and James Wilson, "Full Value. Full Stop. How to Scale Innovation and Achieve Full Value with Future Systems," Accenture, 2019, https://www.accenture.com/us-en/insights/future-systems/future-ready-enterprise-systems.

(21) Paul Daugherty, Bhaskar Ghosh, Annette Rippert, Ramnath Venkataraman, and H. James Wilson, "Make the Leap, Take the Lead," Accenture, April 28, 2021, https://www.accenture.com/us-en/insights/technology/scaling-enterprise-digital-transformation.

(22) Yaarit Silverstone, Sarah Bartel, and Philippe Chauffard, "Modern Cloud Champions," Accenture, August 13, 2021, https://www.accenture.com/us-en/insights/consulting/cloud-workforce.

(23) "IOOF Gives Developers a New Lease on Life with OutSystems," OutSystems, n.d., https://www.outsystems.com/case-studies/it-modernization-wealth-management/.

(24) "AWS Announces the DeepRacer League (DRL)," Amazon Web Services, November 29, 2018, https://press.aboutamazon.com/news-releases/news-release-details/aws-announces-deepracer-league-drl.

(25) Sara Castellanos, "Ready, Set, Algorithms! Teams Learn AI by Racing Cars," *Wall Street Journal*, October 1, 2019, https://www.wsj.com/articles/ready-set-algorithms-teams-learn-ai-by-racing-cars-11569922202.

(26) "Morningstar Launches Global AWS DeepRacer Corporate Competition to Accelerate Application of Machine Learning," Morningstar, May 30, 2019, https://newsroom.morningstar.com/newsroom/news-archive/press-release-details/2019/Morningstar-Launches-Global-AWS-DeepRacer-Corporate-Competition-to-Accelerate-Application-of-

Machine-Learning/default.aspx.

(27) Peter High, "How Capital One Became a Leading Digital Bank," *Forbes*, December 12, 2016, https://www.forbes.com/sites/peterhigh/2016/12/12/how-capital-one-became-a-leading-digital-bank/#6d99271315ee.

(28) "Capital One Financial Corporation," Agreatplacetowork, 2020, https://www.greatplacetowork.com/certified-company/1000049.

(29) Santo Milasi, Ignacio González-Vázquez, and Enrique Fernández-Macías, "Telework in the EU before and after the COVID-19: Where We Were, Where We Head To," European Commission, 2020, https://joint-research-centre.ec.europa.eu/system/files/2021-06/jrc120945_policy_brief_-_covid_and_telework_final.pdf.

(30) Nicholas Bloom, "How Working from Home Works Out," Stanford: Institute for Economic Policy Research, June 2020, https://siepr.stanford.edu/research/publications/how-working-home-works-out.

(31) Lynda Gratton, "How to Do Hybrid Right," *Harvard Business Review*, May–June 2021, https://hbr.org/2021/05/how-to-do-hybrid-right.

(32) Matthew Haag, "Remote Work Is Here to Stay: Manhattan May Never Be the Same," *New York Times*, March 29, 2021, https://www.nytimes.com/2021/03/29/nyregion/remote-work-coronavirus-pandemic.html?action=click&module=Top%20Stories&pgtype=Homepage.

(33) "National Landlord Survey," KayoCloud, March 2021, https://kayocloud.com/KayoCloud_LandlordReport_March2021.pdf.

(34) Kristin Stoller, "Never Want to Go Back to the Office? Here's Where You Should Work," *Forbes*, January 31, 2021, https://www.forbes.com/sites/kristinstoller/2021/01/31/never-want-to-go-back-to-the-office-heres-where-you-should-work/?sh=8958bdb67127.

(35) Victoria Gill, "Robotic Scientists Will 'Speed Up Discovery,'" BBC News, July 6, 2020, https://www.bbc.com/news/science-environment-53029854.

(36) "Fujitsu Embarks towards 'New Normal,' Redefining Working Styles for Its Japan Offices," Fujitsu Limited, July 6, 2020, https://www.fujitsu.com/global/about/resources/news/press-releases/2020/0706-01.html.

(37) Alan Kohll, "New Study Shows Correlation between Employee Engagement and the Long-Lost Lunch Break," *Forbes*, May 29, 2018, https://www.forbes.com/sites/alankohll/2018/05/29/new-study-shows-correlation-between-employee-engagement-and-the-long-lost-lunch-break/.

(38) "Humana Uses Microsoft Viva Insights to Help Balance the Workplace Experience," Microsoft, April 30, 2021, https://customers.microsoft.com/en-ca/story/1366153368901617436-humana-healthcare-microsoft-365-viva-insights.

(39) Shannon Bond, "Facebook Expects Half Its Employees to Work Remotely Permanently," NPR, May 21, 2020, https://www.npr.org/sections/coronavirus-live-updates/2020/05/21/860382831/facebook-expects-half-its-employees-to-work-remotely-forever.

(40) Adam D'Angelo, "Remote First at Quora," The Quora Blog, June 25, 2020, https://www.quora.com/q/quora/Remote-First-at-Quora.

(41) Mike Robuck, "Verizon Takes Covid WFH Lessons into Next Stage of Hiring 950 New Employees," Fierce Telecom, September 4, 2020, https://www.fiercetelecom.com/telecom/verizon-takes-covid-wfh-home-lessons-into-next-stage-hiring-950-new-employees.

(42) Elizabeth Dwoskin, "Americans Might Never Come Back to the Office, and Twitter Is Leading the Charge," *Washington Post*, October 1, 2020, https://www.washingtonpost.com/technology/2020/10/01/twitter-work-from-home/.

(43) Christie Smith, Yaarit Silverstone, Nicholas Whittall, David Shaw, and Kent McMillan, "The Future of Work: A Hybrid Work Model," Accenture, April 30, 2021, https://www.accenture.com/us-en/insights/consulting/future-work.

第7章　信頼——極めて根源的な人間の本能に訴える

極めて個人的な意味で、人間は信頼の問題にとても敏感だ。新型コロナウイルスによるパンデミックが始まって以来、世界中のほとんどの人間が、家族を含め、自分と接するあらゆる他人をどれだけ信頼できるのかを考えなければならなくなった。マスクをするかしないかで、自分の幸福を他人がどれだけ気にかけているのかが、目に見えてわかった。

こうした懸念は、人間を起点に企業や組織へと広がっていった。レストランや小売店、劇場、ホテル、航空会社、美術館や博物館、学校の新型コロナウイルス対策は、どれほど信頼できるものなのか？　ワクチンやワクチンメーカーはどうなのか？　一方で、事実や証拠、科学を受け入れず、真実そのものを軽視する公の議論により、信頼は損なわれつつある。ビジネスの世界でも、２００８年の世界的な金融危機、多くの企業による顧客データの大規模漏洩、インサイダー取引など、企業による一連の不祥事や不正によって何年も前から不信感が高まっている。

資本主義は信頼に基づいている。およそ250年前、アダム・スミスは力強くそう述べ、この信頼を「見えざる手」と呼んだ（だがスミスの思想を単純化する人々は、この事実を見落としている場合が多い）。信頼が低下すれば、取引コストは増加する。非倫理的な行為や有害な行為から身を守るために自分たちが何らかの措置を講じるか、そのような行為を規制するために政府が何らかの措置を講じなければならなくなる。[1]

さらに、私たちは人間と同じように企業を判断する。数十年前から社会心理学者たちは、こう考えてきた。私たちの祖先は、人間社会を生きていくため無意識のうちに、他人の2つの重要な点について素早く判断を下す能力を育んできた。[2] 第一に、他人は自分にどんな意図を持っているのか（自分を助けようとしているのか、危害を加えようとしているのか）、第二に、その他人に、想定された意図を実行する能力がどれだけあるか、という点である。社会心理学では、前者を「あたたかさ・友好度（Warmth）」、後者を「有能さ（Competence）」という（ステレオタイプ内容モデルより）。

実際、私たちはそのような形で他人を即座に判断し、友好的で有能だと判断した人を信頼する。そこで、この研究を創始した人物の一人であるプリンストン大学の教授スーザン・T・フィスクは、ブランドの専門家クリス・マローンと協力して、私たち人間が企業に対しても同じように判断するのかどうかを調査してみることにした。そして、世界的に有名な企業45社を対象に10種類の調査を行なったところ、以下の事実が明らかになったという。「企業やブランドも、友好度と有能さという評価軸に沿って判断される傾向が強く、顧客のあらゆる購入意欲、ロイヤルティ・忠誠心、ブランドや製品を他人に勧める可能性のおよそ50パーセントは、その判断に基づいている」[3]。要するに、信頼は何よりも根深い差別化要因になる、ということだ。

デジタル時代の信頼に欠かせない5つの要素

現代人が抱く不信感の大半は、本書を通じて論じてきたテクノロジーに由来している。アルゴリズムは、だまされやすいサイト訪問者を憎悪や偽情報、怪しい陰謀論へと引きずり込む。機械学習は、雇用や警察活動、ローンやクレジットカードの認可判断における偏見を強化する。データは、人間の健康やウェルビーイングの向上に役立つ一方で、弱者を差別するためにも利用される。ソーシャルメディアは、悪意ある政府が他国の選挙に干渉するための武器と化す。インターネット大手や広告主は、サイバー空間を利用する消費者の行動を絶えず追跡し（それを「監視」と呼ぶ識者もいる[4]）、毎日数十億人から収集する大量のデータを収益につなげる方法を模索している。

信頼されない企業は、実際に財政面に悪影響が出る。『エコノミスト』紙は２０１８年、２０１０年以後に起きた著名な企業不祥事８件を考察している。その記事によれば、この８社はすべて、事件後に株価の低下にみまわれ、最低時には平均して33パーセント株価が下落した。大半の会社はその後、損失を埋め合わせることに成功したが、同業者の業績と比較するとかなりの価値が失われたことがわかる。この８社の価値は、事件を起こさなかった場合に比べ、平均30パーセント減少した。その損失額は、８社合計で３０００億ドルにもなるという。[5]

一方、それとは対照的に、先進企業はこのパンデミックによる正念場を、「信頼」を高めるチャンスと捉え、飛躍的に進歩したテクノロジーの力を利用して、パンデミック後のビジネス体験や顧客体験を全面的に再考・再構築している。[6] これらの企業は、信頼を自社の製品やサービスの基本的特徴に位置づけている。自社のニーズに合わせて採用したＩＤＥＡＳフレームワークの各要素を、信頼で支えているのだ。知能を強化するアルゴリズム、テクノロジーを育てるデータ、機械学習を向上させる専門知識、どんな状況にも適応可能なアーキテクチャのセキュリティは信頼できるものでなければならない。それを強く意識して、これらの要素を組み込む際に信頼を何よりも力強い差別化要因とする戦略を採用している。

こうして先進企業は、これまで下支えが必要な最小化すべき重荷とされてきた信頼を、市場で堂々と獲得すべき利点に変えた。その上で、デジタル時代の信頼を勝ち得るために欠かせない５つの要素の向上に取り組んでいる。その５つの要素とは、人間性、公平性、透明性、プライバシー、セキュリティである。

人間性：信頼できる体験

私たちは今、完全にデジタル化された日常生活を送っているが、ＡＩを活用したプラットフォームやデバイス、ウェブサイト、ビジネスシステム、オンライン公共プロセスへの信頼感や不信感には、それぞれ差がある。ＡＩを活用したシステムへの信頼を大きく高める手段の１つが、人間的な要素とのつながりである。

オンライン保険会社のレモネードでは、人間的な要素は直接的でシンプルなものだった。保険金を請求する顧客がカメラをのぞき込み、損害にまつわる事情を伝えさえすれば、すぐさま保険金の支払いか、人間の担当者への取り次ぎが行なわれる。エッツィ社の場合では、人間の美的感覚を活用してＡＩが顧客に提示する製品の選択を強化していた。また、人間が機械に教育を施している（ＩＤＥＡＳのＥ）多くの企業では、人間的な要素が目に見えない場合もあるが、それが企業の成功に重要な役割を果たしている。人間的な要素によって企業は信頼を勝ち得たのである。

こうした顧客体験を通じて信頼を高めるための次なる課題は、マシンに人間や他のマシンと「協働」する方法を教えることである。２０２１年、『ネイチャー』誌に「協調型ＡＩ」という新興分野に関する画期的な記事が掲載された。その中でＡＩの第一人者たちは、この課題についてこう説明している。

ＡＩを社会にうまく溶け込ませるためには、社会的な理解と協調的な知性が必要になる。今後数年のうちに、ＡＩシステムが迅速かつ複雑にほかのシステムや人間とやりとりを行なう多様な生態系が生まれることになるかもしれない。それは、歩道や車道で、消費者市場や金融市場で、電子メール通信やソーシャルメディアで、サイバーセキュリティや物理的セキュリティの場で起きるだろう。人間とうまく関われない自動運転車やスマートシティは、恩恵をもたらすどころか、安定した人間関係を破壊するおそれさえある。[7]

この記事の筆者によれば、協調型ＡＩを育成するためには、以下の３つの領域の強化が必要だという。

・ＡＩとＡＩの協調

『ディプロマシー』のような協力型ボードゲームを人間のようにプレイする方法をＡＩに教える。このボードゲームには、厄介な同盟や連携、交渉や取引、だましや信頼の醸成、その場その場のチームワークや意思疎通などの要素が含まれる。

・人間とＡＩの協調

工場や病院などで人間とともに働く方法や、利害が衝突する他者と行動を調整する方法をロボットに教える。ＡＩアシスタントは人間の知能を補強するが、人間のほうが比較的優位なスキルについては人間に依存する。こうしたＡＩは、人間がマシンを訓練してもそのマシンに置き換えられることはないという安心感を生み出す。スタンフォード大学の放射線科医カーティス・ラングロッツは言う。「今後も放射線科医がＡＩに置き換えられることはないが、ＡＩと協力しようとしない放射線科医は、ＡＩを使う放射線科医に置き換えられることになる」[8]

・人間と人間の協調のためのＡＩ

科学研究、ソーシャルメディア、レコメンドアルゴリズムなどの分野で、人間同士の対立ではなく協調を促進する方法をＡＩに教える。この能力は、健全なコミュニティや持続的な価値を育むのに役立つ。

改めて言うまでもなく、人間とＡＩの協働、とりわけＡＩによる人間の能力の拡張は、前著『人間＋マシン』のテーマだった。その中で筆者は、「アルゴリズム嫌悪」と呼ばれる現象が広がる世界でＡＩの力をフル活用する際に、人間の判断はＡＩへの信頼を生み出す重要な要素になると訴えた。[9] 最近生み出された言葉を使えば、アルゴリズム嫌悪の反対は「アルゴリズム愛好」である。[10] 人間の本質に迫る革新的な要素を前面に出せば、このＡＩへの好意は高まる。同様に、より自然かつ人間的なＡＩとの対話を推進する戦略を採用すれば、顧客や従業員との信頼関係を新たなレベルにまで高められる可能性がある。

例えば、ユーザーとの対話から学習する「会話型ＡＩ」は、ＡＩボットという非人間的な世界への信頼感を高める一助になる。２０２０年後半にはアマゾンから、音声アシスタントのアレクサが、訓練されていない要求にも対応できるようになったとの発表があった。[11] 既存の会話型ＡＩシステムは、知らない状況に直面すると機能を停止してしまうのが常だった。

さらに、今では会話型ＡＩを超え、完全没入型の人間そっくりな「デジタル人格」が現実化されつつある。これは、まるで本物の人間のように見え、台本にない質問にも答えられる３Ｄホログラムである。デジタル人格は、それを見た人間がその人格をどれだけ「リアル」だと思えるかによって、信頼感が増したり低下したりする。

例えば、アクセンチュア・ラボはインドのバンガロール芸術・写真美術館向けに、インドの著名芸術家Ｍ・Ｆ・フサインの３Ｄホログラムを製作した。[12] この人物は２０１１年にすでに逝去しているため、顔にはフサインの生前のインタビュー映像が利用されている。このデジタル人格を製作した専門家たちは、コンピューターシミュレーションによる回答が本物らしく聞こえるよう配慮し、フサインの相続人や家族からもお墨つきを得たという。音声合成、ＡＩ、ディープラーニングなどのテクノロジーで訓練されたデジタル人格は、フサイン本人のように話すだけでなく、相手の感情を検知してそれに反応する。このように本物の人間を相手にしているかのような対話は、信頼感を高める。その人格が数多くの点において本物の人間を模倣しているとなれば、なおさらだ。

意外なことに、人間の不完全性を尊重することもまた重要である。アルファベット傘下のディープマインドが開発したテクノロジーをもとにした、マイアという名前のＡＩチェス・プログラムは、超人間的であることを目指してはいない。むしろ、チェスの試合における人間のあらゆる負け方を考慮に入れ、誤りを犯しやすい人間の性質を念頭にシステムを設計している。[13]そのため、先を見て人間の行動および過ちを予測できる。チェスのチャンピオンを負かしたＩＢＭのディープブルーのように、考え得るあらゆる手を予測できるだけでなく、特定の人間が最も打つ可能性の高い手を予測できるのだ。

このように、人間の不完全性を重視すれば、人間と対話する能力も向上する。実際マイアは、人間を教育することも支援することも人間と交渉することもできる。例えば、複数の医師が同じ医療画像を見て意見が異なる場合があることを理解しているため、より正確な医療画像の読み取り方を医師に教えられる。

人間の脳は完全に信頼できるものではない。ときには、自分の目さえ信じられないこともある。だがＡＩのおかげで、私たちはその理由を学びつつある。モーションネットと呼ばれる人工頭脳は、人間による動きの知覚をシミュレーションできる。これは、現実世界では観察が難しいことで有名な極めて複雑なプロセスである。[14] だが、人間の知覚を模したこの仮想モデルを使えば、人間が霧などの視界不良の中で車を運転している際に、自分が運転している車のスピードをいかに低く見積もっているのかがわかる。脳内のニューロンの作用により、こうした状況下では物体が実際よりもゆっくり動いているかのように見えることを、このシステムが教えてくれるのだ。このような誤認は、高速道路上では致命的な結果をもたらすおそれがある。

人間の本質に迫る革新的な特色をマシン知能に与えれば、システムは人間に置き換わるものではなく人間の能力を拡張してくれるものだという信頼感を人間が抱く可能性は大幅に高まる。人間の基本的な良識をマシンに組み込むことで、その信頼性は著しく向上する。

公平性：AIの偏見を取り除く

２０２０年１月のある木曜日、ミシガン州ファーミントンヒルズに住むロバート・ウィリアムズという人物が、不本意ながらＡＩ史に残る画期的な事件の当事者になった。顔認証テクノロジーの間違った判断により、誤認逮捕されたアメリカで最初の人物になったのだ。[15]

妻と２人の娘（5歳と2歳）が不安げに見守る中、警察はこの男性をデトロイトの高級ブティックから３８００ドル相当の時計を盗んだ罪で逮捕した。男性は30時間にわたり勾留され、独房で一晩を過ごした。というのも、ブティックの監視カメラに写った犯人の映像と、州のファイルに保管されていたウィリアムズの運転免許証の写真が一致したと、顔認証テクノロジーが誤って判断したからにほかならない。

これまでに十分証明されているように、主に白人のサンプルで訓練された視覚認識システムは、肌の色が濃い人間の区別が苦手だ。肌の色が濃い女性となると、区別はさらに難しくなる。[16] また、ジョージア工科大学の研究者によれば、自動運転車で使用されているような物体検知システムは、肌の色が白い人のほうが検知しやすいという。[17] 自動運転車が肌の色が濃い歩行者の存在に気づく可能性が低いとなれば、歩行者に衝突してしまうおそれがある。

また、性別によるバイアスもある。あるオンライン翻訳プログラムでは、「彼女は医者で、彼はベビーシッターだ」という文章をトルコ語に翻訳し、それをもう一度英語に翻訳し直すと、「彼は医者で、彼女はベビーシッターだ」という文章に変わってしまう。また、主に男性のデータで訓練された医療画像診断システムは、女性の患者に不適切な治療を提示するおそれがある。

マイクロソフトとボストン大学の共同研究では、単語埋め込みアルゴリズムがGoogleニュースやウィキペディアなどのオンライン情報から膨大な量のテキストを仕入れる際、そこに潜む社会的偏見も一緒に取り込むことが明らかになった。[18] サンフランシスコのオープンＡＩが開発し、およそ２０００億の単語で訓練されたＧＰＴ－３というＡＩアルゴリズムは、従来のＡＩに比べて詩や新たな物語を書く能力に秀でている一方で、訳のわからない話を紡ぎ出したり、ナチスや陰謀論者や白人至上主義者よりも過激な文章を生成したりする能力にも長けている。このＡＩは、根本的に自分が述べていることを「理解」していないのだ。[19]

訓練データやアルゴリズムに見られるこうしたバイアスは、ビジネスにも深刻な影響を及ぼす。例えば、ある銀行は住宅ローンの引受業務を支援するＡＩを導入したが、結果的にそのＡＩは郵便番号をもとに、低所得地域に暮らす人々のローンを拒否するルールを編み出していた。これは融資差別規制法違反にあたる。

ＡＩがバックオフィスのみで利用されていた時代には、バイアスが忍び込んできたとしても損害がさほど広範囲に及ぶことはなかった。だが今では、経営意思決定の支援にも顧客対応のアプリケーションにも幅広くＡＩが利用されている。ボタンのクリック１つで、アルゴリズムが自動で意思決定を行ない、多くの消費者に影響を及ぼすおそれがある。バイアスのかかったＡＩが持つリスクは、かつてないほど深刻になっている。

バイアスのかかったＡＩを使えば、企業は戦略の方向性を誤り、顧客に害を及ぼし、従業員を離反させ、評判を傷つけることになるかもしれない。それどころか、道徳的な問題にもなりかねない。ロバート・ウィリアムズの誤認逮捕が全国に報じられてからしばらく後の２０２０年６月、アマゾンとマイクロソフトとＩＢＭは、法執行機関への顔認証テクノロジーの提供を一時停止あるいは中止すると発表した。だが、このバイアスの問題に真正面から取り組んでいる企業も少なくない。[20]

例えば、採用判断の自動化にまつわるバイアスについて考えてみよう。企業は数十年前から数千人もの求職者の中から適切な人材を見つけ、偏見のない雇用を実現するためにアルゴリズムを利用している。だが、これらのアルゴリズムの多くは、残念ながらむしろ雇用プロセスに差別を組み込んできた。

そこへ登場したのが、パイメトリクス社である。マンハッタンを拠点とするこのＡＩスタートアップ企業は、ＡＩの力を借りて雇用プロセスの全面的改善に取り組んでいる。ハーバード大学医科大学院とマサチューセッツ工科大学の特別研究員の資格を持つ認知科学者、フリーダ・ポリが中心になって２０１３年に創業した同社は、神経科学に基づいたテストと機械学習を組み合わせ、求職者を適切な仕事に結びつけるシステムを開発している。

パイメトリクス社は、一連のオンラインテストを通じてそれを実現している。同社のシステムを採用する会社は、記憶力、集中力の持続時間、利他性、懐疑性、リスク選好度などの属性を計測するテストを現従業員に受けさせる。パイメトリクスはテスト結果を受け、さまざまな職種の業績優秀者に見られるパターンを特定する。例えば、販売担当者はハイリスク・ハイリターンを求める傾向があるかもしれない。一方、ソフトウェア開発担当者はプロセスや細部を重視するかもしれない。これらの情報をすべてパイメトリクスのアルゴリズムに組み込んだ上で、求職者に同じテストを受けさせ、属性を評価するのである。

具体的な一例を挙げると、ある会社はこのシステムを使い、これまでまったく販売経験のない元美容師を販売部門に採用した。するとこの新入社員はやがて、業績優秀者への仲間入りを果たした。ポリは言う。「こういう人たちは、いわばダイヤモンドの原石。このシステムがなければ、それに気づくこともなかっただろう[21]」

パイメトリクス社のテストには、認知科学の文献に基づいて開発された簡単なコンピューターゲームもある。例えば、あるゲームでは求職者が風船を割らないでどこまで膨らませられるかを試す。だが、これらは本来の意味でのテストではない。パイメトリクスが強調しているように、そこには正しい回答も間違った回答もない。テストにより、求職者は計画的に行動できる人物ではないという結果が出たとしても、その人が「計画性がなくてずさんだ」と見なされるわけではない。むしろ「即興的で臨機応変に対処する」と見なされる。テストの目的は、求職者をランクづけすることではなく、求職者の認知的・行動的特性を見きわめ、その仕事に適しているのかどうかを判断することにある。求職者は、会社が求めているものと自分のスコアとがどう比較されているのかを知ることはできないが、自分がそれぞれの特性についてどう採点されているのかを知ることはできる。

このテストは20カ国語で利用でき、失読症、ＡＤＨＤ、色覚異常などの人には専用のテストが設けられている[22]。すでに、ニールセン、リンクトイン、クラフト・ハインツ、マスターカード、マクドナルド、アクセンチュアといった企業が、雇用プロセスの一環としてパイメトリクス社のシステムを導入している。

だがアルゴリズムは、結局のところ人間が書いたものであり、その人間が意識的あるいは無意識的に偏見を抱いている場合もある。そのためパイメトリクス社は、アルゴリズムのバイアスを検査する「オーディットＡＩ」というバイアス検知ツールを開発した。これはもともと、同社のアルゴリズムのバイアスを一掃するために開発されたものだった（そのアルゴリズムを、求職者が仕事に適しているかどうかを判断するのに利用している）。だが最近では、このツールをオープンソース化して、他社のあらゆる機械学習テクノロジーの検査に利用できるようにしている。「オーディットＡＩ」は、アルゴリズムに取り込まれた特定の統計や特性に、統計的に有意な割合で偏りがないかどうかを全面的に判断する。偏りがあれば、データセットに少数しか存在しない人々に悪影響を及ぼすおそれがある。

多様性や包摂性を担当する経営幹部が証言しているように、偏見や不公平を根絶するのは実に難しい。偏見は意識されないことも多く、目に見えないほどプロセスの奥深くに組み込まれている場合もあり、知らぬ間に作用する。実際、ＡＩがこの問題を簡単に解決してくれるという当初の考えは甘かったことが証明されている。だが、最近になってバイアスの検知能力が向上していることを考えれば、信頼に欠かせない公平性を実現するには、ＡＩを放棄するのではなく、むしろもっとＡＩを活用すべきだろう。

透明性：ブラックボックスの中をのぞく

透明性の問題の中心にあるのは説明能力である。これは、機械学習にまとわりつく有名な「ブラックボックス」問題と言い換えてもいい。ディープラーニングを採用しているシステムは、極めて不透明だ。第1章でも見たように、膨大な数のパラメーターと抽象化層を持つアルゴリズムがどのように特定の結論に至ったのかを説明するのは、ほぼ不可能である。だが、本書全体を通じて論じている知能やデータへの新たなアプローチが受け入れられるようになった今でさえ、そのようなシステムは消え去ろうとしていない。

業種を問わず企業の経営幹部は、説明能力の向上を強く求めている。可能であれば、非技術系の管理者もデータサイエンティストも同じように、アルゴリズムの判断の背後にあるプロセスや論理を理解できるようになることを望んでいる。企業レベルのＡＩアルゴリズムが浸透している今、アルゴリズムが「なぜ」「どのように」そう判断したのかがわかれば、倫理的な違反や規制違反を防止し、利害関係者（ステークホルダー）に判断の妥当性を証明するのに大いに役立つに違いない。[23]

「なぜ」「どのように」がわかれば、公平性の問題の対処にも役立つ。２０１９年、アップルはこの問題をめぐって非難にさらされた。あるソフトウェア開発担当者がTwitter上で、同社のクレジットカードの信用限度額が自分と妻とで異なることに不満を述べたからだ。そのツイートにはこうある。「妻と私はずいぶん前に結婚しており、夫婦合算で所得税申告をしているし、財産も夫婦で共有している。それなのにブラックボックス化されたアップル社のアルゴリズムの判断により、私の信用限度額は妻のより20倍も多い」[24]。ニューヨーク州の金融サービスの規制当局はこれに気づき、調査を約束した。アップル社がアルゴリズムの論理を十分に理解していれば、こうした問題は回避できたかもしれない。

だが、説明能力を手に入れるのは容易ではない。機械学習の強みは、人間にはできないことができる点にある。つまり、人間の論理や直感では気づかないパターンを見つけられることだ。機械学習の間に微細なレベルで何が起きているのかを説明することはおろか、理解することなど可能なのだろうか？　モデルの仕組みを、データサイエンティストが理解できる言葉で説明できたとしても、それをわかりやすい言葉で非技術系の意思決定者に説明するのは不可能なのではないか？

それでも、このブラックボックス問題に真正面から取り組んでいる企業や業界がないわけではない。一部の企業は、機械学習システムの内容を監査・説明する新たな能力の開発に向けて多額の投資をしている。その結果、今では「説明可能な《エクスプレイナブル》ＡＩ」（略してＸＡＩ）が登場しつつある。これは、自分がある判断に至った理由を説明し、自分の意思決定プロセスの強みや弱みを明らかにし、自分が今後どう判断するかを伝える能力を備えたシステムである。

チップメーカーのエヌビディア社は、説明可能なAIという新たな領域を開拓しようとしている企業の1つである。同社は最近、ディープラーニング・アルゴリズムによる完全制御が可能な自動車を開発した。これには、ルールブックもなければ取扱説明書もない。ただし、自動車のコンピューターが、複数のビデオカメラからの入力映像と、人間のドライバーの行動とを合致させ、それにより運転方法を独学するようプログラムされてくる。つまり、このコンピューターは観察により学習するのである。だがそうなると、いくつかの疑問がわいてくる。そのコンピューターはどのように学習しているのか？　その学習内容を学習したのはなぜなのか？

　この疑問に答えるため、エヌビディア社のエンジニアは、自動車のコンピューターに運転スタイルを視覚的に説明させることにした。自動車のディープニューラルネットワークが判断の主な基準とした映像の特定部分を強調表示できるニューラルネットワーク構造を開発したのだ。[25]その結果、ニューラルネットワークが道路の端、車線区分線、駐車した車を重視していることがわかった。これらは、人間のドライバーが注意しているのと同じものである。[26]だが興味深いことに、同社が直接ニューラルネットワークにこれらに気をつけるよう教えたことはなかった。

　エヌビディア社の自動運転車の設計主任アース・マラーは言う。[27]「写真に写った人間の顔を認識できる理由を考え、それをいくつかのルールに分解してプログラミングしてみても、きっとうまくいかない。そう考えると、こんな疑問が浮かぶ。『私たちは、ルールで定義できるものだけにソリューションを限定すべきなのか？』」

グーグルやＩＢＭなどほかの大企業も、機械学習システムの内容を監査・説明する能力の獲得に向けて投資を行なっている。例えばＩＢＭは、ＡＩがどのような要素に基づいて「おすすめ」を判断するのかをユーザーに伝える、クラウドベースのＡＩツールを開発した。同社はこのツールにより、内在するバイアスなどの問題もリアルタイムで特定できるのではないかと期待している。[28]

説明可能なＡＩを生み出す取り組みは、政府レベルでも進められている。米国国防高等研究計画局（ＤＡＲＰＡ）は現在、ドローン操作や情報分析作業を支援するディープラーニングシステムの解釈を目的とするプログラムに資金を提供している。

ＤＡＲＰＡが開発を進める説明可能なＡＩは、２つの目標を掲げている。第一に、機械学習モデルが時に予期せぬ行動をとる理由を理解すること。第二に、ＡＩシステムが自分の判断を人間に伝える能力を向上させることである。

この取り組みにおいてプログラムマネジャーを務めるデイヴ・ガニングによれば、この説明可能なＡＩにより、「ローカル」な説明と「グローバル」な説明を生み出せるようになることを期待しているという。「ローカル」な説明とは、ＡＩシステムによる個々の判断理由を明らかにするものであり、「グローバル」な説明とは、ＡＩモデルの挙動の背後にある全体的な論理を明示するものである。[29]

解決策の1つは、「複数のディープラーニング」にあるとガニングは言う。[30] 第一のディープラーニングシステムは所定の判断を行なうよう訓練し、第二のディープラーニングシステムで説明を生み出すのである。そのようなアプローチを採用するかどうかはともかく、製薬から工場の操業まで、あらゆる事業に革命をもたらしつつあるテクノロジーへの信頼を築く上で、説明可能なＡＩは極めて重要なものになるだろう。

プライバシー：「基本的人権」

よく知られているように、アップル社のＣＥＯティム・クックは２０１５年、「プライバシーは基本的人権である」と述べた。[31] 同社は、クレジットカード、ニュース配信サービス、プレミアムＴＶチャンネルサービス、App Storeの新たなアプリなど、新製品を発表するごとに、消費者のプライバシーを念頭に一から製品を開発したと強調している。それどころか、プライバシーの保護とイノベーションを明確に結びつけているのだ。

例えば、アップルのデバイスのプライバシー機能は、ＩＤＥＡＳフレームワークの各要素を利用するイノベーション戦略を見事に反映している。写真アプリがいい例だ。写真を扱うアプリやサービスの多くは、クラウドで写真を処理・整理する。だがアップルの写真アプリは、機械学習を利用して、直接MacやiPhone、iPad上で写真を整理し、写真をアップルと共有しなくてすむようにしている。デバイス上のチップ内の「アップル・ニューラルエンジン」を通じて、エッジにクラウドの能力を与えているのだ。このチップは、写真ごとに１０００億回の演算を行ない、デバイス上で顔や場所を認識する。

iPhoneは、この地球上で類を見ないほど有能なデータ収集・保持デバイスである。一般的にスマートフォンは、私たちが行った場所、そこへ着くまでにたどったルート、訪れたウェブサイト、使用したアプリ（あるいは、今後訪れる場所や利用するもの）など、私たちに関する膨大な量のデータを収集する機能を備えている。だがアップルは、iOSを新たにリリースするたびに、ユーザーからデータを収集して収益化しようとするサードパーティの行動を制限する機能を強化してきた。例えば、アップルのブラウザであるサファリは、デフォルトでサードパーティのクッキーを拒否した最初のブラウザだった。サファリはまた、ウェブサイトがユーザーの端末のカメラやマイクにアクセスする行為を認めるかどうかをユーザーに管理させている。これも独自の機能である。

iOS11やMacOS High Sierraでは、「インテリジェント・トラッキング防止機能」を導入した。これは、広告主がユーザーのクリックや検索を追跡するのを防止する機能である。iOS12では、さらにプライバシー保護機能を高め、広告主のトラッキングソフトウェアにデバイス固有の情報を収集させないようにしている。[32] つまり、iPhoneはほかのウェブブラウザが提供していないプライバシー機能を組み込んでいるということだ。さらにiOS13では、セキュリティコードの自動入力、パスワード再利用の確認、パスワードの自動生成などの先進的なセキュリティ機能に加え、またしても新たなプライバシー機能を追加した。どのアプリがブルートゥース・データを使っているのかをユーザーに知らせ、そのアプリがブルートゥース接続にアクセスするのを遮断できる機能である。[33]

確かに、アップルもユーザーデータを収集していないわけではない。ほかのＩＴ企業と同様、ＡＩを使って自社のデバイスやソフトウェアを利用するユーザーの詳細な情報を収集している。しかし、その目的はユーザー体験を向上させることにある。そのためアップルは、ユーザーデータの無制限な収集を防ごうと、ローカル差分プライバシーと呼ばれるテクノロジーを採用している。[34]

これは、第４章でも簡単に触れたプライバシー保護機械学習（ＰＰＭＬ）技術の１つで、データがデバイスを離れる前に統計ノイズを加え、そのデータから個人を特定できないようにする。それでも、同じデータを提供する人数が多ければ、追加された統計ノイズは大量のデータの中で平均化され、それによりアップルは、匿名化されてはいるものの意義ある情報を入手できる。個人については何も知らないまま、多くのユーザーが何をしているのかを学べるのである。

このように、アップルはデータ収集・解析プロセス全体を通じてプライバシーを保護している。データはデバイス識別子を取り除き、暗号化されたチャネルを通じて送信される。アップルのシステムは、ＩＰアドレスなどのメタデータを除いた、この差分プライバシー情報を受け取って解析する。もはや個人データが示すのは、関連統計のみである。こうしてようやく、総合的な統計がアップルの関連チームと共有されるのである。

アップルは、物理的製品をプレミアム価格で販売しており、プライバシーを保護する方針を堅持するだけの余裕がある。そのビジネスモデルは、消費者データの収集・収益化に左右されるものではない。だが、プライバシーを保護する思いきった措置を講じ、顧客情報を収益化する機会を自ら手放す企業は、ほかにも現れ始めている。

オーディオメーカーのソノス社の事例を見てみよう。現代の家庭は、信頼が問題となる最新の領域となっている。音声アシスタント、アプリで作動するサーモスタット、インターネット接続された家庭用デバイスなどを備えたスマートスピーカーが普及している今、製品設計担当者、広告主、政府、法執行機関にとって価値あるデータを収集する機会はますます増えている。そのため、人権団体や消費者保護団体、子どものプライバシー監視団体など、さまざまな機関がプライバシーの侵害に警鐘を鳴らしている。

そこでソノス社は2019年、「Sonos One SL」という新たなインターネット接続スピーカーを市場に投入した。この製品は、内部にマイクを装備していない。そのため、ほかのスマートスピーカーのように音声の命令に反応することはできないが、家庭というプライバシー空間で住人が話している内容を聞くこともできない。同社のCEOパトリック・スペンスは言う。「家庭内にマイクがあるのを嫌う人もいる。わが社はこの製品が、そのような人々の不安を解消する（中略）良い機会になると考えた[35]」

同様の事例に、「インテリジェント・エッジ」というアプローチでプライバシーを提供しているホームセキュリティ企業のシムカムがある。ホームセキュリティ・システムにとって重要なのは、カメラが出来事や物体を検知して、セキュリティ対応を引き起こせるかどうかにある。シムカム社のカメラはその際、データをクラウドに送って解析するのではなく、あらゆる顔認証作業をデバイス上で実施する。インテル傘下のモビディウス社が開発したビジュアル・プロセシング・ユニット（ＶＰＵ）など、インテルのハードウェアを使ってローカルで解析を行なうのである。これにより顧客は、データを管理する権限とプライバシーが与えられ、製品への信頼感を高めている。

だが実際のところ、消費者はテクノロジー関連のプライバシーをどれほど重視しているのだろう？　オックスフォード大学内にある人類の未来研究所が、２０００人以上のアメリカ人を対象にＡＩに対する考え方を調査している。その調査結果によると、ＡＩのガバナンスに関する13の項目の中で、調査対象者が関心があると答えた上位4項目のうちの2つが、「ＡＩを利用した監視システムによるプライバシーや人権の侵害の防止」と「データプライバシーの保護」だった[36]。

セキュリティ：信頼と同じようにもろい安全性

２０１４年11月24日、北朝鮮政府の支援を受けていたと思われるハッカーが、ソニー・ピクチャーズに関する大量の極秘情報を公開し始めた。その中には、従業員やその家族に関する個人情報、社内メール、経営幹部の給与、当時まだ未公開だった映画のコピーなどの情報が含まれていた[37]。

また、不正アクセスの際に仕込まれたマルウェアによって多くの従業員のコンピューターが操作不能となり、同社のコンピューターインフラが機能不全に陥った。さらに、12月にはハッカーから新作映画『ザ・インタビュー』の公開を中止するよう要求があった。公開すれば劇場にテロ攻撃を仕掛けるという。この映画は、ジェームズ・フランコとセス・ローゲンが主演するコメディで、２人が北朝鮮の指導者金正恩を暗殺しに行くという物語である。結局ソニーは、この映画を限定公開するにとどめた。元従業員の多くは、個人情報を保護できなかった同社を相手に訴訟を起こした。

この危機的状況を受けてソニーは、ファイア・アイ社に助力を求めた。世界有数のサイバーセキュリティ会社である。２０１５年にアメリカの複数の政府機関がロシアのハッカーから攻撃を受けると、アメリカ政府もファイア・アイ社に支援を求めた。２０１７年におよそ１億

５０００万人分の情報に不正アクセスされた消費者信用情報会社、エキファックスも同様である。だが２０２０年後半、インターネット時代の皮肉な展開により、今度はファイア・アイ社自身がハッキングの被害にあった。「最高レベルの攻撃能力を持つ国」に、同社のサイバーセキュリティツールを盗まれたという[38]。ちなみに、同社が顧客のシステムの脆弱性を調べるために利用していたそのツールは、世界一高性能なハッキングツールを模倣したものだった。

結局のところ、インターネットは信頼と同じようにもろい。企業が他企業との間に確立している接続の数や、その接続を通じて流れるデータの量や種類は、飛躍的な増加を続けている。それに伴って脆弱な箇所も増えるのだ。

魚を飼育するための水槽も例外ではない。北アメリカのあるカジノに、自動的に魚にエサを与えながら水質を管理する、インターネット接続された水槽があった。ハッカーは、この水槽のエサやり監視装置にインターネット接続を利用して侵入し、そこを起点にカジノのシステムに不正アクセスした。データはフィンランドのハッカーに送られたという[39]。

こうした攻撃は信頼を損ない、インターネットによるデジタル経済に脅威をもたらす。２００７年に12億人だったインターネット利用者は、２０２０年には50億人近くにまで増えた。これは世界の人口の63パーセント以上に相当する[40]。２０２５年には、世界のＩｏＴ接続機器の総設置数が２１５億台に達するとの予測もある[41]。しかもこの数字には、末端センサーが集中するアクティブなノードやデバイス、ゲートウェイが含まれるだけで、コンピューターや携帯電話などの消費者機器は含まれない。これらの接続機器（「エンドポイント」）すべてが、潜在的な脆弱性を秘めている。

　脆弱性が悪用されれば、悲惨な結果を招くおそれがある。実際、２０１７年には運輸会社マースクがランサムウェア「ノットペトヤ」によるサイバー攻撃にあい、３億ドル以上の損失を被った。そのほか、このランサムウェアによる被害を受けた企業の損害は、総計１００億ドルを超える。[42]同年には、イギリスの国民保健サービス（ＮＨＳ）がランサムウェア「ワナクライ」によるサイバー攻撃を受け、およそ1億ポンドもの損害を受けた。[43]ロシアが支援していたと思われる最近の攻撃では、ソーラーウィンズのネットワーク監視ソフトウェア「オリオン」のアップデートデータにマルウェアが仕込まれ、数千もの顧客企業がダウンロードした。その結果、民間企業数百社のほか、重要な連邦機関も不正アクセスの被害にあった。

　新型コロナウイルスにより、この傾向はさらに加速した。ソーシャルディスタンスを確保する措置が講じられるようになると、リモートワークの推奨、それによるＩＴ部門の逼迫、無数のリモートワーク利用者の訓練不足により、サイバー攻撃が世界各地で増えた。[44]さらに、サプライチェーンの機能不全に直面した一部の企業が、代わりの供給業者に頼るようになると、その業者のサイバーセキュリティ上の脆弱性が、新たな攻撃を生み出すきっかけになった。

　デジタル経済の今後の成長は、企業がその事業や顧客のデジタル情報を守っていけるかどうかにかかっている。セキュリティを、製品やサービスへの「追加」機能程度に考えてはいけない。

ありがたいことに、一部の有望なＡＩテクノロジーを利用すれば、企業の価値提案の重要な要素としてセキュリティを位置づけることが可能だ。

例えば、ゴールドマン・サックス社が出資するスタートアップ企業サイファーマを見てみよう。イギリスの諜報機関で働いていた経験もあるクマール・リテッシュが率いる同社は、サイバーセキュリティに予測解析を利用している。仮想エージェントを使い、地下のフォーラムなどで計画が進みつつあるサイバー攻撃の情報を収集するのである。

一般的に、サイバー脅威に関する情報には、ＩＰアドレスのブラックリスト、マルウェアのハッシュ値やシグネチャー、悪意あるフィッシングサイト、脆弱性に関するリスト、不正アクセスがあったとされるＩＰアドレスなどのセキュリティ侵害指標（ＩｏＣ）、サイバー攻撃の計画に利用される指揮統制（Ｃ２）ドメインなどのデータがある。[45] だが、リテッシュに言わせれば、これらの情報の大半は、事後にしかわからない。テクノロジー情報サイト《テックターゲット》にも、「予測に利用できない情報は情報ではない」と述べている。[46]

サイバーセキュリティ市場は毎年10パーセントの割合で成長している。[47] リテッシュは、そこに高度に差別化した製品やサービスを投入すれば競争に参入できるのではないかと考えた。そこでサイファーマ社は、人目に触れないウェブサイトやハッカーのフォーラム、ピアツーピア接続のグループといった地下コミュニティでサイバー犯罪者たちが交わす会話にこっそり耳をすます、数百もの仮想ＡＩエージェントを開発した。このエージェントの仕事は、その会話の中で顧客企業の名称や業種、地理的な位置が言及されるかどうかを調べることにある。そのような言及があれば、仮想エージェントがそのデータを獲得し、クラウドベースのＡＩプラットフォームに送り届ける。

同社では、人間のサイバーセキュリティ専門家がサイバー脅威状況を読み取り、それに対応しながら、このＡＩモデルの訓練を行なっている。つまり、データを大量に使用して機械学習を促進するアプローチではなく、もっと人間の知能のあり方に似た、背景や状況を重視する、データ効率のいいアプローチを推進している。ＡＩシステムを構築するのに膨大な量のデータに頼るのではなく、焦点を絞った限定的な小規模データセットを利用しているのである。

消費者が企業のセキュリティへの信頼を失う理由は無数にある。防御を固め、あとは事後に対応するだけという企業があまりに多いが、これでは対策が足りない上に、手遅れにもなりかねない。サイファーマ社は、サイバー脅威に関する情報へのアプローチを逆転させ、企業データの完全性を確保するのと同じテクノロジーを使い、サイバー犯罪に対してより攻撃的、積極的、予防的なアプローチを採用している。

信頼を事業化する

人間性、公平性、透明性、プライバシー、セキュリティ——デジタル時代の企業は、この５

つの属性を実現しなければならない。というのは、知的なテクノロジーは利益をもたらす能力がある一方で、大規模な損害を及ぼす能力もあるからだ。これはもはや、企業広報で信頼を約束したり、企業の評判を傷つける行為を慎むよう従業員に要請したりすればすむだけの問題ではない。知的テクノロジーの爆発的発展により、信頼は今や、企業全体で事業化すべき問題と化しているのだ。

しかもこのテクノロジーは、企業の製品やサービス、プロセスに深く組み込まれているため、信頼は単なる倫理的な問題だけでなく、技術的な課題にもなっている。利害関係者と信頼関係を築いていくためには、テクノロジーへの新たなアプローチを採用・展開する際、信頼という人間の本質に迫る革新的な要素をＩＤＥＡＳの各要素に浸透させるところから始めるといい。

・知能

人間の考え方や感じ方を真似たＡＩであれば、従業員もＡＩを快適に利用でき、顧客もＡＩに気楽に対応できる。さらに、バイアスのないことが証明されたアルゴリズムと説明可能なＡＩを利用すれば、両者の相互作用によって従業員や顧客、規制当局、市民の信頼を確実に獲得できる。

・データ

バイアスのないアルゴリズムや説明可能なＡＩと同じように、利害関係者のデータの取り扱い方も、テクノロジーと信頼を結びつける手段になる。利害関係者が企業を信頼し、個人情報のプライバシー保護を任せるようになればなるほど、利害関係者が企業に提供してくれる情報も増え、企業との絆をいっそう深めていく。

・専門性

企業のあらゆるレベルの非技術系従業員に、ＡＩなどの知的システムに自分の知識を直接教える権限を与えれば、その従業員はテクノロジーを信頼するようになるだけでなく、自分が持つ能力を会社が評価してくれていると確信できる。

・アーキテクチャ

あらゆる職務に適応し、どの職務の人間でも利用できるよう設計されたアーキテクチャがあれば、従業員の公平性が高まる。また、顧客や、より幅広いビジネス・エコシステムに参加する企業にとってセキュリティは重要な問題である。サイバー攻撃が止むことなく続き、ますます巧妙になっている今、多くの企業はセキュリティの確保に苦労している。セキュリティ能力を極めれば、信頼という必須の領域において自社を力強く差別化できる。

・戦略

知的テクノロジーを活用して、フォーエバー・ベータ、MVI、コ・ラボなど斬新な方法で価値を提供する戦略を採用すれば、信頼を基本的特徴とする製品やサービスを提供でき、自社の魅力を飛躍的に高められる。

これらの実践に共通するのは、信頼とテクノロジー、人間とマシン、価値観と価値の間で、一方が他方を強化するダイナミクスが生まれることだ。テクノロジーへの信頼が高まれば、誰もがそれを積極的に受け入れるようになり、従業員やパートナー企業による新たなテクノロジーの採用やイノベーションの創出、顧客の購買意欲や忠誠心の高まり、投資家の支援や信頼の向上といった好循環が生まれる。

デジタル時代には、信頼を軽視する選択肢、信頼などなくてもかまわないものとして扱う選択肢は存在しない。新たなテクノロジーの登場により信頼はかつてないほど重要視されており、プラットフォーム化によりテクノロジーは企業の業務の中心に置かれている。そのような状況の中、信頼面で真の差別化を図ろうとするなら、信頼を実際に提供するしかない。信頼を約束するだけではいけない。利害関係者にとって信頼とは、人間的な本能に根差した体験である。企業が何と言おうが、利害関係者が企業を信頼するかどうかは、その体験に左右される。

第8章では視野を広げ、知的テクノロジーによって顧客や従業員に提供できるようになった幅広い体験を紹介していく。先進的な企業は個人の主体性を高め、受動的な聴衆を能動的な参加者に変え、一方通行の体験を真の共同作業に変換する新たなモデルを採用してデジタル体験を再設計している。だが、顧客や従業員は、こうした体験が自分の知らないうちに勝手に決められてしまうことを望んではいない。むしろ、企業が自分のパートナーになってくれることを求めている。企業が自分と協力して体験を生み出し、自分の目標達成を支援し、企業が判断を誤った時にはその体験を変更する選択肢を提供してくれることを望んでいる。従来のカスタマイズを超え、顧客や従業員と企業とが権限や管理を共有する新たなモデルを採用すれば、差別化の可能性は無限に広がる。それを次章で見ていこう。

【注】

(1) Jerry M. Evensky, "Adam Smith's Essentials: On Trust, Faith, and Free Markets," *Journal of the History of Economic Thought*, Vol. 33, No. 2, June 2011.

(2) Susan T. Fiske, Amy J. C. Cuddy, Peter Glick, and Jun Xu, "A Model of (Often Mixed) Stereotype Content: Competence and Warmth Respectively Follow from Perceived Status and Competition," *Journal of Personality and Social Psychology*, Vol. 82, No. 6, 2002, 878–902, https://cos.gatech.edu/facultyres/Diversity_Studies/Fiske_StereotypeContent.pdf.

(3) Chris Malone and Susan T. Fiske, *The Human Brand: How We Relate to People, Products, and Companies,*

Jossey-Bass, 2013, 28.

（４）Shoshana Zuboff, *The Age of Surveillance Capitalism: The Fight for a Human Future at the New Frontier of Power*, Public Affairs, 2019〔邦訳は『監視資本主義――人類の未来を賭けた闘い』ショシャナ・ズボフ著、野中香方子訳、東洋経済新報社、２０２１年〕

（５）Schumpeter, “Getting a Handle on a Scandal,” *Economist*, March 18, 2018, https://www.economist.com/business/2018/03/28/getting-a-handle-on-a-scandal.

（６）Julie Sweet and Paul Daugherty, “Foreword,” Accenture Technology Vision 2021, https://www.accenture.com/us-en/insights/technology/_acnmedia/Thought-Leadership-Assets/PDF-3/Accenture-Tech-Vision-2021-Full-Report.pdf.

（７）Allan Dafoe, Yoram Bachrach, Gillian Hadfield, Eric Horvitz, Kate Larson, and Thore Graepel, “Cooperative AI: Machines Must Learn to Find Common Ground,” *Nature*, Vol. 593, May 6, 2021, https://www.nature.com/articles/d41586-021-01170-0.

（８）Dafoe et al., “Cooperative AI: Machines Must Learn to Find Common Ground.”

（９）Paul R. Daugherty and H. James Wilson, *Human + Machine: Reimagining Work in the Age of AI* (Boston: Harvard Business Review Press, 2018)〔邦訳は『HUMAN＋MACHINE　人間＋マシン――ＡＩ時代の８つの融合スキル』ポール・R・ドーアティ＆H・ジェームズ・ウィルソン著、保科学世監修、小林啓倫訳、東洋経済新報社、２０１８年〕.「アルゴリズム嫌悪」という現象については、以下を参照。Berkeley J. Dietvorst, Joseph P. Simmons, and Cade Massey, “Algorithm Aversion: People Erroneously Avoid Algorithms after Seeing Them Err,” *Journal of Experimental Psychology: General*, July 16, 2014, https://papers.ssrn.com/sol3/papers.cfm?abstract_id=2466040.

（10）J. M. Logg, J. A. Minson, and D. A. Moore, “Algorithm Appreciation: People Prefer Algorithmic to Human Judgment,” *Organizational Behavior and Human Decision Processes*, Vol. 151, 2019, 90−103.

(11) Jared Council, "Alexa Has a New Skill: Asking When It Doesn't Know," *Wall Street Journal*, December 11, 2020, https://www.wsj.com/articles/alexa-has-a-new-skill-asking-when-it-doesnt-know-11607732175.

(12) The Husain Experience, Museum of Art and Photography (MAP), Bangalore, India, https://map-india.org/the-ai-husain-experience/.

(13) Will Knight, "A New Artificial Intelligence Makes Mistakes—on Purpose," *Wired*, February 13, 2021, https://www.wired.com/story/new-artificial-intelligence-mistakes-purpose-chess/.

(14) R. Rideaux and A. E. Welchman, "Exploring and Explaining Properties of Motion Processing in Biological Brains Using a Neural Network," *Journal of Vision*, Vol. 21, No. 11, February 2021, https://www.biorxiv.org/content/10.1101/2020.09.03.281030v1.full.

(15) Bobby Allyn, "'The Computer Got It Wrong': How Facial Recognition Led to False Arrest of Black Man," NPR, June 24, 2020, https://www.npr.org/2020/06/24/882683463/the-computer-got-it-wrong-how-facial-recognition-led-to-a-false-arrest-in-michig.

(16) Joy Buolamwini and Timnit Gebru, "Gender Shades: Intersectional Accuracy Disparities in Commercial Gender Classification," *Proceedings of Machine Learning Research*, Vol. 81, 2018, 1–15, http://proceedings.mlr.press/v81/buolamwini18a/buolamwini18a.pdf.

(17) Benjamin Wilson, Judy Hoffman, and Jamie Morgenstern, "Predictive Inequity in Object Detection," arXiv, February 21, 2019, https://arxiv.org/abs/1902.11097.

(18) Ben Dickson, "Artificial Intelligence Has a Bias Problem, and It's Our Fault," *PCMag*, June 14, 2018, https://www.pcmag.com/news/artificial-intelligence-has-a-bias-problem-and-its-our-fault.

(19) Matthew Hutson, "The Language Machines," *Nature*, Vol. 591, March 4, 2021, https://www.nature.com/articles/d41586-021-00530-0.

(20) Jay Greene, "Microsoft Won't Sell Police Its Facial-Recognition Technology, Following Similar Moves by

Amazon and IBM," *Washington Post,* June 11, 2020, https://www.washingtonpost.com/technology/2020/06/11/microsoft-facial-recognition/.

(21) Sarah Todd, "People Are Terrible Judges of Talent: Can Algorithms Do Better?" *Quartz,* November 19, 2019, https://qz.com/work/1742847/pymetrics-ceo-frida-polli-on-the-ai-solution-to-hiring-bias/.

(22) Todd, "People Are Terrible Judges of Talent: Can Algorithms Do Better?"

(23) Sara Castellanos, "Tech Giants Launch New AI Tools as Worries Mount about Explainability," *Wall Street Journal,* September 26, 2018, https://www.wsj.com/articles/tech-giants-launch-new-ai-tools-as-worries-mount-about-explainability-1537975652?tesla=y.

(24) Neil Vigdor, "Apple Card Investigated after Gender Discrimination Complaints," *New York Times,* November 10, 2019, https://www.nytimes.com/2019/11/10/business/Apple-credit-card-investigation.html.

(25) Mariusz Bojarski, Philip Yeres, Anna Choromanaska, Krzysztof Choromanski, Bernhard Firner, Lawrence Jackel, and Urs Muller, "Explaining How a Deep Neural Network Trained with End-to-End Learning Steers a Car," arXiv, April 25, 2017, https://arxiv.org/pdf/1704.07911.pdf.

(26) Will Knight, "Nvidia Lets You Peer Inside the Black Box of Its Self-Driving AI," *MIT Technology Review,* May 3, 2017, https://www.technologyreview.com/2017/05/03/105964/nvidia-lets-you-peer-inside-the-black-box-of-its-self-driving-ai/.

(27) Danny Shapiro, "Reading an AI Car's Mind: How NVIDIA's Neural Net Makes Decisions," NVIDIA, April 27, 2017, https://blogs.nvidia.com/blog/2017/04/27/how-nvidias-neural-net-makes-decisions/.

(28) Castellanos, "Tech Giants Launch New AI Tools as Worries Mount about Explainability."

(29) Ben Dickson, "Inside DARPA's Effort to Create Explainable Artificial Intelligence," TechTalks, January 10, 2019, https://bdtechtalks.com/2019/01/10/darpa-xai-explainable-artificial-intelligence/.

(30) Dickson, "Inside DARPA's Effort to Create Explainable Artificial Intelligence."

（31）“Apple CEO Tim Cook: ‘Privacy Is a Fundamental Human Right,’” *All Things Considered,* NPR, October 1, 2015, https://www.npr.org/sections/alltechconsidered/2015/10/01/445026470/apple-ceo-tim-cook-privacy-is-a-fundamental-human-right.

（32）Michael Grothaus, “Forget the New iPhones: Apple’s Best Product Is Now Privacy,” *Fast Company,* September 13, 2018, https://www.fastcompany.com/90236195/forget-the-new-iphones-apples-best-product-is-now-privacy.

（33）Michael Grothaus, “Use These 11 Critical iPhone Privacy and Security Settings Right Now,” *Fast Company,* February 18, 2020, https://www.fastcompany.com/90254589/use-these-11-critical-iphone-privacy-and-security-settings-right-now.

（34）“Differential Privacy,” Apple, n.d., https://www.apple.com/privacy/docs/Differential_Privacy_Overview.pdf（２０２０年12月７日にアクセス）.

（35）Gerrit De Vynck, “Sonos Launched a Speaker That Won’t Record Your Conversations,” *Bloomberg News,* September 5, 2019, https://www.bloomberg.com/news/articles/2019-09-05/anti-alexa-this-sonos-speaker-won-t-record-your-conversations.

（36）Baobao Zhang and Allan Dafoe. “Artificial Intelligence: American Attitudes and Trends,” Center for the Governance of AI, Future of Humanity Institute, University of Oxford, 2019, https://governanceai.github.io/US-Public-Opinion-Report-Jan-2019/us_public_opinion_report_jan_2019.pdf.

（37）Richard Stengel, “The Untold Story of the Sony Hack: How North Korea’s Battle with Seth Rogen and George Clooney Foreshadowed Russian Election Meddling In 2016,” *Vanity Fair,* October 6, 2019, https://www.vanityfair.com/news/2019/10/the-untold-story-of-the-sony-hack.

（38）David E. Sanger and Nicole Perlroth, “FireEye, a Top Cybersecurity Firm, Says It Was Hacked by a Nation-State,” *New York Times,* Dec. 8, 2020, https://www.nytimes.com/2020/12/08/technology/fireeye-hacked-russians.html.

(39) Alex Schiffer, "How a Fish Tank Helped Hack a Casino," *Washington Post*, July 21, 2017, https://www.washingtonpost.com/news/innovations/wp/2017/07/21/how-a-fish-tank-helped-hack-a-casino/.

(40) "Internet Growth Statistics," Internet World Stats, https://www.internetworldstats.com/emarketing.htm.

(41) H. Tankovska, "Internet of Things—Active Connections Worldwide 2015–2025," Statista, September 1, 2020, https://www.statista.com/statistics/1101442/iot-number-of-connected-devices-worldwide/.

(42) Andy Greenberg, "The Untold Story of NotPetya, the Most Devastating Cyberattack in History," *Wired*, August 22, 2018, https://www.wired.com/story/notpetya-cyberattack-ukraine-russia-code-crashed-the-world/.

(43) Danny Palmer, "This Is How Much the WannaCry Ransomware Attack Cost the NHS," ZDNet, October 12, 2018, https://www.zdnet.com/article/this-is-how-much-the-wannacry-ransomware-attack-cost-the-nhs/.

(44) Scott Ikeda, "New Security Report Breaks Down Increase in Cyber Attacks Due to Remote Work; Lack of Training, Overwhelmed IT Departments Are the Main Issues," *CPO Magazine*, October 16, 2020, https://www.cpomagazine.com/cyber-security/new-security-report-breaks-down-increase-in-cyber-attacks-due-to-remote-work-lack-of-training-overwhelmed-it-departments-are-the-main-issues/.

(45) Aaron Tan, "Getting Threat Intelligence Right," TechTarget, May 30, 2017, https://www.computerweekly.com/feature/Getting-threat-intelligence-right.

(46) Aaron Tan, "Why Predictive Threat Intelligence Is Key," TechTarget, September 7, 2020, https://www.computerweekly.com/news/252488666/Why-predictive-threat-intelligence-is-key.

(47) "Cyber Security Market Size, Share & Trends Analysis Report by Component, by Security Type, by Solution, by Service, by Deployment, by Organization, by Application, by Region, and Segment Forecasts, 2020–2027," Grand View Research, June 2020, https://www.grandviewresearch.com/industry-analysis/cyber-security-market.

第8章 体験——人間の本質に迫るデザインが力を発揮する

２０１５年、ＮＡＳＡは無重力空間用コーヒーカップを開発したと発表した。宇宙飛行士が従来飲んでいたコーヒーはパウチに入っており、それをストローで吸うので、あのコーヒー独特の香りが一切しなかった。そのため、宇宙でも香りを楽しみながらコーヒーを飲めるように開発されたのが、この製品である。筒状ではなく、どことなくブーツのような形をした透明なプラスチック製の容器に飲み口がついた形状をしており、上面は覆いがなく開放されている。そのため、宇宙飛行士が飲み口からコーヒーをすすると、カップの側面や底面に付着していたコーヒーが、宇宙飛行士の口へと引き寄せられる際に空気に触れる。すると、コーヒー内の揮発性分子が宇宙飛行士の鼻をかすめ、寝起きになじみのあのほのかな香りを感じられるという。[1]

香りのしないパウチと豊かな香りが楽しめるカップとの差は、効率重視のエンジニアリングと人間の本質に迫る人間中心的なデザインとの差だと言っていい。とはいえ、効率重視のエンジニアリングを批判するつもりは毛頭ない。それは、数世紀にわたりテクノロジーの進歩の基盤だった。だが、この方法では人間性が考慮されないため、大抵は魅力のない体験や共感の得られない体験しか生み出せない。すでに述べたように、従来の硬直的なシステムでは、人間がテクノロジーに適応せざるを得なかった。だが、ＡＩに大きく依存する現在のリビングシステムでは、テクノロジーが人間に適応する。

人間の本質に迫る人間中心的なデザインは、「立ち止まってコーヒーの香りを楽しむ」機会を生み出し（ＮＡＳＡの事例はまさにそのとおりだ）、人間性豊かな体験を提供する。人材や信頼と同じように、知能やデータ、専門性、アーキテクチャ、あるいはそれらを総合した戦略に関する思い込みを覆せば、顧客や従業員に提供する体験についてもまったく新たな可能性が開ける。

多くの企業はその事実を理解しているようだ。アクセンチュアは最近、21の国、21の業種の経営幹部１５５０人以上（その25パーセントはＣＥＯ）を対象に、ビジネスリーダーが顧客体験をどう考えているのか、企業の能力が体験や業績にどう活かされているのかを調査した。その結果を見ると、回答者の77パーセントが、今後顧客との関わり方やコミュニケーションの方法を根本的に変えていくと答えている。[2]

取り組みを始めるにあたって

最近の企業は、ＩＤＥＡＳフレームワークを利用した人間の本質に迫る革新的な体験のデザインを通じて、従来の顧客体験の考え方に縛られず、従業員体験を含むより幅広い体験という考え方を採用して、競合他社との明確な差別化を図りつつある。体験への取り組みに、これまでよく利用されてきた顧客との接点だけでなく、従業員も含めれば、他社との間にはっきりとした差が生まれる。この差は、収益の差となって現れる。アクセンチュアの調査によれば、体験についてより幅広いアプローチを採用している企業は、平均して対前年比で同業他社の６倍以上収益を伸ばしている[3]。

そのアプローチへの道のりは、３つのＲから始まる。リプラットフォーミング（replatforming）、リフレーミング（reframing）、リーチ（reach）の３つである。

リプラットフォーミング（プラットフォームの再構築）とは、企業のＩＴ機能の部分的な変更・向上を図るだけでなく、クラウドを全面的に採用することを意味する。ゲーム、車の自動運転、顧客とのコミュニケーションなど、さまざまな分野でクラウドの演算能力や柔軟性を利用すれば、これまで以上の規模で体験を提供することも、体験の質や豊かさを絶えず向上させていくことも可能だ。また、クラウド／エッジ・アーキテクチャを採用すれば、体験の媒体となるスマートフォンやスマートスピーカー、スマートカーなどのエッジデバイスに、クラウドの演算能力を結びつけられる。アクセンチュアの調査によれば、現在の先進企業の58パーセントは、新たなデジタル能力を機敏に取得・提供できるという（後進企業はわずか25パーセント）。これは、適切なプラットフォームがなければほぼ不可能だ[4]。

リフレーミング（組織の再構成）は、テクノロジーに関する組織の考え方を変えることを意味する。テクノロジーはもはや、効率的な取引や顧客との接点の円滑化を促進するだけのものではなく、イノベーションを推進するものと考えるべきだ。例えば、クラウド事業者が提供する機能には、非技術系の従業員が革新的な顧客体験や社内プロセスを考案できるようなプログラムもある。それを利用すれば、従業員に主体性や能力を付与して労働体験を高めることも可能だ。アクセンチュアのテクノロジー調査にも見られるように、先進企業は後進企業よりイノベーション向けのＩＴ予算の割合が多く、イノベーションへの投資を加速させている。同じことは躍進企業にも言える。躍進企業とは、パンデミックの間に飛躍的な発展を遂げた元中堅企業を指す。

リーチ（手を広げる範囲）は、従来のビジネス上の優先順位を超え、これまでとは異なる顧客・従業員体験や新たな価値提案に目を向けることを意味する。体験で差別化を図っている企業は、従来の「カスタマージャーニー」（顧客が製品やサービスに最初に関心を抱いてから、購入・契約を経て、企業への忠誠心を育むまでの過程）を円滑に進めることだけを考えているわけではない。社内外で魅力ある有意義な体験を提供することで、それ以上のことを成し遂げようとしている。リプラットフォーミングとリフレーミングは、体験を差別化するのに欠かせない要素だ。一方、従来の顧客体験とはきっぱり縁を切り、より包摂的で幅の広い体験への移行を目指すリーチは、この分野での競争を選んだ企業に多大な成功を促す役目を果たす。

デジタル時代にふさわしい人間の本質に迫る革新的な４種の体験

ＩＤＥＡＳを活用した人間中心のデザインから生まれる体験は、業種によって異なる。その体験の質は、企業が何を提供するかではなく、顧客や従業員が自分にとって一番重要な成果を達成するのを企業がどれだけ支援できるかに左右される。幅広い可能性を切り開く優れた体験には、以下の４種類がある。

・力を与える体験――人々がそれまで手の届かなかった活動にアクセスできるようにする。
・価値ある体験――個人的な成長を促したり、楽しみを提供したり、満足感が得られる共同作業を可能にしたりする。

・ニーズにマッチした体験——個人のニーズや考え方、感性に合った、「ちょうど良い」と思える快適で魅力的な体験を提供する。

・責任ある体験——個人を超え、地域やもっと広い世界にとって何が一番いいのかに注意を向ける。

単独で提供されるにせよ、組み合わせて提供されるにせよ、これらの体験は人間の最も強い願望や関心に訴える。それは、習熟、成長、便利、自分より大きなものとの関わりを求める気持ちである。テクノロジーによって可能になるこれらの体験には、それぞれの間で大きく重なる部分もある。例えば、チャットボットを利用した体験は、そのボットが何を話すべきか理解している点では「ニーズにマッチした体験」だが、それによりこれまでできなかった作業が可能になる点では「力を与える体験」でもあり、個人のプライバシーを尊重している点では「責任ある体験」でもある。

力を与える体験

何げないカーブカット（歩道と車道の段差をなくすための傾斜）でさえ、人間中心のデザインがいかに可能性に満ちているかを証明している。それだけで多くの人が、それまで縁のなかった活動や機会にアクセスできるようになったのだ。「障がいを持つアメリカ人法（ADA, Americans with Disabilities Act）」によりカーブカットが義務づけられると、車椅子を使っている人たちが歩道から車道へ移動するのが容易になった。それだけではない。人間中心のデザインではよくあるように、やがてカーブカットは、ベビーカーやカート、スーツケースを押す人々にも役立つことが明らかになった。誰かに能力を与えようとする判断を、ＩＤＥＡＳに基づいたイノベーションと組み合わせれば、真に心を奮い立たせるような結果が生まれる。カーブカットのように、本来意図されていなかった人々に利便性をもたらす場合もある。

長時間運転を安全に

日本は世界有数の高齢化社会である。65歳以上の高齢者が人口の30パーセントを占める。その日本では、パンデミック前に高齢ドライバーの自動車事故が頻発していた。そのため、多くの高齢ドライバーが運転免許を自主返納した。２０１９年だけで、その数は数十万人にのぼる。だが、パンデミックが襲来して公共交通機関が安全な移動手段ではなくなると、運転免許を自主返納した高齢者の多くが、突如として孤立してしまった。

だが今では、幸いにも企業が、高齢ドライバーの安全運転を長時間にわたり支援する車を開発している。それにより高齢者に、長距離移動する能力を与えたのだ。例えばトヨタ自動車は、

「Safety Sense」テクノロジーへのアップグレードを提供している。これは、正面衝突防止や車の車線維持を支援するよう設計されたテクノロジーである。バンパーやフロントガラスに搭載された高解像度カメラを使い、日中に近づいてくる車や歩行者、自転車を検知する。そして危険があれば、画像認識ＡＩが音声警報と視覚警報を発し、ドライバーがそれに対応できなければ、自動的にブレーキをかける。

トヨタの担当者は言う。「高齢者が積極的に社会に参加し、健康で充実した生活を送るには、高齢者が安全に車を運転できる社会が欠かせない。わが社の最終目標はもちろん、交通事故の死傷者をゼロにすることだ[5]」

ウェブを誰もが利用できるように

２０１９年、アップルＴＶ＋は『ＳＥＥ～暗闇の世界～』という番組を公開した。ほとんどの人類の目が見えなくなった未来を舞台にしたＳＦドラマである。このドラマのオンライン予告編には、映像を音声で描写する機能がある[6]。予告編を再生し始めると、劇的な音楽だけでなく、画面上に展開されるシーンを描写する声が聞こえるのだ。この音声描写機能は、大半のアップル製品のコンテンツで利用でき、視覚に障がいのあるユーザーでも映画やＴＶショー、コマーシャルなどの視覚コンテンツを力強い音声体験を通じて楽しめる。

視覚障がい者にとっては、映画などの娯楽を楽しむどころか、インターネットを使って基本的なニーズを満たすことさえ難しい。だが、音声描写機能が証明しているように、インターネットを容易に利用できるようにする方法がないわけではない。最近では障がい者支援運動のおかげで、ウェブをもっとアクセスしやすくするよう配慮する企業が増えている。

１９９０年、「障がいを持つアメリカ人法」が制定された当時は、まだデジタル領域における対処が明文化されていなかった。しかし、最近の訴訟を受けて企業も、スクリーンリーダーを使う視覚障がい者や単純化キーボードを利用する運動障がい者でもアクセスできるウェブサイトを提供するようになった。アクセスしやすいサイトの一例としては、スクリーンリーダーで読みあげられるなど、コンテンツを音声に変換できるサイトがある。こうすれば障がい者も、メニューを調べたり小売サイトを物色したりして、オンラインで注文することが可能だ。

スタートアップ企業のエビンストは、ウェブサイトを障がい者がアクセスしやすいものに改善しようとする企業を支援する事業を展開している。[7] かつてはこのような作業は、寄せ集めのツールを使い、コンサルタントの手を借りて手作業で行なっていたが、これでは規模を拡大できない。それに、当時使われていた自動アクセシビリティ評価ツールの多くは、嘆かわしいほどに性能が不十分で、大きな問題がまだたくさん残っているにもかかわらず高い評価をくだすこともあった。[8]

そこでエビンスト社は、ＡＩやコンピュータービジョンを使い、内部コードだけを評価するのではなく、実際にウェブページがどう見えているのかを考慮に入れた、新たな自動検査・検証ツールを開発した。例えば、視覚障がい者にはウェブページにドロップダウンメニューがあることもわからないかもしれない。そのためエビンストのツールは、JavaScriptを利用してブラウザにレンダリングされたコードの構文や機能を評価するのではなく、ウェブページに視覚デザインに基づいた部分があれば、そのページの意味構造モデルを生み出す。[9] マイクロソフトのベンチャー投資部門M12とキャピタル・ワン・ベンチャーズの出資を受けるエビンスト社は、新たなプラットフォームを構築したり、既存のプラットフォームのコンプライアンスを評価したりする他社に製品のライセンスを供与している。

万人向けにデザインされていないウェブサイトの問題に気づき、それに対処しようとする企業は、力を与える体験を消費者に提供するだけでなく、業績を大幅に向上させることもできる。調査会社フォレスター・リサーチの調査によれば、障がい者の年間可処分所得は、世界全体で1兆ドルに及ぶ。[10] さらに、障がい者の友人や家族は、アクセスのしやすさに配慮するブランドとの取引を好む傾向がある。それを考慮すれば、障がい者関連の可処分所得の規模は8兆ドルにまで上昇する。

従業員に主体性を与える

従業員体験も顧客体験とまったく同じように重要だ。ファストフード大手のマクドナルドは、その事実をよくわきまえており、従業員に職場体験を自由に管理できるようにしている。同社はアメリカ全土のドライブスルーに、デジタル注文端末を展開している。天候や日時、流行《はや》りの商品、顧客の購入履歴などをもとに、メニューやおすすめ商品をパーソナライズする機能を備えたシステムである。マクドナルドは従業員の手を借りて、このテクノロジーを顧客がより快適に利用できるようにしている。

　具体的に言えば、一元化されたデータに基づいてメニューを表示させるのではなく、それぞれの店舗の状況に応じてメニューの表示を変える権限を従業員に与えている。従業員は、生の来店者データや観察に基づいた知見をもとにピーク時を見きわめ、時にはおすすめメニューを変更してよりシンプルな商品の販売を促進し、従業員や店舗運営の負担を軽減している。一見するとこれは一般的なカスタマイズと変わらないように見えるかもしれない。だがマクドナルド社の場合は、個人（この場合は従業員）が顧客体験に積極的かつ必要な貢献をしている点が異なる。

　これは、ＡＩに仕事を奪われるという不安があることを考えれば、重要な戦略と言える。実際、マクドナルド社は繰り返しこう述べている。ＡＩ端末を展開しているのは従業員を大量に解雇するためではなく、裏方の従業員の地位を「コンシェルジュ」やテーブルサービスなどの顧客サービス担当にまで引き上げるためだ、と。

　マクドナルド社のこの取り組みは、一般的な規範からの変化が力強く進んでいることを物語っている。デジタル時代に入ると企業は、製品やサービスを提供するだけでなく、カスタマイズなどのテクノロジーサービスを構築し、顧客体験に付加価値を与えるようになった。だがそれにより企業は、いずれもが同じ狭い道にますます追い込まれていった。情報の活用力を高めるという名目のもと、知らず知らずのうちに従業員から権限を奪い取っていったのだ。しかし、体験で勝負するには顧客だけでなく従業員にも目を向けなければならない。マクドナルドのような企業は、それを理解していたと言える。

ムンタースも、従業員体験を再考した企業の一例である。[11] 同社は、工業・農業用にエネルギー効率のいい空気処理・冷却システムを製造しているが、パンデミックが発生すると、自社製品を利用している顧客の現場を訪れるのが難しくなった。そこで、ビュージックス・スマートグラスを利用した複合現実ツールを使い、自社のエンジニアがリモートでも、リアルタイムの動画や画像、身ぶりや手ぶり、実物などを通じて顧客とコミュニケーションがとれるようにした。このツールは、パートナー企業のＩＦＳクラウドがMicrosoft Azureを通じて提供するシステムにより、企業資源計画（ＥＲＰ）・資産管理システムにも接続できる。現在では、世界各地で働く２００人以上の同社のエンジニアが、このツールを利用している。

カナダの公共住宅機関であるカナダ抵当・住宅公社（ＣＭＨＣ）も同様だ。[12] ＣＭＨＣは、住まいは市民が社会に参加するための安定した基盤になるという信念のもと、２０３０年までにカナダの全市民が、自身のニーズを満たせる購入可能な住宅を手に入れることを目標としている。だが、１０００近いソフトウェア・アプリケーションから成る時代遅れのシステムのせいでデジタル時代に適応できず、従業員の能力も十分に発揮できないでいた。そこで同社は（アクセンチュアの支援を受け）、ビジネスとテクノロジーの改革に乗りだした。その結果を見れば、リプラットフォーミングやリフレーミングが顧客体験の向上をもたらすだけでなく、従業員にも価値ある体験をもたらすことがわかる。

例えば、縦割り構造を排除（商用業務と非商用業務との区分をなくすなど）したことで、全体的な顧客関係を追跡・把握できる従業員が増えた。その結果、顧客がＣＭＨＣを訪れた本来の目的とは異なる製品やサービスのほうが顧客の役に立つのではないかといった判断を従業員が行なえるようになった。また、住宅ローン保険の引受業務など、これまで手作業で行なってきた仕事に新たなプロセスを導入したことで、従業員はより協力的になり、十分な機動性を発揮できるようになった。従業員が自律的かつ柔軟にイノベーションや生産性の向上を推進することも可能になった。さらには、クラウドプラットフォームの新たなテクノロジーを取り入れたおかげで、顧客や住宅市場に関するリアルタイムの知見を入手できるようになった。

ＣＭＨＣの部門横断的な取り組みは、カナダ初の国家住宅戦略の一環として立ち上げられた13の新規住宅プログラムの支援にもつながった。中流階級を強化し、慢性的にホームレス状態にある人を半減させるこの取り組みを通じて、従業員は能力や権限を与えられただけでなく、やりがいという価値ある体験もした。この事実は、現代のテクノロジーが促進する意義ある体験の性質は、相互に重なり合う場合が多いことを証明している。

価値ある体験

作曲をしたり曲をプロデュースしたりするのに、正規の音楽教育を受ける必要はない。オープンＡＩが、人間と協力しながら音楽をつくるミューズネットというＡＩを開発しているからだ。まずは、ミューズネットに作曲の出発点となるサンプルデータや望みの音楽スタイル、楽器の好みなどを入力する。するとこのＡＩが、数千もの音楽ファイルから学んだ知識を利用して、曲の続きをどうすべきかを提案してくるので、人間がそれにフィードバックを行なう。このプロセスを繰り返しながら、新たな曲を生み出していくのである。

このようなＡＩとの共同作業（これは、ＡＩの訓練に使われた音楽を作曲したミュージシャンとの共同作業とも言える）は、若いミュージシャンに価値ある体験を提供する。自分の能力を拡張させ、このＡＩがなければ生み出せなかった楽曲を生み出すことができるからだ。この体験は、共同作業の楽しさをもたらすとともに、個人的な成長をも促す。

ハイブリッドな世界

２０２０年3月、任天堂の人気ゲーム機Switchが、前年比で2倍以上の売上を記録した。[13] 売上がこれほど驚異的な増加を示した一因は、癒やし系のゲームとして大人気となった『あつま

れ どうぶつの森』が発売されたことにある。仮想世界を探検するこのゲームは、新型コロナウイルスにより現実世界がますます危険なものになりつつあると感じていた多くの人々にとって、束の間の慰めとなった。世界的なパンデミックのさなか、自分で自由に制御できる空間や、没入できる穏やかな場所を提供したからだ。同様に、フィットネス講座のストリーミング配信サービスを展開するペロトン社も、２０２０年の間に１００万人を超える契約があり、売上が１７２パーセントも増加した。[14]

『あつまれ どうぶつの森』のような創造的なデジタル世界も、家庭でフィットネスの専門家の指導が受けられる複合現実の世界も、価値ある体験を提供する。例えばペロトン社は、デジタル世界と現実世界が交差するこうしたフィットネスには社交的要素が重要だと考え、利用者が受講中にほかの利用者の姿を見たり、競争している友人の様子を確認したりできるようにしている。[15] 同じくフィットネスのストリーミング配信サービスを提供しているオベ・フィットネス社も、過去2年の間に会員を急増させている。こちらは、講座の前後に利用者が集まって雑談することが可能で、受講後にそのまま利用者同士がリモートでカクテルパーティを開催したりする場合もある。[16]

ここで紹介した3社は、いずれも最新のアーキテクチャを利用して、デジタルまたはデジタルと現実のハイブリッドによる拡張可能な同時体験を顧客に提供している。ペロトン社やオベ・フィットネス社の場合、フィットネスの専門家がリアルタイムで顧客を指導するかたわら、顧客同士のコミュニティを育成している。ペロトン社は２０２１年前半、ＡＩ企業3社を買収し、スマートウェアラブル機器や音声アシスタント、対話型トレーニングマットなどを通じて顧客の日々のフィットネス体験をさらに高める能力を獲得した[17]。

人気シューティングゲーム『フォートナイト』を生んだエピック・ゲームズ社も、先進的なアーキテクチャを利用してシームレスなオンライン体験を顧客に提供していることで知られている。同社が開発した「アンリアル・エンジン」と呼ばれるプラットフォームを使えば、同時に８００万人以上のユーザーをサポートできる。さらに同社は、Amazon KinesisやApache Spark、Tableauといったツールを使い、毎分最大40ギガバイトものゲームデータをクラウドに送って解析を行なっている。このデータは、同社の数テラバイト規模のデータベースに追加され、顧客の行動や信頼感、満足度などに関する重要な知見を開発者に提供する。

アンリアル・エンジンは、ゲーム産業を超えて活用できる強力なツールであり、エピック・ゲームズ社の戦略の重要な一要素となっている。実際、建築設計事務所のヘルムース・オバタ・カッサバウム（ＨＯＫ）は、このエンジンを使って対話型設計サービスを生み出した。このサービスでは、さまざまな情報源からの要素を統合して、デザインがよりリアルに感じられる動的かつ没入的な環境を顧客に提供する。また、フィンランドの航空会社フィンエアーは、このエンジンを利用してヘルシンキ空港のデジタルツインを構築した。実物を正確に模したこのモデルは、地上スタッフ向けの状況認識訓練などで仮想現実体験を提供したり、機内スタッフに客室のレイアウトや重要な機能を教育したりするのに利用されている。[18]

同じような複合現実を活用して、衣料品小売店も仮想試着室の提供を始めている。アパレルメーカーのメンズ・ウェアハウスは、テキサス州シェナンドアやジョージア州ビュフォードに「次世代」店舗を開設した。この店舗にはＡＩシステムが導入されており、２枚の写真を撮影するだけで顧客のサイズを判断し、その上でさまざまな生地や多様なスタイルの組み合わせを視覚化してくれる。さらに、対話型タッチスクリーンが設置されており、顧客がそれを利用して店舗やオンラインの在庫から好きなスタイル、フィット感、色のアイテムを選べば、「仮想試着室」にアイテムを簡単に追加できるとともに、店員が実際の試着用にそのアイテムを持ってきてくれる。

同社の最高顧客責任者キャリー・アスクは言う。「メンズウェアの小売環境は急速に変化しつつある。その主導権を握っているのは、デジタルに接続された顧客です。彼らは大抵、デジタル環境と物理的環境に同時に関わり、両者の間を自由に行き来できる体験を期待している[19]」

現在では、プログラミングのスキルがなくても、自社のニーズに合った拡張現実世界を構築できる。技術系であろうがなかろうが、誰でもマウス操作だけでカスタムアプリをつくれるコード不要の開発プラットフォームがあれば、組織内の生産性が高まり、より多くの従業員が顧客体験のカスタマイズ性を高めるのに役立つコンテンツを大量に生み出せる。こうしたプラットフォームはまた、顧客が自分でアプリや体験をデザインあるいはパーソナライズするのにも役立つ。例えば、Amazon Sumerianを使えば、プログラミングや３Ｄグラフィックスの専門知識がなくても、拡張現実や仮想現実、３Ｄのアプリを構築できる。誰でも、教室や建物の案内といった没入型の環境や体験を生み出したり、そこに３Ｄの物体や動くキャラクターを配置したりできる。[20]

このようなツールを活用すれば、従業員も顧客も、自分の専門性（ＩＤＥＡＳのＥ）を直接活かして、高度にパーソナライズされた価値ある体験をつくりあげることが可能なのだ。

ニーズにマッチした体験

人間は道具の製作を始めて以来、道具を人間の身体やニーズにマッチさせ、できるだけ使いやすい便利なものにしようとしてきた。およそ３０００年前に書かれたホメロスの『オデュッセイア』にもすでに、古代世界全体を網羅する「仮想」の地図や航海図など、膨大なデータ記録にアクセス可能な集中管理システムに制御された船の記述がある。この船は、沈むことも朽ち果てることもなく、どんな嵐にも耐えられた。アルキノオス王の言葉によれば、自律的ではあるが、その船に乗る人間とも結びついていたこの船は、「われわれの考えや望みを理解」していたという。[21]

これは、来るべきものを見事に予言していたと言っていい。今では、自動車に組み込まれた

GPSや自動運転機能により、これまで以上に安全な長距離運転が可能になった。このような先進性は、もちろん進歩ではある。だがその一方で、乗り物酔いなど、人間に関わる課題を生み出してもいる。自動運転によりドライバーや乗客は、これまで運転にあてていた時間を読書などの活動にあてられるようになる。だが、道路の曲がりくねりに注意を向ける必要がなくなると、乗り物に酔う可能性が高まることはよく知られている。そこでボルボ社は、車が曲がったり加速したりする1秒ほど前に、乗客に音信号を伝える実験を進めている。その信号は、耳ざわりな声による指示とは違い、自動車のエンジン音に似せてある。これにより、車の動きの変化をそれとなく乗客に知らせ、乗客に姿勢を変えるよう促すのである。試験報告によれば、この音信号を使うと、酔いを感じる乗客の割合が減ったという[22]。

自動運転テクノロジーはいまだ初期段階にあり、車酔いなど小さな問題に見えるかもしれない。だがボルボ社は、こうした新たなテクノロジーは猛烈な抵抗にあう場合が多いため、わずかばかりの快適さを考慮するだけでも、受け入れを促す多大な効果があることに気づいている。これからは、ユーザーに合わせてデザインされたテクノロジーが人気を博することになるだろう。

ユーザーを熟知している

ショート動画プラットフォームのTikTokがこれほど爆発的にヒットした理由を考えたことが

あるだろうか？　その重要な鍵を握っているのが、レコメンドシステムである。親会社のバイトダンスが開発し、同社が生み出すほとんどのアプリに接続されているこのシステムのアルゴリズムは、Toutiao（今日頭条）を利用する数千万人のユーザーの行動をもとに構築されて以来、絶えずアップデートされている。ちなみにToutiaoとは、抖音《ドウイン》（中国でのTikTokの名称）のサービス提供が始まる数年前から中国で人気を博していたニュースアプリである。

　このレコメンドシステムは、休みなく稼働している。TikTokの動画の長さは15～60秒しかないので〔現在は3分までに延長されている〕、ユーザーは1時間に60～240本の動画を閲覧できる。一方YouTubeは、動画の長さが平均して5～8分あり、1時間に10本ほどの動画しか見られない。したがってTikTokのレコメンドシステムは、それだけ早く、多くのデータを入手できる。そのため、ユーザーによりふさわしい動画を紹介し、アルゴリズムのさらなる精緻化を図ることが可能なのだ。

　しかもこの動画には、透かしでロゴマークが入っており、InstagramやTwitterなどほかのソーシャルメディアで動画が共有されていたとしても、そのロゴマークを通じてユーザーをTikTokへ誘導するよう設計されている。[23]

　ユーザーを「熟知」しているレコメンドアルゴリズムは、ＩＤＥＡＳに基づいたテクノロジーを使って、ニーズにマッチした体験を生み出している一例に過ぎない。同様の例としてはほかに、質の高い会話をするチャットボットがある。調査によれば利用者は、あまりに聡明すぎるチャットボットには親しみを感じないが、あまりに頭が鈍すぎるチャットボットは利用する気になれないという。[24] 言い換えれば、利用者はチャットボットを、友好度と有能さという２つの面から判断している、ということだ（人間や企業に対する判断にも同じことが言える。詳しくは第７章を参照）。そのため設計者は、チャットボットにふさわしい設定を決める際に、ちょうどいいバランスを探らなければならない。

同じ調査ではまた、チャットボットを教育するために、設計チームにはさまざまな経歴を持つ人員を組み込んだほうがいいこともわかっている。例えば、口調の微妙な変化に気づいたり、話し方から個人の性格的な特徴を判断したりするのに熟達した作家や俳優などである。いずれは利用者自身が、チャットボットと対話を始める前に、会話レベルを好きなように設定・調整できるようになるかもしれない。

父親世代のミューザクとは違うBGM

映画など60本以上の作品のサウンドトラックを手がけた作曲家フィリップ・シェパードが、アップルの音声アシスタントSiriの開発に携わった人物とチームを組んで、あるＡＩソフトウェアを開発した。感情ＡＩのように感情を追跡するだけでなく、音楽で感情を高めるソフトウェアだ。それには、シェパードが作曲し、有名なロンドンのアビー・ロード・スタジオで一流の演奏家を使って録音された音楽素材が使われている。つまり、コンピューターにより生成された音ではなく、人間の演奏家が本物の楽器を使って演奏した音楽である。この音楽フレーズの断片をＡＩプラットフォームが処理して、聞き手の環境や入力条件に合わせた個別のサウンドトラックを生み出す。いわば、利用するたびに音楽が変わるサウンドトラックである。

　このソフトウェアを開発した元アップル幹部のトム・グルーバーは言う。「まだこのソフトウェアの仕組みを詳しく話すことはできないが、私たちは音楽を人間の感情に合致させる可能性を切り開きつつある。今は、人間がこれにどう反応するかといったデータを集めているところだが、これは初期段階のバイオフィードバック〔本人にはなかなかわからない身体の生理学的変化について、本人にわかる形でその情報を知らせること〕に相当する」[25]

　ライフスコアと呼ばれるこのシステム（社名も同じ）のソフトウェアと音楽素材は、クラウドで管理されている。そのため同社は、物理的な空間でも、デスクトップやモバイル機器などのハードウェア上でも、このサービスを展開できる。目的は、状況に合った音楽を使って自社の製品やサービスの質を向上させたいと考える企業に、このシステムをライセンス供与することにある。対象になるのは、ビデオゲーム会社や自動車メーカー、健康アプリやストリーミング配信サービスの企業などだ。例えば、ビデオゲームは大抵、ゲーム全体を通じてさまざまな音楽パターンが繰り返し利用されており、結果的に単調になっている。だがライフスコアを使えば、同じ音楽の繰り返しではなく、数千時間にわたりその場の感情にふさわしい音楽を生み出すことができる。

ライフスコアは決してミューザク（最近ではムードメディアと呼ばれる）ではない。ミューザクとは、何となく聞き覚えのある音楽に極めて低俗な甘ったるい編曲を施し、それをエレベーターや店舗などのＢＧＭとして提供する、古くからあるサービスを指す。ミューザクが、あらかじめ準備されたプレイリストで聞き手をリラックスさせる背景音楽だとすれば、ライフスコアは言わば、聞き手が自分の感情や環境を通じて自らつくりあげる前景音楽である。

ライフスコアが公の場で利用された初期事例の１つが、最近公開されてエミー賞を受賞した視聴者参加型ＳＦドラマ『アーティフィシャル』である。アマゾンの子会社が運営するライブビデオ配信サービスTwitchで放映されたこのドラマは、人間になろうとするＡＩの冒険物語である。視聴者は、このドラマの登場人物と直接対話して、ストーリーを変更したり、Ｑ＆Ａや投票などを通じて物語に積極的に参加したりする。特別エピソードでは、新たな登場人物を生み出すことさえあるという。

２０２０年5月に公開された第三シーズンではライフスコアが採用され、視聴者が共同で、音楽の情感や強度を変更できるようになった。ただし、視聴者が直接音楽に影響を与えられるわけではない。視聴者はいつものようにライブチャットに参加するだけだ。ライフスコアはそのチャットを見て、視聴者がどう感じているのかを示すキーワードを探し、視聴者が共有している感情に合わせて音楽を変える。したがって、ストーリーの展開により視聴者の感情が変われば、それに合わせて音楽も変化する。

ライフスコアは、このように集団のサウンドトラックとして利用できるだけでなく、個人のサウンドトラックとしても利用できる。物理的な環境の情報に合わせ、集中・リラックス・瞑想など、利用者を希望の状態にいざなってくれる。また、色・味・におい・触感などの入力条件に適応する製品向けに、物理空間やデジタル空間で没入型の音楽体験を生み出すこともできそうだ。あるいは、高速道路上での長時間運転で集中力が切れてしまいそうな時に、絶えず変化する音楽体験を提供して、ドライバーの意識を常に活性化させておく、といった用途にも利用できるかもしれない。

教育の規模を拡大する

スタンフォード大学で人気の高いオンライン講座の１つに、「コード・イン・プレイス（適切なプログラミング）」という講座がある。最近のある学期では、世界１４８カ国から１万２０００人以上が参加したという。そこで同大学の研究者は１つの試みとして、訓練の行き届いたＡＩを使って、受講生のプログラミングを評価させてみた。これまでのところ受講生たちは、このＡＩの評価を極めて好意的に受け止めている。スタンフォード大学の教授で、このシステムの構築にも携わったＡＩ研究者のチェルシー・フィンは、『ニューヨーク・タイムズ』紙にこう語っている。「現実世界で試してみたところ、期待以上の成果をあげている[26]」

このシステムが成功した一因は、当該講座に特化したデータ記録が豊富にあったからだ。この講座は10年以上前から、さまざまなプログラミング課題から成る中間テストを控えた受講生を数多く受け入れてきた。そのため同大学には、受講生が書いたコードやそれに対する講師の論評（人間が持つ専門性が反映されている）など、過去のデジタル記録が無数にある。それをＡＩの訓練に利用したのだ（最新の学期のプログラミング課題や論評も追加されている）。こうして２０２１年春には、ＡＩシステムが受講生に１万６０００件もの論評を提供した。しかも、受講生の97・9パーセントはそのフィードバックに満足しているという。人間の論評に対する受講生の満足度は96・7パーセントなので、わずかながらそれを上回ったことになる。

　これは、知的システムとデータが一体となり、受講生にも講師にも新たな体験を生み出した好例である。受講生は、これほど大規模な講座であれば通常は受けられない適切なフィードバックを受けられる。講師は、山のようなコードを評価するという大変な作業から解放される。この自動論評システムが人間の講師に完全に置き換わるとは思えないが、将来的には、構造化データさえ十分にあれば、さらに多くの受講生や学生に卓越した有益なサポートを提供するとともに、講師や教授の負担を軽減するほかのシステムも構築できるかもしれない[27]。

　スタンフォード大学のオンライン講座が、フィードバックの自動化により新たな地平を切り開く一方で、オンライン教育事業を展開するコーセラは、大量に蓄積したデータとＡＩを駆使して、教育機会の拡大を支援している。この教育ソフトウェア会社は、人間が持つ専門性とデータインテリジェンスを活用して、顧客である学生の学習方法の個別化を図っている。また、自動字幕機能や翻訳機能を向上させ、世界中のさまざまな人々が自社のサービスを利用できるようにしている。[28]

パンデミックが深刻化すると、世界中で教育がリモート化された。この突然の変化を受け、教師や教育機関、テクノロジー企業は、教育プラットフォームに組み込むべき最も重要な機能、最も人間性を活かせる機能とは何かを考えるようになった。手持ちのデータや教師の専門性、柔軟なプラットフォームに潜在的な力があることを認識している教育機関や企業は、競合する機関や企業を尻目に前進を続けており、優位な立場から未来のハイブリッド教育モデルを切り開こうとしている。

責任ある体験

インポッシブル・バーガーの研究者は、わずか5年前には実現不可能だと思われていた偉業を成し遂げた。肉とほとんど区別がつかない植物性のハンバーガーの開発である。その鍵を握るのは、大豆に由来するヘムを含むタンパク質だ。遺伝子操作した酵母に大豆のＤＮＡを挿入して、このタンパク質を生み出した。いわば、ハンバーガーを醸造したのである。だが、本物の肉のような食感や味を実現する際には、ＡＩに頼って無数の原料の組み合わせの中から最適な解決策を見出した。[29] ある研究者は、ＡＩの助けを借りて肉そっくりな味を再現するアプローチを、「５０００鍵もあるピアノを弾くようなもの」と表現している。[30]

極めて美味しい上に幅広く利用できる植物性の「肉」が普及すれば、社会に多大な影響をもたらす。その影響の１つが、世界的な炭素排出量の削減である。２０１９年の調査によれば、インポッシブル・バーガーは従来のビーフバーガーに比べてカーボンフットプリントが89パーセントも少ない。また、水の使用量を87パーセント、土地の利用面積を96パーセント、水質汚染のレベルを92パーセント削減している。[31]

持続可能性に情熱を燃やすインポッシブル・バーガーの取り組みを見れば、知能やデータ、専門性、戦略を個人のためだけでなく、相互につながり合った共通の生態系を守るといった大義のためにも利用できることがわかる。責任ある体験とは、収益だけでなくコミュニティや環境も強化する方向へと顧客を促すような、広範囲に利益を及ぼす体験と言える。今では多くの人々が、ブランドに対してそのような体験を求めている。実際、消費者の10人中８人は、従来の顧客体験以上に目的が重要だと考えている。[32]

よりよい世界に近づける

企業は長年の間、自社のデジタル環境と顧客との接点のデザインをわずかずつ変更して、ユーザーの行動を促す実験を行なってきた。例えば、ＡＢテスト〔一定期間にわたりウェブページの一部分を2パターン用意して、どちらがより効果が高かったかを検証するテスト〕を通じてさまざまなフォントを採用し、顧客の反応や満足度などの指標が上向くかどうか検証する、といった具合である。だが最近では、こうした「ナッジ」デザインをうまく活用して社会貢献活動を推進する企業が現れている。実際、Googleマップは間もなく、幅広く蓄積された地理データ（道路のタイプ、傾斜、渋滞状況）を利用して、ユーザーが最も環境に優しいルートを選べるようにする。その一環として、ニューヨークやロンドンでは、公共輸送機関のルートや自転車を利用するルートを強調表示するという。

Googleマップの運輸プロダクト責任者ラッセル・ディッカーは言う。「これは地球のためにもなるし、ドライバーがお金を節約するのにも役立つ。燃料を多く消費するルートを使えば、それだけガソリン代も高くつく[33]」

ツイッターも、「健全な会話」の推進を目的に、「ヒューマニゼーション・プロンプツ（人間性の促進）」という新たな機能の検証を進めている。この検証により、英語を母語とするアンドロイド・ユーザーのおよそ10パーセントが、自分がリプライするアカウントのユーザーと共通の関心を抱き、相互にフォローし合っていることが明らかになった。これはつまり、誰かと共通点があると実感すればするほど、その人に敬意を持って接するようになるということだ[34]。

一方、カーネギー・メロン大学では、プライバシーやデータの透明性向上を目指す研究者たちが、食品包装につける栄養ラベルと同じように、テクノロジーにラベルをつける運動を推進している。このラベルは、スマート冷蔵庫など、モノのインターネット（ＩｏＴ）を構成するデバイスに貼られる。デバイスのデータが誰にどのように使われるのかを消費者に伝えるためのラベルである。

　このラベルは、研究者やプライバシーの専門家の入念な検査を経て、ＩｏＴデバイスのメーカーや業界の標準化団体などに無料で提供され、製品のパッケージに貼るか、製品を販売するウェブサイトに表示する。このアイデアが好評を博すことになれば、その製品を利用することでどのようにデータが生み出され、どこへ流れるのかを消費者が理解しやすくなり、より詳しい情報に基づいた購入判断が可能になる。[35]

　だが、購入判断に必要と思われる情報をすべて確認できたとしても、購入した商品が気に入らないことはある。アマゾンやウォルマートなど大手オンライン小売業者は、返品処理の苦労をよく知っており、顧客にとってはより簡単な、企業にとってはより合理的な返品処理方法を絶えず模索している。例えば、アマゾン社もウォルマート社も、特定の商品に返品処理をする価値があるのかどうか、ＡＩを使って判断するシステムの実験を進めている。実際、極端に大きな商品や極端に小さな商品は、返品処理するだけの価値がないかもしれない。それらはむしろ、顧客に返品させないほうが、会社の資金や顧客の時間を節約できる。そうすれば、輸送や包装の手間が省け、カーボンフットプリントも減少する。顧客は、その気に入らない商品を寄付するなど、好きに処分すればいい。[36]

孤独を和らげる

　パンデミックが襲来するずっと前から、世界中の多くの人々が社会的孤立に苦しんでいた。ひきこもり、慢性疾患を抱える患者、介護施設の高齢者、自宅で一人暮らしをする高齢者など、孤独は現代世界に蔓延している。最近の調査によれば、社会的孤立は喫煙や肥満、運動不足並みに、寿命を縮める危険性があるという。実際、孤独に陥ると、認知症になるリスクが50パーセントほど高まる。また、心不全の患者が死亡するリスクが4倍も増大する。[37]

　そのため今では、多くの国で孤独を解消するテクノロジーを提供する産業が小規模ながらも成長を見せているが、これはなかなか対処が難しい問題である。ある企業は、パロというアザラシのぬいぐるみの形をした対話型ロボットを提供して、家族やコミュニティの代わりに高齢者や孤立した人々を支援している。確かに、こうしたテクノロジー製品では孤独の問題を完全には解消できないとしても、これらの製品はユーザーにプラスの効果をもたらすことが証明されており、これまで何の対処もされてこなかった人々に一種の慰めを提供している。[38]

　あるプロジェクトでは孤独を和らげるため、テクノロジーを活用して高齢者を若い世代や遠い未来の人々につなげる取り組みを行なっている。そのテクノロジーとは、スウェーデン最大のエネルギー企業ストックホルム・エクセルギーとアクセンチュアが共同で開発した「メモリー・レーン」である。これは、グーグルの音声アシスタントを使った対話型ＡＩシステムで、ユーザーに自分の物語を語るよう促し、それを記録すると、物理的な本やポッドキャストとして、ほかの人や将来世代の人々にその物語を伝える。訪ねてくる人がほとんどいないような人でも、驚くほど使い勝手のいいＡＩシステムと会話するだけで、ある程度の慰めを見出せる。

ストックホルムでは、25万人以上の住民が深刻な孤独に苦しんでいる。そのため、ストックホルムでの小規模な予備研究のために、２年の歳月をかけてメモリー・レーンのＡＩが開発された[39]。このＡＩは、ユーザーに個人的な質問をいろいろと行ない、その答えの中から相関関係を導き出し、それに基づいて次の質問を行なう。そして毎日過去の会話を分析して話題の核心を突き止め、記憶グラフをつくりあげる。これはいわば、ユーザーの記憶を仮想的に構造化したものである。

このシステムのねらいは、ユーザーの健康や生活の質を向上させるだけでなく、このシステムがなければ失われてしまうかもしれない物語を、個人を超えて将来世代につないでいくことにある[40]。

人間の旅路

メモリー・レーンのプロジェクトは、本章で解説した４種の体験すべてを網羅している。このシステムは、ユーザーに自分の物語を伝える「力を与える」。そのような行為は、ユーザー自身にも、それを聞いたり読んだりする人々にも「価値がある」。対話型ＡＩは言うまでもなく、ユーザーに興味や交友をもたらし、個人の物語を引き出すという「ニーズにマッチ」している。そしてさらに、個人の健康を維持し、コミュニティの構築を支援するという「責任」を果たすために構想・導入されている。

このような幅広い人間性に満ちた体験は、未来のあるべき姿を指し示している。本書全体を通じて述べてきた人間の本質に迫る革新的なテクノロジー革命を利用すれば、そこにたどり着ける。

そのためには、単純だが徹底した考え方の変化が必要だ。先進的な企業は、「顧客の旅路《カスタマージャーニー》」だけでなく、従業員も含めた人間の生涯にわたる旅路に目を向けなければならない。その旅路の中で人間は、力を与える体験、価値ある体験、ニーズにマッチした体験、責任ある体験などを求めている。この幅広い文脈において重要かつ優れた体験を提供できれば、その企業は、顧客や従業員の人生にとって欠かせないものになる。その結果、有意義な差別化を図り、成長を維持し、想像力に欠ける同業者を引き離すことが可能になる。

この人間の旅路は、それ以上に大きな文脈とも関係している。それが、次章で取り上げる持続可能性である。持続可能性は、地球上のあらゆる人々に影響を及ぼすなど、地球全体にかかわる問題であるため、本書で考察する差別化要因としては最も重要なものと言えるかもしれない。だがありがたいことに持続可能性は、ＩＤＥＡＳの活用が大いに期待できる領域でもある。

【注】

(1) Liz Stinson, "A Coffee Cup Designed to Let Astronauts Sip Espresso in Space," *Wired*, January 27, 2015, https://www.wired.com/2015/01/coffee-cup-designed-let-astronauts-sip-espresso-space/.

(2) Baiju Shah, Lisa De Bonis, Flaviano Faleiro, and Nevine El-Warraky, "Growth: It Comes Down to Experience," Accenture, 2020, https://www.accenture.com/_acnmedia/Thought-Leadership-Assets/PDF-3/Accenture-Interactive-Business-of-Experience-Full-Report.pdf#zoom=50.

(3) Shah et al., "Growth: It Comes Down to Experience."

(4) Shah et al., "Growth: It Comes Down to Experience."

(5) Shiho Takezawa, "Car Crashes in World's Oldest Nation Spur Changes by Automakers," Bloomberg, January 18, 2021, https://www.bloomberg.com/news/articles/2021-01-18/automakers-redesign-cars-for-millions-of-aging-drivers-in-japan.

(6) *See*, official trailer, aired September 10, 2019, on Apple TV+, https://www.youtube.com/watch?v=03RAKJipMeM.

(7) Katie Deighton, "Evinced, a Web Accessibility Startup, Raises $17 Million," *Wall Street Journal*, February 3, 2021, https://www.wsj.com/articles/evinced-a-web-accessibility-startup-raises-17-million-11612353609.

(8) Manuel Matuzovic, "Building the Most Inaccessible Site Possible with a Perfect Lighthouse Score," Matuzo.at, May 31, 2019, https://www.matuzo.at/blog/building-the-most-inaccessible-site-possible-with-a-perfect-lighthouse-score/.

(9) Marcy Sutton, "Evinced Is Pushing the Limits of Automated Accessibility Testing," Marcy Sutton.com, February 1, 2021, https://marcysutton.com/evinced-automated-accessibility-testing.

(10) Katie Deighton, "Evinced, a Web Accessibility Startup, Raises $17 Million," *Wall Street Journal*, February 3, 2021, https://www.wsj.com/articles/evinced-a-web-accessibility-startup-raises-17-million-11612353609.

(11) Shah et al., "Growth: It Comes Down to Experience."

(12) Shah et al., "Growth: It Comes Down to Experience."

(13) Tom Huddleston Jr., "How 'Animal Crossing' and the Coronavirus Pandemic Made the Nintendo Switch Fly Off Shelves," CNBC, June 2, 2020, https://www.cnbc.com/2020/06/02/nintendo-switch-animal-crossing-and-coronavirus-led-to-record-sales.html.

(14) Jordan Valinsky, "Peloton Sales Surge 172% as Pandemic Bolsters Home Fitness Industry," CNN Business, September 11, 2020, https://www.cnn.com/2020/09/11/business/peloton-stock-earnings/index.html.

(15) Jono Bacon, "The Five Ways Peloton Weave Community and Content Beautifully," *Forbes*, December 6, 2018, https://www.forbes.com/sites/jonobacon/2018/12/06/the-five-ways-peloton-weave-community-and-content-beautifully/?sh=45203576b59.

(16) Ann-Marie Alcántara, "Fitness Platform Obé Rolls Out Workout Parties for Remote Friends," *Wall Street Journal*, December 3, 2020, https://www.wsj.com/articles/fitness-platform-obe-rolls-out-workout-parties-for-remote-friends-11607034060.

(17) "Peloton Breaks Out Checkbook for AI, Hardware Acquisitions," PYMNTS.com, March 22, 2021, https://www.pymnts.com/news/partnerships-acquisitions/2021/peloton-artificial-intelligence-hardware-acquisitions/.

(18) Paul Daugherty, Marc Carrel-Billiard, and Michael Biltz, "We, the Post-Digital People," Accenture, 2020, p. 39, https://www.accenture.com/_acnmedia/Thought-Leadership-Assets/PDF-2/Accenture-Technology-Vision-2020-Full-Report.pdf.

(19) Tess Stenzel, "Men's Wearhouse Opens a Newly Designed Modern Retail Experience," *Fashion United*, February 4, 2021, https://fashionunited.com/news/fashion/men-s-wearhouse-opens-a-newly-designed-modern-retail-experience/2021020437897.

(20) Daugherty et al., "We, the Post-Digital People."

(21) Adrienne Mayor, *Gods and Robots: Myths, Machines, and Ancient Dreams of Technology* (Princeton University

Press, 2018), 151.

(22) Katie Deighton, “Volvo Aims to Ease the Queasiness of Riding in Self-Driving Vehicles,” *Wall Street Journal*, February 10, 2021, https://www.wsj.com/articles/volvo-aims-to-ease-the-queasiness-of-riding-in-self-driving-vehicles-11612970951.

(23) Azeem Azhar, “TikTok’s Atmospheric Growth: Kim Stanley Robinson on Climate & China’s Area 51 ++ #330,” Exponential View, July 11, 2021, https://www.exponentialview.co/ev-330/.

(24) Cheryl Winokur Munk, “Consumers Like Chatbots to Be Smart—but Not Too Smart,” *Wall Street Journal*, May 21, 2021, https://www.wsj.com/articles/chatbot-consumers-smart-11621535198?mod=djemCXO.

(25) Remus Noronha, “‘Artificial’: LifeScore’s Tom Gruber Hints at Possibility of Music ‘Adapting to Human Signals,’” Media Entertainment Arts WorldWide, May 29, 2020, https://meaww.com/artificial-remote-intelligence-tom-gruber-lifescore-siri-twitch-adaptive-music-exclusive-interview.

(26) Cade Metz, “Can A.I. Grade Your Next Test?” *New York Times*, July 20, 2021, https://www.nytimes.com/2021/07/20/technology/ai-education-neural-networks.html.

(27) Metz, “Can A.I. Grade Your Next Test?”

(28) Shravan Goli, “Announcing New Products, Tools, and Features to Support Learners, Educators, and Institutions with Their Rapidly Evolving Teaching and Learning Needs,” Coursera, April 19, 2021, https://blog.coursera.org/announcing-new-products-tools-and-features-to-support-learners-educators-and-institutions-with-their-rapidly-evolving-teaching-and-learning-needs/.

(29) Kamal Rawal, “Artificial Intelligence in ‘Artificial’ Meat Burger—Precision Foods,” LinkedIn, June 14, 2014, https://www.linkedin.com/pulse/artificial-intelligence-meat-burger-precision-foods-kamal-rawal.

(30) Nathalie Olof-Ors, “AI Beefs Up Veggie Burgers as Market Booms,” Phys Org, July 14, 2021, https://phys.org/news/2021-07-ai-beefs-veggie-burgers-booms.html.

(31) “Impossible Burger Has 89% Smaller Carbon Footprint than Beef,” Vanderbilt University, March 29, 2019, https://www.vanderbilt.edu/sustainability/2019/03/impossible-burger-has-89-smaller-carbon-footprint-than-beef/.

(32) Rachel Barton, Jürgen Morath, Kevin Quiring, and Bill Theofilou, “Generation P (urpose): From Fidelity to Future Value,” Accenture, 2021, https://www.accenture.com/_acnmedia/PDF-117/Accenture-Generation-P-urpose-PoV.pdf#zoom%3D40.

(33) Ann-Marie Alcántara, “Google Maps to Add a Greenest Route to Its Driving Directions,” *Wall Street Journal*, April 23, 2021, https://www.wsj.com/articles/google-maps-to-add-a-greenest-route-to-its-driving-directions-11619197255.

(34) Jack Morse, “Twitter Tests ‘Humanization Prompts’ in Effort to Reduce Toxic Replies,” Mashable, December 17, 2020, https://mashable.com/article/twitter-humanization-prompts.

(35) Cheryl Winokur Munk, “Imagine a Nutrition Label—for Cybersecurity,” *Wall Street Journal*, December 8, 2020, https://www.wsj.com/articles/imagine-a-nutrition-labelfor-cybersecurity-11607436000.

(36) Suzanne Kapner and Paul Ziobro, “Amazon, Walmart Tell Consumers to Skip Returns of Unwanted Items,” *Wall Street Journal*, January 10, 2021, https://www.wsj.com/articles/amazon-walmart-tell-consumers-to-skip-returns-of-unwanted-items-11610274600.

(37) “Loneliness and Social Isolation Linked to Serious Health Conditions,” Centers for Disease Control and Prevention, April 29, 2021, https://www.cdc.gov/aging/publications/features/lonely-older-adults.html.

(38) Mathias Rosenzweig, “Boyfriends for Rent, Robots, Camming: How the Business of Loneliness Is Booming,” *Guardian*, November 1, 2020, https://www.theguardian.com/society/2020/nov/01/loneliness-business-booming-pandemic.

(39) Larry Dignan, “Accenture Interactive, Stockholm Exergi Aim to Combat Elderly Loneliness with AI,” ZDNet, April 30, 2019, https://www.zdnet.com/article/accenture-interactive-stockholm-exergi-aim-to-combat-elderly-

loneliness-with-ai/.

（40）"Making Stockholm Warm with Compassion and Purpose," Accenture, n.d., https://www.accenture.com/us-en/case-studies/interactive/memory-lane-conversational-ai-solution.

第9章 持続可能性――惑星「ＩＤＥＡＳ」

ＩＤＥＡＳが持つ人間の本質に迫る革新的な性質は、持続可能性へと集約される。持続可能性はいわば、この地球やそこに暮らす人々の存亡をかけた闘いであるという意味で、何よりも人間的な性質を持つ。この最大の難題に取り組むにあたって、機械学習やその関連テクノロジーは多大な可能性を秘めている。だがその一方で、デジタルテクノロジーには環境に対する負の側面もある。例えば、単一ＡＩモデルを訓練すると、一般的な乗用車5台が寿命を迎えるまでに吐き出すのと同等の量の炭素を排出する。[1]そのため企業は、損失が利益を上まわらないようにするため、この現実にただちに対処する必要がある。

つまり企業は、二重の目標を採用しなければならない。持続可能性を促進する新たなソリューションを生み出す強力なツールとしてテクノロジーを利用しつつ、テクノロジーそのものの持続可能性を向上させていくのである。

私たちが暮らすこの惑星のためにリビングシステムを

最近では、環境や気候にかかわるありとあらゆる現象（海洋温度、降雨パターン、貨物船から出る煤煙や硫酸塩が雲に及ぼす影響など）の監視・分析に、クラウドの巨大なコンピューティング能力やエッジ・テクノロジーの幅広いネットワークが活用されている。[2] 例えばアマゾンウェブサービス（ＡＷＳ）は、土壌データ分析や海洋保全、森林保護などさまざまな気候関連プロジェクトに機械学習サービスを提供している。[3] SageMakerを使えば、ＡＩの訓練を受けていない専門家でも、特殊性の高い持続可能性プロジェクトに機械学習の力を利用できる。また、リモートセンサーなどのエッジ・テクノロジーを利用すれば、水質汚染や森林破壊、環境規制に違反する漁業行為を繰り返す「闇船団」を追跡できる。[4]

これらのテクノロジーは今や、動的なリビングシステムに統合されつつある。境界がなく、適応性が高い、人間の本質に迫る革新的なアーキテクチャを備えたシステムである（第４章参照）。人間を大幅に介在させたこのシステムは、人間やその居住環境、あらゆる分野の企業の存続を脅かす無数の環境問題への取り組みに利用されつつある。

自動車メーカーのポルシェ、アウディ、フォルクスワーゲンは、早期警戒ＡＩシステムを駆使して、直接関係のあるパートナー企業やサプライチェーンの末端で環境汚染、人権侵害、不正行為などの持続可能性リスクがないかどうかを確認している。[5] オーストリアのスタートアップ企業プレウェーブが開発したアルゴリズムを使い、１５０を超える国、50以上の言語で公開されているメディアやソーシャルネットワークを識別・解析し、サプライチェーンに持続可能性リスクの兆候があれば、それを通知する。通知を受けた企業は、その状況を綿密に調べた後に、何らかの措置を講じるべきかどうかを判断するのである。

２０２０年10月に試験的なプロジェクトを始めて以来、前記3社は５０００以上のキーワードを解析しながら、４０００を超えるサプライヤーに目を光らせている。このシステムは軽視できない潜在能力を秘めている。というのも、一般的な多国籍企業のサプライチェーンは、企業がすべての作業を直接担っている場合に比べ、５・５倍も多くの炭素を排出しているからだ。[6]

非営利団体のワールド・モスキート・プログラム（ＷＭＰ）も、クラウドとＡＩを活用して、デング熱やジカ熱、チクングンヤ熱、黄熱病など、蚊が媒介する病気から世界中のコミュニティを守ろうとしている。同団体は、オーストラリアのモナシュ大学の研究者が開発した技術を使って、これらの病気が発生しやすい地域の蚊にボルバキアという細菌を感染させ、病気の蔓延を防いでいる。[7]

だが、ボルバキアを感染させた蚊をどこにリリースすればいいのかを判断するには、無数の情報資源が必要だ。適切なモデルがなければ、人間の居住地域から外れてしまったり、保護区域に蚊をリリースしたりすることにもなりかねない。そこでＷＭＰは、この重要なプロセスにMicrosoft Azure の機械学習サービスを利用している[8]。

その目的は、わずか１００平方メートル単位で、極めて効果の高いリリースポイントを複数特定することにある。まずは高解像度の衛星画像を収集して、それをMicrosoft Azure上に構築されたパイプラインに送り、そこでモデルを訓練し、影響が及ぶ範囲を分析し、グリッド地図を作成する。こうして加工され、パイプラインから提供された地図を見れば、建物がある区域を確認して人間の居住地域を特定し、空間関係を把握することが可能になる。このモデルを使えば、これまで2〜3週間かかっていたプロセスがわずか1日で終わり、ボルバキアを蚊に感染させる作業の効率性を高めつつ、コストを下げることができる。

また、グレンコアやリオティントといった企業は、デンドラ・システムズ社の助けを借りて生態系の回復を試みている[9]。このシステムでは、スウォームテクノロジーを採用したドローンを使い、回復すべき地域を1平方インチ〔1インチは約2・5センチメートル〕ごとに調査して、浸食傾向などのデータを集める。そのデータをもとに、企業の生態学者やＡＩがどんな播種プランを進めるべきかを判断し、回復すべき土地に播種ドローンで種をまくのである。このドローンは、最大53種の種を1日で4億２０００万個以上まくことができる。手作業で種まきをするよりもはるかに速く正確な上、人間の靴や車両によって生態系がダメージを受けるおそれもない。

さらに、主要カカオ生産地域の森林破壊防止を目指すさまざまな関係者の協調的取り組みを見てみよう。カカオ農家による原生林の伐採は、温室効果ガスの著しい増加を引き起こしている。だが、カカオ農家が既存の土地で最大の収量を達成できるよう支援すれば、森林破壊を防ぐ一助になる。そこで、レインフォレスト・アライアンスとグラミン財団が共同で設立したファームグロウが、アンドロイドベースの意思決定プラットフォームを通じてカカオ農家を支援している。農家の生産性や長期的な持続可能性の向上を支援するプラットフォームである。

菓子メーカーのマースや世界的なカカオ商社のトゥートンは、真っ先にファームグロウ社のプラットフォームを採用した。M&M'Sやスニッカーズ、マースバーなど、世界的に有名な菓子ブランドのメーカーであるマースは、２０２５年までに森林を破壊しないカカオのサプライチェーンを構築すると公約している。[10] コートジボワール、ガーナ、インドネシア、ブラジル、カメルーン、エクアドルなどカカオを調達しているあらゆる国で、農家レベルに至るまでサプライチェーンを１００パーセント精査し、リスク評価計画や行動計画を作成するという。

企業の現場チームは、ファームグロウ社のプラットフォームを使ってカカオ農家それぞれに合わせた指導を行なう。農家が最適な投資を行ない、作物管理に関する情報を共有し、収穫高を増やしていけるよう支援するのである（こうしてシステムに人間を介在させている）。この取り組みにより、マース社は２０１９年末までにガーナの農家のほぼ１００パーセント、コートジボワールの農家の62パーセントを調査して、同社が調達しているカカオの追跡を大幅に進展させた。トゥートン社もガーナの４５００軒以上の農家に接触しており、そのうちの１６５０軒がファームグロウ社のプランを採用して効果をあげたという。

　ファームグロウ社のプラットフォームは、オランダを拠点とする企業サテリジェンスが供給する情報を利用している。リモートセンサーと衛星画像とクラウドベースのＡＩを組み合わせたテクノロジーを提供している同社は、持続可能な農業生産と森林破壊ゼロ、動植物絶滅ゼロ、炭素排出ゼロの実現を目的に２０１６年に設立された。だが、衛星でどう森林破壊を「確認」するのか？

　同社の事業責任者レンス・マセリンクは、その仕組みをこう説明する。[11] まずは衛星が、雲越しに地表面の画像を作成し、それをレーダー信号に変換する。その信号は、森林伐採地域よりも森林地域のほうが強度が高くなる。そのデータをもとに、ヴァーヘニンゲン大学と共同で開発したアルゴリズムを使って、特定地域の森林が伐採されている確率を計算し、繰り返しその確率を「積み重ねる」ことで、森林破壊に関するより精度の高い情報を入手するのである。

　同社が農産物関連の森林破壊を監視している領域は、およそ３００万平方キロメートルに及び、衛星画像の１ピクセルが１００平方メートルに相当する。となると、30億以上のピクセルをほぼリアルタイムで処理しなければならないことになる。そのためこの処理は、サテリジェンス社が開発した処理エンジンを使い、主要クラウドプロバイダーのもとで行なわれる。このエンジンは、膨大な量のデータを効率的に処理し、そこから実用的な情報を導き出す。それにより顧客企業は、地球上のどこであろうと、自社のサプライチェーンで何が起きているのかをただちに把握できる。

この処理エンジンは、〝リビングシステム〟の名にふさわしく、高い柔軟性も備えている。顧客企業から新たな監視地域を追加したいという要望があれば、即座に対応できる。さらに、サテリジェンス社のデータサイエンスチームやエンジニアリングチームが新たなアルゴリズムを絶えず開発して処理エンジンに実装し、樹齢や炭素貯蔵量、焼失面積、収穫業績指標などに関する新たなサービスを生み出している。

これらのシステムにより、持続可能性に関する貴重な情報が明らかになれば、企業はこれまで以上に、持続可能性に関する業績を詳細かつ正確に開示するよう求められることになる。イギリスでは２０１９年、地理空間データを解析してインパクト投資〔慈善活動と利益獲得の双方を目標とする投資〕の判断に利用する方法を模索する「空間ファイナンス・イニシアティブ」が設立された。小型衛星とドローンを駆使して地球上のあらゆる地点の高解像度画像を毎日撮影し、そのデータをＡＩに読み取らせて解釈させるのだ。[12] このテクノロジーを使えば、投資家は世界各地で複雑かつ大規模な事業やサプライチェーンを展開している企業などが環境にどんな影響を及ぼしているのかを、かつてないほど詳細に把握できる。

生態系への脅威が日増しに明らかになっているこの時代には、環境問題にほとんど関心がない投資家でさえ、持続可能性に関する指標に細心の注意を払う。したがって企業は、かつてないほどの具体性や透明性を提供できるリビングシステムを構築する必要がある。

テクノロジーによる持続可能性の向上

よく言われているように、持続可能な開発のための２０３０アジェンダの期限まで、あと10年もない。国連の全加盟国により２０１５年に採択されたこのアジェンダでは、17の持続可能な開発目標（ＳＤＧｓ）を設定し、先進国にも開発途上国にも、貧困の撲滅、健康や教育の向上、不平等の解消、経済成長の促進、気候変動への対処、世界の海洋や森林の保護に向けて早急に行動するよう求めている。[13]また、２０２１年にグラスゴーで開催された第26回気候変動枠組条約締約国会議では、いまだ達成されていないパリ協定の目標を、さらなる切迫感を持って達成すべきだとの文言が合意書に追加された。

この野心的な目標を達成するためには、循環経済を生み出し、製品やサービスをライフサイクル全体にわたって管理し、都市を生態系に配慮したものに変え、相互に依存し合う複雑な生態系を修復・保護していく新たな方法が必要だ。この変化を加速するために利用できる手段の１つが、デジタルツインである。

デジタルツインは、車や都市、人間の心臓など、複雑なシステムをモデル化し、その機能を正確にシミュレーションするために利用される。これを使えば、仮想モデルから一足飛びに、当面の問題に対するソリューションを生み出せる。これまでであれば、プロトタイプを作成してデザインやシステムを徐々に改善していくのに年単位の時間がかかったが、それほどの時間をかけなくてすむのである。

企業がデジタルツインを利用すれば、運営コストや利用資源、カーボンフットプリントを削減することも、業界を一新するイノベーションや機敏かつ顧客中心的な循環型ビジネスモデルを構築することもできる。都市計画担当者がデジタルツインを活用すれば、交通やごみ処理、公園の管理など、複雑な都市システムを調整し、効率性や持続可能性を向上させられる。気候学者がデジタルツインを採用すれば、無数の要素がどのような相互作用により気候変動を引き起こしているのかを理解し、早急に必要な措置を特定することが可能になる。

例えば、シンガポール政府はバーチャル・シンガポールを構築している。これは、リアルタイムの高品質データに基づいた、シンガポールの都市のデジタルツインである[14]。公共機関やセンサーから収集した画像やデータの高度な分析から生まれたバーチャル・シンガポールは、都市のあらゆる変動要素を仮想的にリアルタイムで整合させることを目的としている。都市計画担当者がこれを利用すれば、人口の増加、資源の管理、公共イベント、建築パターンなど、あらゆるテーマについて考え得るさまざまな反応を検証し、最も安全で有意義な体験を生み出す選択肢を実行に移すことができる（その中には持続可能性に関する取り組みも含まれる[15]）。

一方、欧州連合（ＥＵ）は、地球のデジタルツイン構築に取り組んでいる。デスティネーション・アース（DestinE）と呼ばれるこのプロジェクトは、地球の物理的資源のモデル化を目指している[16]。それはいわば、地球環境のさまざまなサブシステム（天気や気候、食糧や水の安全保障、海洋の循環、海洋の生物地球化学など）のデジタルツインを統合し、各種データや先進的なコンピューティングインフラ、ソフトウェア、ＡＩアプリケーション、解析技術にアクセスできるようにした、クラウドベースのモデル化・シミュレーション連合プラットフォームである。これを利用すれば、テーマごとの情報、サービス、モデル、シナリオ、シミュレーション、予測、視覚化データにアクセスして、持続可能性の高い開発を可能にする措置を検証することが可能だ。

ビジネスの世界でも、デジタルツインはデザインの選択肢を豊かにし、ラピッド・プロトタイピングを可能にするだけではない。生産プロセスの効率化、品質の向上、事業成績や資産の廃棄方法の改善、製品寿命の延長、サプライチェーンに関するシナリオ立案能力や弾力性の強化を支援するなど、循環性の高い経済に貢献できる。実際、世界の一流電気自動車メーカーのすべて、および一流医薬品メーカーの90パーセントが、デジタルツインを使ったソリューションを採用している。だが、世界の民間・公共組織の大半がいまだ、このソリューションを大規模に展開するどころか、試験的に導入することさえしていない。デジタルツインは、事業の面でも持続可能性の面でも業績を向上させていく大きな可能性を秘めている。それを考えれば、この現状は残念でしかない。

そこでアクセンチュアは、デジタルツインにどれだけの可能性があるのか具体的に明らかにするべく、現実世界のデジタルツインを顧客に提供している大手企業ダッソー・システムズと協力して、デジタルツインの潜在能力を検証してみることにした。デジタルツインには、炭素排出ゼロの循環経済に必要な新たな製品やサービスを設計・提供する力があるのか？　それを証明するため、２０３０年までに持続可能性に与える影響（温室効果ガスの排出量を減らし、環境の持続可能性を向上させられるか）について、５種の産業でそれぞれのユースケースを量的に評価したのである。[17]

この評価では、建築産業、消費者向け包装製品産業、運輸産業、生命科学産業、電気・電子産業でデジタルツインのユースケースを検証した。その結果を分析してみると、これら5種のケースだけでも、２０３０年までに経済的価値が合計で1兆３０００億ドル分も増える一方で、7・5ギガトン相当の二酸化炭素の排出を削減できることがわかった。例えば、商用・居住用の建物は現在、世界のエネルギーのおよそ40パーセント（世界の電気の60パーセント）、世界の水の25パーセントを利用している。その結果、これらの建物が世界の温室効果ガス排出のおよそ3分の1を占めている。[18]

だが、より幅広いスマートシティ計画の一環として、実績ある市販のデジタルツイン・テクノロジーを採用すれば、建物のエネルギー消費を30～80パーセント削減できる。この評価ではまた、２０２０年から２０３０年までの間に世界で建設される新たな建物にデジタルツインを導入すれば、建物の運営費用を２８８０億ドル、二酸化炭素の排出量を６・９ギガトン削減できることも明らかになった。

デジタルツインにＡＩを組み合わせれば、まったく新たな、知的で柔軟性の高い製品デザインが可能だ。製品開発の場を、サプライチェーンや顧客に近づけることもできる。さらに、新たな創造性の獲得により効率が高まり、設計や製造のサイクルが年単位から週単位に短縮される。例えば、フォルクスワーゲンはオートデスクが提供するＡＩジェネレーティブデザイン・システムを使い、環境に配慮した、同社を象徴するワーゲンバスの軽量版を開発したが、通常なら1年半かかるこのプロセスを、わずか数カ月で終えたという。[19]

こうした実験的事例を見れば、アクセンチュアの調査で以下のような結果が出た理由も理解できる。アクセンチュアが世界の企業のＣＥＯを対象に調査したところ、53パーセントのＣＥＯが、どのテクノロジーを使えば持続可能性を高めていけるのかわからないと言いながらも、44パーセントのＣＥＯが、デジタルツイン・テクノロジーが今後5年の間に業界の持続可能性に重大な影響を与えると考えていたのだ。

しかし、デジタルツインにこうした利点やさまざまな取り組みがあるにせよ、持続可能性の運命を最終的に決めるのは人間である。同じオートデスクがスミソニアン協会と協力して実施しているプロジェクトは、その点を重視している。[20] このプロジェクトでは、米国のスミソニアン博物館の中の歴史ある芸術産業館での展示を通じて、コミュニティがデジタルツインを利用してどのように持続可能性の高い都市をデザインしていけばいいのかを実証している。目指すところは、バーチャル・シンガポールと同じだ。

「未来のコミュニティ」と題された対話型展示を訪れた人々は、高性能ＡＩの助けを借りて、互いに協力しながら都市の一区画を一からデザインする。参加者はチームを組んで、建物や公園など、都市を構成するさまざまな地物の仮想モデルを直接手作業で、デザイン空間に配置していく。個々のメンバーが小型スクリーン上で行なった変更は、チームが生み出しつつある仮想都市全体を表示する大型スクリーンにリアルタイムで反映される。するとＡＩは、そのチームによるデザインを検討して、もっと効率性や持続可能性の高いほかの選択肢を提案する。

だがこの都市デザイン体験には、現実世界を真似た極めて人間的な趣向がある。チームのメンバーが、さまざまな立場の役割を演じるのである。それぞれのメンバーの優先事項には、ほかのメンバーの優先事項と相容れないものがあるかもしれない。例えば、あるメンバーは環境への影響を重視し、別のメンバーは利便性の良さを重視し、また別のメンバーは公共交通機関を重視する、といった具合である。チームは最終的に、こうした意見の相違をまとめるのに役立つＡＩの提案を考慮しながら、誰もが受け入れられる解決策を見出さなければならない。そのためには、メンバーがうまく協力する必要がある。芸術産業館のクリエイティブメディア担当責任者ブラッド・マクドナルドは言う。「この展示の狙いは、テクノロジーにより暮らしを改善していく方法を探ることにある[21]」

内燃機関時代の終わり？

大気環境汚染は、脳卒中、心疾患、肺がん、慢性呼吸器疾患を引き起こし、年間推計４２０万人もの命を奪っている。[22] 現在、世界人口のおよそ91パーセントが、大気汚染レベルが世界保健機関（ＷＨＯ）の基準値を超える場所で暮らしている。この大気汚染の重大な要因の1つが、内燃機関である。そのため、命を救うという点で、この内燃機関を段階的に廃止することこそが、自動車産業が担い得る最も人間的な方向性だと言える。

自動車メーカーは、10年以上前から電気自動車に取り組んできた。電気自動車に特化したテスラも２００３年の創業である。やがて２０２１年に入ると、ゼネラルモーターズ（ＧＭ）やフォードといった大企業が異例の声明を発表し、内燃機関時代が終わりに近づきつつあるという期待を抱かせた。1月にはＧＭが、２０４０年までにカーボンニュートラルを実現する計画の一環として、ガソリン車を段階的に廃止し、２０３５年までに排気ガスゼロの車両販売のみに移行すると述べた。その翌月にはフォード社が、２０３０年までに同社の乗用車をすべて完全電化すると発表した。そして5月には、アメリカで最も売れているガソリン動力のピックアップトラックＦ－１５０を完全電化した、Ｆ－１５０ライトニングを公開した。

そのほか、フォルクスワーゲン社はそれ以前に、２０３０年までに全モデルの電化を公約している。ボルボ社も、２０２０年代が終わるまでに電気自動車のみの生産に移行する計画を立てている。

　電気自動車は自動車産業の中で最も急成長している分野だが、２０２１年現在、電気自動車が世界の市場に占める割合はわずか3パーセントに過ぎない。電気自動車の普及が進まない最大の要因は、バッテリーの性能にある。バッテリーには、充電にかかる時間、走行距離、寿命、原材料コストなどの問題がある。ガソリン車と同等の価格の電気自動車を実現するには、これらの問題を克服するしかない。

　このバッテリーの開発を加速するため、ＡＩが幅広く活用されている。活用範囲は、コンデンサ、バッテリー材料、陽極、陰極、電解液の開発など多岐にわたる。[23] 中でもＡＩは、バッテリー性能の解析スピードを劇的に向上させている。例えばＩＢＭリサーチは、充電時間が短く、ニッケルやコバルトなどの重金属を使用しないバッテリー開発にＡＩを活用している。これらの重金属は高価で、リサイクルが難しい上に、それらが採掘される場所で人権問題も発生している。そのため別の材料を使用することが検討されているのだが、候補となる化合物は2万種類もある。それを従来の方法で選別していたら、5年もの歳月がかかる。だが機械学習システムは、わずか9日でこの作業を終えた。[24]

　現在開発中のバッテリーは、これまでバッテリー内で組み合わされることのなかった3つの材料を使っており、調達に問題のある重金属などの物質を一切使用していない。実際、この材料は海水から抽出でき、現在の材料調達方法よりも環境へのダメージが少ない調達技術の土台となる可能性を秘めている。[25] 世界中が壊滅的な気候変動を防ごうと奮闘している状況では、こうしたスピードやイノベーションが欠かせない。

ＩＢＭはさらに、バッテリー性能の向上を目指し、ＩＤＥＡに基づく戦略が持つ重要な特徴を採用した。開発業者と業界をつなぐエコシステムの下地をつくり、テクノロジーの飛躍的発展をもたらす可能性を高めたのである。ＩＢＭはこの分野の探求のため、メルセデス・ベンツＲ＆Ｄノースアメリカ社、バッテリー電解液の世界的なサプライヤーであるセントラル・グラス社、バッテリーメーカーのサイダス社と協力関係を結んでいる。その目的は、「優れた性能のバッテリーを製品化するためのエコシステムを構築する」ことにあるという。[26]

また、スタンフォード大学、マサチューセッツ工科大学、トヨタ・リサーチ・インスティテュートの合同研究者チームは、バッテリーの評価にかかる時間を98パーセント削減する機械学習アプローチを開発している。[27] このチームを指揮するコンピューター科学の助教授ステファノ・アーモンは言う。「バッテリーの検査では、条件が変われば性能が大幅に変化することもあるから、かなりの数の実験を行なわなければならない。そこにＡＩを使えば、最も有望なアプローチを速やかに特定できるので、不必要な実験をたくさんしなくてすむ」

このチームの目標は、バッテリーの充電時間を10分に短縮しつつ、バッテリー寿命の最大化を図ることだという。従来の試行錯誤的な方法では、バッテリーの内容変更が寿命にどう影響するのかを示すデータを集めるのに、数カ月あるいは数年単位の時間がかかる。だがこのチームのＡＩは、わずか数回充電サイクルを繰り返すだけで、それをもとにバッテリーがどう反応するかを予測できる。チームはその情報をもとに充電サイクル寿命を予測し、それをデータ効率のいいベイジアン最適化アルゴリズムに送り、次の充電プロトコルの検証に移る。こうして以前の経験からの学習を重ねたＡＩは、やがて充電の高速化および寿命の最大化という観点からどの充電方法が最適なのかを予測できるようになった。従来のアプローチでは、５００日にわたり充電と放電を繰り返す必要があったが、このチームのアルゴリズムはわずか16日で、２２４の候補の中から最適な充電プロトコルを特定したのである。[28]

このチームはまた、バッテリー研究のエコシステムをさらに広げるため、データすべてを公開し、ほかの研究者が機械学習アルゴリズムの訓練に利用できるようにしている。アメリカ・エネルギー省の管轄のもと、理学・工学分野を中心とする多分野研究を推進するアルゴンヌ国立研究所も、このエコシステムのさらなる活性化を望んでいる。[29]そのため、さまざまな研究機関や企業に、シカゴ大学が開発したデータ・ステーションというプラットフォームを通じて手持ちのデータを共有するよう呼びかけている。

独自のプライバシー保護機械学習（ＰＰＭＬ）アーキテクチャを使ったこのプラットフォームは、データの「中立地帯」を提供する。つまり、そこではデータは共有されるが、内容は隠されている。[30]利用者は元のデータセットを見ることも、アクセスすることも、ダウンロードすることもできない。だが、利用可能なデータのカタログだけは見られ、収集されたデータに問い合わせを行なうことはできる。例えば、特定の化合物がバッテリーの寿命を延ばすのに効果があるか、と尋ねたとする。するとデータ・ステーションは、自動的に適切なデータを見つけ、それを組み合わせたり、それを使ってＡＩを訓練したりしながら、もとになる生データを開示することなく利用者に回答を返すのである。

第４章で取り上げたＭＥＬＬＯＤＤＹプロジェクトも、ＡＩや連合学習を駆使して、本来なら競合関係にある製薬会社が協力して創薬プロセスのスピードアップを図っている。持続可能性の分野でもそれと同じような取り組みができれば、脱炭素化された未来の実現に大いに役立つに違いない。

人間を解放して得意なことをさせる

サンフランシスコのベイエリアに拠点を置くある新興バイオテクノロジー企業は、旱魃《かんばつ》からの作物保護、昆虫に媒介される病気の根絶、プラスチックごみの削減など、世界最大の環境問題に対する革新的なソリューションを模索している。ソフトウェア、ＡＩ、ロボット工学、先進的な遺伝子工学技術を使い、化学物質の生産を最適化したり新たな化合物を生成したりする人工微生物の開発を進めているのだ。これまで遺伝子操作された微生物を使ったアプローチは環境を害する石油関連製品に対処するものが多かったが、この研究では環境へのダメージが少ない生物ベースのソリューションを探っている。

このバイオテクノロジー企業は、独自のシミュレーション・ソフトウェアを使い、デジタルで分子の特性を予測する。それをもとに、候補となる分子を迅速に試作して能力を評価し、最終的に問題に対処するのに最も適した分子を選ぶ。最適な生体分子が特定されたら、それを生成できる微生物を同社の科学者がデザインする。

科学者が微生物を最適化する際には一般的に、既存の科学文献、これまでの経験、直感を頼りに仮説を立て、実験をデザインし、手作業で試験を行なう。このアプローチは、まったくの当てずっぽうというわけではないが、科学者の「類まれな才能」と若干の運に大きく依存しており、限られた数の実験しか生み出せない。それに、手作業で試験を行なえば、高い価値を持つ高学歴の従業員に、大抵はさほど価値のない作業をさせることになる。

そのため同社では、科学者が具体的な実験を提案するのではなく、広く適用可能な効果的な変更点を見つける戦略をデザインするようにしている。例えば、あるプロジェクトでは、科学者が持てる専門性を活用して、利用可能な戦略の中から１つを選び、試験を行なうべき大量の変更点を自動生成する。第３章でも述べたように、人間の本質に迫る革新的な専門性とは、専門化のレベルをどんどん高めていくのではなく、ＡＩと協力して自分の知識や経験から最大の力を引き出す。このバイオテクノロジー企業でも同じように、科学者は必然的に数が限られる実験を苦労してデザインするのではなく、もっと上の戦略レベルで専門性を活用して、これまでよりはるかに多くの有望な実験をＡＩに生み出させる。そうすれば、昔ながらの仮説アプローチより包括的な実験も、ＡＩを利用した総当たりアプローチより的を絞った実験も可能になる。

　同社はこれまでに３つの製品を発表している。そのうちの２つは、害虫からの作物保護に直接対処する製品である。報告によれば、３つの製品はいずれもかつて使用されたことのないまったく新しい分子だという。これは、環境に配慮した代替製品ではなく、斬新なバイオ製品をつくるという同社の目的に合致している。地球にとって利益になるのは、環境への害を減らすだけでなく、持続可能性の問題にも直接対処できる新世代のバイオ製品なのかもしれない。

　さらに、日本の製鋼メーカーＪＦＥホールディングスのマシン教育の事例を見てみよう。鉄鋼・セメント・ガラスなどの重工業製品を製造する世界的な大企業の１つであるＪＦＥホールディングスは２０２０年、『ウォール・ストリート・ジャーナル』紙が選ぶ環境リスク対策の優良企業リストの上位に名を連ねた[31]。ＡＩを使って生産を監視し、システムの停止や欠陥品の生産を回避しているだけでなく[32]、ＡＩを搭載したシステムやアプリケーションを駆使して、より幅広くエネルギーを節約し、二酸化炭素の排出量を削減しているのである。

　同社は、２０３０年までに製鋼作業から排出される二酸化炭素の量を２０１３年のレベルから30パーセント以上削減する目標を設定しており、２０５０年までにカーボンニュートラルを目指すという。これは、日本政府が設定した目標と同じである。[33]

ＪＦＥは、ＡＩや機械学習を企業全体へ普及させようとドットデータを採用している。これは、データサイエンスのライフサイクル全体を自動化するＡＩ機械学習プラットフォームである。[34]このドットデータを利用すれば、数カ月どころか数日で機械学習プロジェクトを完了できる。だがそれ以上に重要なのは、ドットデータによりデータサイエンスが民主化されることだ。事業分析担当者は、プログラミングのスキルがなくても、事業に関する深い知識に基づいてＡＩ機械学習プロジェクトを実行し、機械学習をマシン教育に変えることができる。その上、ＡＩの透明性や説明能力も高まる。各機能に関する「人間にも理解できる」説明や、各機能を生み出すのに利用される論理を視覚的に示した見取り図を自動的に生成してくれるのだ。

良心的な衣料生産

世界第2位の衣料品小売業者であるＨ＆Ｍによれば、ファッション業界は水資源をこの上なく大量に消費・汚染する産業だという。実際、１枚のＴシャツを生産するのに２７００リットルもの水を消費する。[35]繊維製品の染色や仕上げは、世界の浄水の水質汚染原因のおよそ20パーセントを占めると推計されている。また、合成繊維の洗浄により生まれるマイクロプラスチックは、環境に放出されるマイクロプラスチックの35パーセントを占める。さらに、衣服や履物の生産により排出される温室効果ガスは、世界の排出量の10パーセントを占める。

低価格で新たなスタイルを持続的に提供するファストファッションは、生産・廃棄される衣服の量を大幅に増やしてきた。その結果、今では平均的な消費者が購入する衣服は15年前に比べて60パーセントも増加しており、衣服の80パーセント以上が埋め立て地や焼却炉行きとなる。[36]しかも、こうした生産が行なわれているのは大抵、環境規制が不十分で、賃金が低く、児童労働などの人権問題がある国である。

そのため、誰もが知る有名ブランドから革新的なスタートアップ企業まで、多くの組織や企業が、サプライチェーンの追跡可能性の向上、環境に優しい繊維の活用、リサイクルの推進、賢明な土地活用、水資源管理の徹底などを通じて、これらの数値を改善していこうと努力している。

例えば、ファッションブランドのステラマッカートニーは、グーグル・クラウドとの協力のもと、データ解析や機械学習を利用して、サプライチェーンを原料生産レベルまで包括的に監視するツールを開発した。[37]そしてこのツールを使い、まずは綿の監視を行なっている。綿は、衣服の生産に使われる繊維の25パーセントを占め、生産過程で莫大な量の水や殺虫剤を使用する。また、ビスコースの監視も進めている。ビスコースは木材パルプに由来する半合成素材で、森林破壊と関係がある。ステラマッカートニーは、ほかのファッションブランドや専門家、非政府組織、業界団体と協力して、業界全体が自由に利用できるツールをつくりたいと考えている。大気汚染、温室効果ガスの排出、土地利用、水不足などの重要分野に原料生産が及ぼす影響を計測できるツールである。

一方、世界最大の衣料品小売業者ＺＡＲＡの親会社であるインディテックスは、同社のデジタル業務すべてを統合運営する独自のテクノロジープラットフォームを開発している。このプラットフォームは、特定のビジネスニーズに合わせてプロジェクトをカスタマイズできるマイクロサービス・アーキテクチャを採用しており、柔軟性にも拡張性にも富んでいる。また、機械学習を利用して最適な在庫レベルを判断するとともに、マサチューセッツ工科大学が開発した解析エンジンにより新製品の販売量を推測する。これらの機能のいずれもが、環境に害を及ぼす過剰生産防止に役立つ。こうして、これまでよりはるかに正確な需要予測が可能になったため、今ではＺＡＲＡの生産の85パーセントがシーズン中になされている[38]。

２０２１年１月に設立されたオンライン・スタートアップ企業のフィネスも、従来のファストファッション事業モデルを覆そうと、無駄な過剰生産の削減に取り組んでいる。これまでのファストファッション・ブランドは、どんな製品をつくるのかをデザインチームが決め、その製品をどれだけ生産するのかを買い手が決めていた。だがフィネス社は、ソーシャルメディアを活用した独創的な取り組みを始めている。独自のアルゴリズムを備え、時系列解析と自然言語処理、コンピュータービジョンを組み合わせた機械学習システムを使ってインターネット空間を捜索し、Ｚ世代（１９９７年以降に生まれた世代）のファッショントレンドに関する手がかりを探すのである。創業者のラミン・アーマリは言う。「ファッションが生まれる場所は、ニューヨークやパリのファッションショーの舞台からソーシャルメディアに移っている」[39]

ソーシャルメディアでトレンドが検出されると、３種類の試作品をつくってウェブサイトに投稿し、消費者に好きな試作品に投票してもらう。その投票で１位になった試作品が製品化される。最終的なデザインを決定する際にも、物理的なサンプルを会社と工場との間で行き来させるのではなく、３Ｄによる仮想プロトタイピングを利用する。また、それをどれだけ製造すればいいのかも、データをもとに判断する。これらのプロセスによってリードタイムは５カ月からわずか25日に短縮され[40]、同社はこれまでより無駄を減らしつつ、はるかに速いペースでファストファッションを提供することが可能になった。

H&Mの増幅知能

Ｈ＆Ｍも、徹底的に持続可能性を重視する姿勢を顧客にアピールしているようだ。アプリを見ると、この産業の欠点を認めているばかりか、至るところで持続可能性を前面に押し出し、オーガニックコットン、パイナップルの葉の繊維、リサイクルのポリエステル、ポリ乳酸繊維など、環境に優しい素材を使った製品を紹介している。オンラインでＨ＆Ｍ製品をクリックすると、製品に使われている素材、生産にかかわった国、提携しているサプライヤーや工場（の住所）、リサイクル方法に関する情報を確認できる。また、店舗でこのアプリを開いて製品タグをスキャンすると、持続可能性に関する情報をオンラインで提供してくれる。同社はまた、顧客のいらなくなった衣服や家庭用繊維製品を、どんなブランドでもどんな状態でも回収し、リユースやリサイクルにまわしている。

だが、持続可能性への決意を最も力強く示しているのは、２０２０年にヘレナ・ヘルマーソンを新たなＣＥＯに任命したことかもしれない。２０１０年から２０１４年まで、同社の持続可能性担当責任者を務めていた人物である。彼女がＣＥＯに就任すると、同社は早速、２０２５年までにリサイクル素材の利用率を30パーセントにまで増やし、事業により排出される温室効果ガスを20パーセント削減すると発表した。さらには、１６００以上の一次工場、３００近い二次サプライヤーから成るサプライチェーンの追跡可能性を高めるため、試験的にブロックチェーン・テクノロジーを導入した。

今では、使用される素材の65パーセント以上がリサイクルか、持続可能性の高い素材であり、綿に至っては、オーガニックか、リサイクルか、持続可能性の高い方法で調達されたものが１００パーセントを占める。同社はまた、無駄をなるべく出さない衣服のデザインを目指し、３Ｄツールの利用を拡大している。

Ｈ＆Ｍは、ＡＩや機械学習を導入するのが比較的に遅かった。最初の概念実証プロジェクトを実施したのが２０１６年である。それでもこれらのテクノロジーは瞬く間に、同社の持続可能性への取り組みに欠かせないものになった。実際２０１８年には、経営判断の持続可能性を高めることを目的に、ＡＩ部門を創設している。同社で先進的解析およびＡＩのグローバル責任者を務めるアルティ・ゼイアミによれば、ＡＩは、資源を効率的に活用し、温室効果ガスの排出量や無駄を削減するための手段だという。ただし、そのＡＩは人工知能《アーティフィシャルインテリジェンス》の略ではなく、「増幅知能《アンプリファイドインテリジェンス》」の略だと述べ、ＡＩは人間に依存してこそ能力を十分に発揮できると強調している。「ＡＩと人間、直感とデータ、芸術と科学を組み合わせたときに初めて、最高の力を発揮できる」[41]。

だからこそゼイアミは、利用者の関与なしにユースケースを開発するのではなく、ビジネスにテクノロジーを適用するプロセスに利用者を介在させている。アルゴリズムだけでは人間よりわずか数ポイント成績がいいだけだが、人間と組み合わせると、アルゴリズムだけの場合より成果が2倍も上がることを知っているからだ[42]。

同社はさらに、人間の本質に迫る革新的なテクノロジーが持つほかの側面も採用している。まずは、流行予測や物流など、全社的に展開できる分野の部品ライブラリをつくり、ＡＩや機械学習を民主化している。また、北欧神話の聖なる木にちなんでイグドラシルという新たなデータプラットフォームを構築し、社内のどのチームでも会社の中央データ資産を自由に活用できるようにしている[43]。それだけではない。予測モデリング機能の柔軟性を高めるため、使い勝手の悪いレガシーシステムからのデジタル・デカップリングを行ない、Microsoft Azureが提供するクラウドに新システムを移行した。そしてさらに、トレッドラー社が開発した同名のプラットフォームを通じて、業界エコシステムの構築を推進している。

これは、ほかの企業にＨ＆Ｍ社のグローバルなサプライチェーンへのアクセス権を与えるだけでなく、ほかの企業の製品開発をも支援するプラットフォームである。トレッドラーの最高経営責任者グスタフ・アスプは、この製品の目的をこう語っている。「取引先のニーズに応え、Ｈ＆Ｍグループの長期的成長の促進に貢献しつつ、この産業の改革を推進することで、同グループが行なっている広範な投資や持続可能性への進歩的な取り組みの成果を最大限に引き出す[44]」

環境を害するＡＩを環境に優しいＡＩに

ＡＩは間違いなく、世界が共同で気候変動に対処するための（唯一のとは言わないまでも）武器の１つになるだろう。だが、先進的なＡＩソフトウェアが、解決しようとしている環境問題をさらに悪化させる場合もある。

というのは、ＡＩソフトウェアの開発に大量のエネルギーが必要になるからだ。アクセンチュアでは、公開されているアヤメ属の花の小規模データセットを使い、ＡＩモデルを訓練する実験を行なった。するとそのＡＩモデルは、わずか９６４ジュールのエネルギーで、アヤメ属のさまざまな種の花を、96・17パーセントの精度で分類できるようになった。だが、そこからさらに精度を１・74ポイント上げるのに、２８１５ジュールものエネルギーが必要だった。これはつまり、最後の０・08パーセント精度を上げるのに使ったエネルギーは、96・17パーセントの精度を達成するために使ったエネルギーより、およそ４００パーセントも多かったということだ。

　また、中規模サイズの公開データセットを使った別の実験もある。それによれば、そこから抽出した70パーセント量の少ない訓練データでも、全データを使った場合とほぼ同じレベルの精度を達成できた上に、必要なエネルギーも著しく少なくてすんだ。すべてのデータを使って訓練した場合、少ない量のデータで訓練した場合に比べて消費エネルギーが47パーセント多かったのに、精度の上昇率は１パーセントにも満たなかったのだ。さらに、ＡＩソフトウェアが大規模で扱いにくいものになればなるほど、それを運用するのに必要なエネルギー量が増え、カーボンフットプリントも増えることがわかった。

　そのため、アレン人工知能研究所の最高責任者オーレン・エッツィオーニを中心とする研究者チームは、極めて影響力のある研究報告書のなかで「グリーンＡＩ」への転換を提案している。グリーンＡＩとは、環境に優しい包摂的なＡＩを指す。[45]

　持続可能性の高いソフトウェア開発を推進するため、アクセンチュア、ソフトウェア会社のギットハブ、マイクロソフト、テクノロジー企業のソートワークスは、リナックス財団やジョイント・デベロップメント財団の支援のもと、２０２１年初めにグリーン・ソフトウェア財団（ＧＳＦ）という非営利団体を設立した。ソフトウェア業界全体が協力すべきだという相互の願望やニーズから生まれたこの団体は、環境に優しいソフトウェアをつくるための人材や設備で構成され、標準化や実践を担う、信頼できるエコシステムの構築を目指している。その目的は、ソフトウェア業界がパリ協定の目標に従い、２０３０年までに温室効果ガスの排出を45パーセント削減するという情報通信テクノロジー分野の目標を達成できるよう支援することにある。

カナダのマクマスター大学研究チームの推計によれば、スマートフォンなどのデバイスが利用するデータセンターや通信ネットワークが２０４０年までに排出する温室効果ガスは、世界の温室効果ガス排出量の14パーセントに相当するという。[46]

エツィオーニらは、グリーンＡＩにより私たちは「認知機能的に妥当な方向」へ向かうことになると述べている。というのも、脳は極めてエネルギー効率がいいからだ。今では無数の企業や研究機関が「神経形態学的チップ」の開発に取り組んでいる。これは、脳を構成するニューロンの電気回路や電気的挙動を真似て設計されたコンピューターチップである。現代のコンピューターの大半は、フォン・ノイマン型アーキテクチャに基づいている。このアーキテクチャでは、中央処理装置とメモリーチップとの間をデータが直線的に行き来する。

一方、神経形態学的チップでは、脳と同じように一連の電気的刺激を通じてデータが行き来する。脳のシナプスは刺激が来ると学習した経験に基づいて結びつきを変えるが、それと同じようなニューラルネットワークをシリコンチップに組み込もうというのである。このチップは、脳と同じように極めてエネルギー効率がいい。従来のシリコンチップのようにニューロンが絶えず発火しているのではなく、スパイク信号を受け取ったときだけ活性化するからだ。[47]

　神経形態学的テクノロジーは、エッジでＡＩを必要とするビジネス課題の解決に役立つ。例えば、自動車の機敏な音声制御、非接触型インターフェースにおけるジェスチャー認識、支援ロボットが内蔵する知能などへの利用である。アクセンチュアは最近、顧客の自動車メーカーと協力して実験を行ない、神経形態学的プロセッサ上で稼働するスパイキングニューラルネットワークが、現在一般的に使われている組み込みＧＰＵアクセラレータに比べ、わずか１０００分の１ほどのエネルギーで、最大０・２秒速く単純な音声命令を認識できることを証明してみせた。つまり、これを利用すれば、駐車中の自動車など電力利用が制限されるエッジでも、真に知的で遅延の少ない対話を実現できるのだ。

　神経形態学的チップの開発が進む一方で、旧来のＣＰＵ（中央演算処理装置）を、エネルギー効率のいい最新アーキテクチャのチップに置き換える動きも有望視されている。新たなチップとされるのが、グラフィックス・プロセッシングユニット（ＧＰＵ）や、フィールドプログラマブル・ゲートアレイ（ＦＰＧＡ）である。[48]ＧＰＵは、ＣＰＵに勝るさまざまな利点がある。ＣＰＵでは、高容量のデータストリームを同時に処理するには限界がある。一方ＧＰＵは、集中的な処理を必要とするアプリケーション用に特化した、高速データストリーミングをサポートするメモリーアーキテクチャを備えているため、エネルギー効率がいい。また、もともとレンダリングなどのグラフィック用アプリケーション向けに設計されているため、幅広い並行処理もサポートしている。

ＦＰＧＡは、相互接続された再構成可能な論理ブロックで構成されており、やはりエネルギー効率が高い。このテクノロジーは、航空や防衛、自動車、家電など、幅広い産業で採用熱が高まっており、その市場は２０１９年から２０２４年までに８・６パーセントの複合年間成長率が見込まれている。[49]

そのほか、イギリスのスタートアップ企業グラフコアが、ＧＰＵよりもはるかにエネルギー効率のいいインテリジェンス・プロセッシングユニット（ＩＰＵ）を開発している。同社によれば、ＩＰＵはＧＰＵよりデータ処理速度が10〜50倍も速く、大量のエネルギーを節約できるという。[50]

そのＩＰＵの仕組みとはどんなものなのか？　ＩＰＵはデータ処理を高速化するため、メモリ処理を内蔵させ、チップ間を移動するデータ量を減らしている。その結果、ＧＰＵに比べてスループット（一定時間内に処理できるデータ量）がおよそ３００パーセント増え、待ち時間（データを処理するのにかかる時間）が20パーセント減少している。[51]

さらにＩＰＵでは、コンピューターの頭脳を人間の脳に似せる設計がなされている。ＧＰＵのような時間や負担がかかる数値演算をやめ、さほど正確な数学に基づかないスピーディな処理を採用しているのである。グーグルはこのＩＰＵにより、自社の自然言語処理（ＮＬＰ）モデル「ＢＥＲＴラージ」を36・3時間で訓練できた。これは、標準的なＧＰＵよりも25パーセント速い数字である。[52]

また、パブリッククラウドに移行して炭素排出量を減らす手もある。アクセンチュアの分析によれば、それで年間５９００万トンもの排出を削減できる。[53]これは、ＩＴによる総排出量の５・９パーセントに相当し、２２００万台の自動車を道路から排除するのと同等の効果がある。これほどの規模であれば、データを大量に消費する企業では特に、気候変動に関する義務を果たすのに大いに役立つに違いない。

クラウドを重視した持続可能な組織への旅路は、炭素排出に対する意識の高いプロバイダーを選ぶところから始まる。持続可能性に対する企業公約は、クラウドプロバイダーによってそれぞれ違いがあり、それによってデータセンターの計画・構築・電力供給・運営・廃棄の方法も変わる。例えば、ＡＷＳの巨大インフラは、アメリカの平均的な企業のデータセンターに比べ、３・６倍もエネルギー効率がいい。これは主に、エネルギー効率のいいサーバーの活用と高い設備稼働率による。[54]また、同社の水冷設備は水資源の利用効率を自発的に計測し、地域の気候パターンや資源状況に合わせてさまざまな保全オプションを採用する。[55]

また、グーグルは現在、脱炭素に向けてインテリジェント・コンピューティングプラットフォームを活用している。データセンターにおける不要不急の作業のタイミングを、低炭素エネルギー源が豊富にある時間帯に移行するプラットフォームである。同社は、２０３０年までにデータセンターの運営を完全カーボンフリーにするという野心的な公約を掲げている。さらに、２０１２年にカーボンニュートラルを実現したマイクロソフト社は、買電契約（ＰＰＡ）を通じて、２０２５年までにデータセンターの電源を１００パーセント再生可能エネルギーに移行すると表明している。同社のMicrosoft Azureには、企業がクラウドでの作業によりどれだけ炭素を排出しているのかを追跡できるカーボンカリキュレーター（炭素計算機）というサービスもある。[56]

パブリッククラウド・サービスを提供している大手プロバイダーをアクセンチュアが調査したところ、自社所有システムからクラウドへ移行すれば、平均して65パーセントものエネルギーを節約でき、84パーセントもの炭素を削減できる。[57]つまり企業は、クラウド型のアーキテクチャやサービスを利用することで、炭素削減を大幅に推進できる。さらに、アプリケーションをクラウド型にカスタマイズすれば、炭素排出量の削減率を98パーセントにまで高めることも可能だ。これもまた、グリーンＡＩが環境問題に対して極めて有望であることを証明している。

何よりも重要な差別化要因

気候変動による最悪の影響を食い止めるには、こうした形の大規模な協力や共同作業が必要だ。２０２１年８月、国連は地球の気候の未来に関する衝撃的な報告を発表した。[58] １万４０００件以上の調査に基づいて作成され、１９５の政府が承認したこの報告書は、こう結論している。あらゆる国がただちに炭素排出量削減への取り組みを始めたとしても、今後20年にわたり地球温暖化は激しさを増す一方だろう。はなはだしい酷暑、深刻な旱魃、異常気象や洪水、動植物の絶滅、世界中の漁場を支えてきたサンゴ礁の死滅はさらに強度も頻度も増していく、と。これは決して単なる憶測ではない。本書で紹介してきたテクノロジーの多く（クラウド／エッジ監視システムやＡＩモデリング）が、前例のないほど正確に、こうした未来を予測している。

気候変動の影響がさらに切迫感を増せば、地球上に暮らす数十億もの人々にとって、持続可能性はますます最優先すべき課題になる。これは企業から見れば、持続可能性が何よりも力強い差別化要因になる、ということだ。政府や政治家、官僚はいまだに、大抵は意味のない、願望交じりの目標を設定しているだけだが、企業は今すぐ、重要な影響を及ぼす具体的な行動をとることができる。電気自動車へと生産を移行している自動車メーカーがいい例だ。労働者、顧客、投資家はいずれも、この危機的状況をかつてないほど強く認識しており、持続可能性に優れた企業に魅力を感じる人々がかつてないほど増えている。

それに、持続可能性を高めれば、直接業績にも反映される。アクセンチュアの調査によると、持続可能性と業績とには強い相関関係がある。２０１３年から２０１９年までの間、環境・社会・ガバナンス（ＥＳＧ）に関する成績が一貫して良かった企業は、成績が悪かった企業より

４・７倍も高い営業利益を達成していた。また、ほかの同業他社より２・３倍も高い年間総株主利益を提供していた。これらＥＳＧスコアの高い企業は、グローバル市場が途方もない圧力にさらされて不安定化したときでも、比較的安定して優れた業績をあげ、ＥＳＧスコアの低い企業より６・３パーセント高い累積利益率を生み出している[(59)]。

　今後20年にわたり、どれほど事情に疎い人でも気候変動を無視できなくなるにつれ、持続可能性を重視する企業とそうでない企業との業績の差はますます広がっていくに違いない。その中で優位を維持していくためには、企業はただちに本章の冒頭で述べた二重の目標を採用する必要がある。持続可能性を促進する手段としてテクノロジーを利用しつつ、テクノロジー自体の持続可能性を向上させていくのである。企業が追い求める差別化要因にはさまざまあるが、その中でも持続可能性は、人間の本質に迫る革新的な成果を最も力強く推進するとともに、地球を守る最も人間的な手段を提供してくれることだろう。

【注】

（1）Karen Hao, "Training a Single AI Model Can Emit as Much Carbon as Five Cars in Their Lifetimes," *MIT Technology Review*, June 5, 2019, https://www.technologyreview.com/2019/06/06/239031/training-a-single-ai-model-can-emit-as-much-carbon-as-five-cars-in-their-lifetimes/.

（2）Sara Castellanos, "Climate Researchers Enlist Big Cloud Providers for Big Data Challenges," *Wall Street*

Journal, November 25, 2020, https://www.wsj.com/articles/climate-researchers-enlist-big-cloud-providers-for-big-data-challenges-11606300202.

(3) Castellanos, "Climate Researchers Enlist Big Cloud Providers for Big Data Challenges."

(4) Sarah Murray, "Finance Chiefs Face Pressure to Get to Grips with Sustainability," *Financial Times,* December 14, 2020, https://www.ft.com/content/65d1eb06-188a-41cc-ba28-94ff1581c2de.

(5) "Porsche, Audi and Volkswagen Use Artificial Intelligence to Minimize Sustainability Risks," Porsche, March 3, 2021, https://newsroom.porsche.com/en/2021/sustainability/porsche-audi-volkswagen-pilot-project-artificial-intelligence-minimisation-sustainability-risks-supply-chain-23801.html.

(6) "Cascading Commitments: Driving Ambitious Action through Supply Chain Engagement," CDP Supply Chain Report 2018/19, https://cdn.cdp.net/cdp-production/cms/reports/documents/000/004/072/original/CDP_Supply_Chain_Report_2019.pdf?1550490556.

(7) "Protecting Communities from Disease," World Mosquito Program, n.d., https://www.worldmosquitoprogram.org/.

(8) "Machine Learning Helps Communities Fight Disease Globally," Microsoft, n.d., https://www.microsoft.com/en-us/ai/ai-for-earth-world-mosquito-program.

(9) "Drive Faster Restoration for Environment and Community at Scale," Dendra Systems, n.d., https://www.dendra.io/solutions.

(10) "Progress Toward a Deforestation-Free Cocoa Supply Chain," Mars.com, n.d., https://www.mars.com/news-and-stories/articles/achieving-deforestation-free-cocoa-supply-chain.

(11) Rens Masselink, "From Millions of Satellite Images to Your Deforestation Alert—3 Most Frequent Questions," Satelligence, n.d., https://satelligence.com/news/2020/1/30/from-millions-of-satellite-images-to-your-deforestation-alert-answering-the-3-most-frequent-questions.

(12) Anna Gross, "High-Tech Tools Shine a Light on Sustainable Farming," *Financial Times*, September 23, 2020, https://www.ft.com/content/2b437c7f-cd38-48af-a263-bca08e281040.

(13) "Transforming Our World: The 2030 Agenda for Sustainable Development," United Nations, September 25, 2015, https://sdgs.un.org/2030agenda.

(14) "Virtual Singapore," Government of Singapore, February 20, 2021, https://www.nrf.gov.sg/programmes/virtual-singapore.

(15) Florence Verzelen, Peter Lacy, and Nigel Stacy, "Designing Disruption: The Critical Role of Virtual Twins in Accelerating Sustainability," Accenture, 2021, https://www.3ds.com/sites/default/files/2021-01/dassault-systemes-and-accenture-virtual-twin-and-sustainability.pdf.

(16) Verzelen et al., "Designing Disruption."

(17) Verzelen et al., "Designing Disruption."

(18) UNEP, "Energy Efficiency for Buildings, n.d., https://www.euenergycentre.org/images/unep%20info%20sheet%20-%20ee%20buildings.pdf.

(19) Raymond Deplazes, "Autodesk Collaborates with Volkswagen Group on Generative Design in Electric Showcase Vehicle," Autodesk, July 8, 2019, https://adsknews.autodesk.com/news/autodesk-volkswagen-generative-design-electric-showcase-vehicle.

(20) Ryan P. Smith, "What If Humans and Artificial Intelligence Teamed Up to Build Better Communities?" *Smithsonian Magazine*, April 21, 2021, https://www.smithsonianmag.com/smithsonian-institution/what-if-humans-and-artificial-intelligence-teamed-build-better-communities-180977541/.

(21) Smith, "What If Humans and Artificial Intelligence Teamed Up to Build Better Communities?"

(22) "Ambient Air Pollution," World Health Organization, n.d., https://www.who.int/teams/environment-climate-change-and-health/air-quality-and-health/ambient-air-pollution.

(23) Ziyi Luo, Xinyi Yang, Yingxue Wang, Weidi Liu, Siliang Liu, Yuankun Zhu, Zihan Huang, Hong Zhang, Shuming Dou, Jie Xu, et al., "A Survey of Artificial Intelligence Techniques Applied in Energy Storage Materials R&D," Frontiers in Energy Research, July 3, 2020, https://www.frontiersin.org/articles/10.3389/fenrg.2020.00116/full.

(24) Suzanne Oliver, "Electric-Car Batteries Get a Boost from Artificial Intelligence," *Wall Street Journal*, November 3, 2020, https://www.wsj.com/articles/electric-car-batteries-get-a-boost-from-artificial-intelligence-11604422792#:~:text=Working%20toward%20faster%2Dcharging%2C%20safer,materials%20and%20the%20testing%20process.

(25) Young-hye Na, "Free of Heavy Metals, New Battery Design Could Alleviate Environmental Concerns," IBM, December 18, 2019, https://www.ibm.com/blogs/research/2019/12/heavy-metal-free-battery/.

(26) Anders Quitzau, "IBM Research Is Reshaping the Scene of Sustainable Batteries," IBM, April 13, 2021, https://www.ibm.com/blogs/nordic-msp/ibm-research-reshaping-scene-of-sustainable-batteries/.

(27) Matthew Vollrath, "New Machine Learning Method from Stanford, with Toyota Researchers, Could Supercharge Battery Development for Electric Vehicles," Stanford University, February 19, 2020, https://news.stanford.edu/press-releases/2020/02/19/machine-learninging-electric-car/.

(28) Oliver, "Electric-Car Batteries Get a Boost from Artificial Intelligence."

(29) Daniel Oberhaus, "AI Is Throwing Battery Development into Overdrive," *Wired*, October 12, 2020, https://www.wired.com/story/ai-is-throwing-battery-development-into-overdrive/.

(30) "New Data Stations Project Creates Architecture, Marketplace for Sharing Data," University of Chicago, September 18, 2020, https://www.cs.uchicago.edu/news/article/data-stations/.

(31) Dieter Holger, "Best Companies at Managing Environmental Risk," *Wall Street Journal*, October 13, 2020, https://www.wsj.com/articles/best-companies-at-managing-environmental-risk-11602597898.

(32) Mikako Yokoyama, "AI Provides Spark of Hope for Japan's Steelmakers," *Mainichi Japan*, April 4, 2019, https://mainichi.jp/english/articles/20190404/p2a/00m/0bu/016000c.

(33) Karl Decena, "Japan's JFE Holdings Eyes 20% Emissions Cut for Steel Unit by FY'30—Reuters," https://www.spglobal.com/marketintelligence/en/news-insights/latest-news-headlines/japan-s-jfe-holdings-eyes-20-emissions-cut-for-steel-unit-by-fy-30-8211-reuters-60364059.

(34) Carl Bowen, "dotData Launches dotData Stream—Containerized AI Model for Real-Time Prediction," dotData, July 7, 2020, https://dotdata.com/dotdata-launches-dotdata-stream-containerized-ai-model-for-real-time-prediction/.

(35) "The Impact of Textile Production and Waste on the Environment (Infographic)," European Parliament, March 3, 2021, https://www.europarl.europa.eu/news/en/headlines/society/20201208STO93327/the-impact-of-textile-production-and-waste-on-the-environment-infographic. 後述の統計はこの文書を参考にした。

(36) Abigail Beall, "Why Clothes Are So Hard to Recycle," BBC, July 12, 2020, https://www.bbc.com/future/article/20200710-why-clothes-are-so-hard-to-recycle.

(37) Nick Martin, "Google's New Pilot Aiming to Measure the Environmental Impact of the Fashion Industry," Google, May 15, 2019, https://cloud.google.com/blog/topics/inside-google-cloud/googles-new-pilot-aiming-to-measure-the-environmental-impact-of-the-fashion-industry.

(38) Victor Gosselin, "How Can Zara Maintain Its Leadership in Fast Fashion Thanks to Artificial Intelligence?" Heuritech, December 15, 2020, https://www.heuritech.com/blog/company-analysis/zara-leadership-artificial-intelligence/.

(39) Brooke Roberts-Islam, "'Zara Meets Netflix'—The Fashion House Where AI Removes Designers and Overstock," *Forbes*, January 1, 2021, https://www.forbes.com/sites/brookerobertsislam/2021/01/27/zara-meets-netflix-the-fashion-house-where-ai-replaces-designers-eliminating-overstock/?sh=719acb8633ed.

(40) Roberts-Islam, "'Zara Meets Netflix.'"

（41）"Fashion Forecasting: Arti Zeighami on Implementing AI at H&M Group," Sloan Management Review podcast, November 10, 2020, https://sloanreview.mit.edu/audio/fashion-forecasting-arti-zeighami-on-implementing-ai-at-hm-group/.

（42）"Fashion Forecasting: Arti Zeighami on Implementing AI at H&M Group."

（43）Roberto Torres, "H&M Wants to Democratize AI with Reusable Components," CIO Dive, October 6, 2020, https://www.ciodive.com/news/HM-data-science-machine-learning/586516/.

（44）David Meyer, "H&M Made Its Former Sustainability Chief Its CEO. Now It Wants to Help Other Fashion Houses Become Sustainable—for a Fee," *Fortune*, March 4, 2020, https://fortune.com/2020/03/04/hennes-mauritz-sustainability-treadler-supply-chain/.

（45）Roy Schwartz, Jesse Dodge, Noah A. Smith, and Oren Etzioni, "Green AI," arXiv, July 2019, https://arxiv.org/pdf/1907.10597.pdf.

（46）Lotfi Belkhir, Ahmed Elmeligi, "Assessing ICT Global Emissions Footprint: Trends to 2040 and Recommendations," *Journal of Cleaner Production*, Vol. 177, March 10, 2018, pp. 448–463, https://www.doi:10.1016/j.jclepro.2017.12.239.

（47）Lee Gomes, "Neuromorphic Chips Are Destined for Deep Learning—or Obscurity Researchers," IEEE Spectrum, May 29, 2017, https://spectrum.ieee.org/semiconductors/design/neuromorphic-chips-are-destined-for-deep-learningor-obscurity.

（48）２０１９年、アイオワ州立大学とザイリンクス研究所が、ＣＰＵ、ＧＰＵ、ＦＰＧＡの画像処理カーネル（ぼかし、エンボス加工、シャープ化など、フォトショップのような効果をもたらすのに利用される小型基盤）におけるエネルギー効率を比較する実験を実施した。それにより、単純なものから複雑なものまで幅広いカーネルにおいて、ＧＰＵやＦＰＧＡのほうがＣＰＵよりエネルギー効率がいいことが明らかになったという。Murad Qasaimeh, Kristof Denolf, Jack Lo, Kees A. Vissers, Joseph Zambreno, and Phillip H. Jones,

"Comparing Energy Efficiency of CPU, GPU and FPGA Implementations for Vision Kernels," Iowa State University, 2019, https://lib.dr.iastate.edu/cgi/viewcontent.cgi?article=1219&context=ece_pubs.

(49) "Field Programmable Gate Array (FPGA) Market—Growth, Trends, And Forecast (2019–2024)," Industry Research, May 1, 2019, https://www.industryresearch.co/field-programmable-gate-array-fpga-market-14245063.

(50) The *Economist*, "The Cost of Training Machines Is Becoming a Problem," June 11, 2020, https://www.economist.com/technology-quarterly/2020/06/11/the-cost-of-training-machines-is-becoming-a-problem.

(51) George Leopold, "Microsoft Azure Adds Graphcore's IPU," HPCWire, November 15, 2019, https://www.hpcwire.com/2019/11/15/microsoft-azure-adds-graphcores-ipu/.

(52) Graphcore, https://www.graphcore.ai/.

(53) Peter Lacy, Paul Daugherty, Kishore Durg, and Pavel Ponomarev, "The Green behind the Cloud," Accenture, September 22, 2020, https://www.accenture.com/us-en/insights/strategy/green-behind-cloud?c=acn_glb_sustainabilitymediarelations_11307639&n=mrl_0920.

(54) "Reducing Carbon by Moving to AWS," Amazon, November 26, 2019, https://www.aboutamazon.com/news/sustainability/reducing-carbon-by-moving-to-aws.

(55) "Sustainability: Thinking Big," Amazon, September 2019, https://sustainability.aboutamazon.com/pdfBuilderDownload?name=sustainability-thinking-big-december-2019.

(56) Noelle Walsh, "Microsoft Sustainability Calculator Helps Enterprises Analyze the Carbon Emissions of Their IT Infrastructure," Microsoft, January 16, 2020, https://azure.microsoft.com/en-us/blog/microsoft-sustainability-calculator-helps-enterprises-analyze-the-carbon-emissions-of-their-it-infrastructure/.

(57) Lacy et al., "The Green behind the Cloud."

(58) Intergovernmental Panel on Climate Change, "Climate Change 2021: The Physical Science Basis," United Nations, August 7, 2021, https://www.ipcc.ch/report/ar6/wg1/downloads/report/IPCC_AR6_WGI_Full_

Report.pdf.

(59) Lacy et al., "The Green behind the Cloud."

結論——3つの事実と新たな機会

過去5年の間に、3つの紛れもない事実が明確になってきた。

(1) もはやすべての企業がテクノロジー企業である。

前著『人間＋マシン』を執筆したのは、この事実の兆しが見られ、ＡＩにより次から次へとビジネスプロセスが再構成され始めた頃だった。その中で筆者は、ＡＩに仕事を奪われるのではないかという不安、高性能マシンに対する従業員の困惑、機械学習とその実装に関する倫理的・技術的な複雑さとそれにまつわる懸念が広がる中、企業が分別を持って人間とマシンを結びつけ、新たな仕事や労働体験を生み出し、業績を大きく向上させていくためのロードマップを提示した。

それから数年の間に知的テクノロジーは、さまざまな主要企業に新たな生命を吹き込む原動力となった。今ではどこにでも見られるこれらのテクノロジーは、ビジネスプロセスを再構成しているだけではない。新たな価値の源泉を切り開き、新たなビジネスモデルや業務モデルを支え、ビジネスや社会にかかわる極めて対応の難しい課題への取り組みを支援するなど、企業経営者にとってもはやテクノロジーと戦略は切っても切れない関係にある。その活用を、プロセスから製品へ、アルゴリズムからアーキテクチャへ、システムからプラットフォームへ、戦略から持続可能性へとますます広げていくことが、業種を問わずあらゆる企業の新たな現実となっている。

(2) テクノロジーを駆使すれば、企業は前例のないスピードでイノベーションや変化を生み出せる。

パンデミック以前から多くの企業がデジタル能力の格差拡大に直面してデジタルトランスフォーメーション計画を推進してきたが、その後のパンデミックによりこの計画は大幅に加速された。先進的な企業は核となるデジタルシステムの構築を重点的に進め、企業のさまざまな部門のデジタルトランスフォーメーションを図ると同時に、知的テクノロジーの需要に合わせて迅速に人材の再配置を進めた。こうして、数年はかかると予測されていた大幅な転換が、わずか数カ月で行なわれた。

業界の垣根を越えた取り組み、サプライチェーンのローカル化、大規模な仮想化など、いずれもが絶えず急速に変化する顧客の期待を背景に推進された。どこの企業も、自分たちでさえ思ってもみなかったほどの速さで転換を果たし、すでに獲得していると誤解していた適応性や機敏性、イノベーション能力を実際に手に入れた。パンデミックはまた、眠れる巨人を起こす役割も果たした。かつての後進企業が同業他社を追い抜いて躍進し、あっという間に平凡な業績から脱け出したのだ。

もちろん、変化のペースが加速しているというのは、どの時代のビジネスでも言われていたことだが、今回は大きな違いがある。状況を一変させる可能性のあるテクノロジーが、これまでよりも速いペースで次から次へと現れているだけではない。今では多くの企業が、かつては想像もできなかったほど速く変化を起こせることに気づいている。

１９５４年に陸上選手のロジャー・バニスターが１マイル〔およそ１・６キロメートル〕を４分未満で走りきるまで、そんな記録は達成不可能だと誰もが思っていた[1]。ところが、バニスターがこの大記録を打ち立てた46日後、別の選手がまた４分の壁を破った。その1年後には、同じレースで３人の選手が４分の壁を破った。それ以来、これまでに１０００人以上の選手がこの偉業を成し遂げている（その中には高校生も11人いる）。

これと同じことが、過去2年の間にビジネスの世界でも起きている。電撃的な速さでデジタルトランスフォーメーションを実現した多くの企業が、スピードに関する新たな基準を打ち立てた。それにより、他の企業もこれからは自社も同じことを達成できると考えるようになる。これを踏まえて、先に述べた言葉はこう言い換えたほうがいいかもしれない。今や変化のペースは2倍に加速している、と。

(3) 人間とテクノロジーの関係では、人間のほうが優勢である。

ＩＤＥＡＳフレームワークは、さまざまな要素で構成される全社的なデジタルトランスフォーメーションへの新たなアプローチを提供する。このアプローチは大きな差別化要因になる。というのは、それが技術的な限界を押し広げるからだけではない。際立って人間的な性質をもたらすことになるからだ。人間の考え方や感じ方によく似た人工知能（ＡＩ）を採用すれば、説明能力や透明性が高まり、マシンに対する抵抗感が和らぐ。スモールデータ（何も存在しないところからデータを生成する場合も含む）を新たに利用すれば、資金やコンピューティングパワーの不足によりこれまでＡＩを利用できなかった企業や研究機関でもＡＩを利用できるようになり、ＡＩが民主化される。クラウドも同様にビッグデータを民主化する。

また、機械学習に人間の職業的・社会的・個人的経験を活かせば、テクノロジーがより人間中心的で利用しやすいものになる。さらに、人間の本質に迫る革新的なテクノロジーは、人材・信頼・体験・持続可能性といった差別化要因を、新たなレベルの独自性へと高めてくれる。

これら3つの事実の中でも、第三の事実はおそらく最も理解されていない。本書を執筆した理由はそこにある。その事実がもたらす影響は、まだ現れ始めたばかりだ。人間のスキルや体験は（ある意味では人間性も）、新たなテクノロジーとともに進化する。そのためテクノロジーやデザインは、そんな人間にさらに適応させていく必要がある。こうしてテクノロジーが人間に適応していけば、それに合わせて個人や集団の能力や考え方はさらに進化する。実際、これまでも人間と道具はそのように共生してきた。現代がこれまでと違うのは、それがはるかに速いペース、はるかに幅広い範囲で起きているということだ。

総合すれば、これら3つの事実と最近の歴史を通じて、私たちは新たな転換点を迎えている。私たちは今、かつて誰も経験したことのない世界的なビジネス情勢に直面している。だが、人間の本質に迫る革新的なテクノロジーや、驚異的なスピードで変化を起こせる能力を手に入れた今、従来のビジネスの制約を乗り越え、どんなアイデアでも実現できるようになった。しかしその一方で、再発明の旅路はまだ始まったばかりだ。どの業界もまだ、これからどうすべきかを模索している段階にある。これは、私たちの未来を一から能動的に築きあげるまたとない機会である。今なら、望ましい価値観を決定的な形で事業化し、早急に行動して事態を改善できる。

テクノロジーにとっても人間にとっても正念場となるこの時代には、人材、データ、アーキテクチャ、戦略など、あらゆるものを再考できる新たな能力を十分に備えた企業が業績を向上させるとともに、誰にとっても望ましい未来を切り開いていくことになる。

これほど重大な問題はない。また、これほど絶好の機会もない。自然に近い人工知能、扱いやすいスモールデータ、マシン教育、リビングシステム、信頼のおけるＡＩ、人材の才能開花など、本書で紹介してきた数々の現象により、テクノロジーは目に見えて人間化している。こうした人間とテクノロジーとの新たな関係が発展していくにつれ、私たち人間は、自分たち自身がどうすれば本当の意味で人間的になれるのかという考察をますます深めていくことになるだろう。その考察を深めた先に、人間の本質に関わる未来への希望が生まれるのかもしれない。

【注】

（1）Bill Taylor, “What Breaking the 4-Minute Mile Taught Us about the Limits of Conventional Thinking,” *Harvard Business Review*, March 9, 2018, https://hbr.org/2018/03/what-breaking-the-4-minute-mile-taught-us-about-the-limits-of-conventional-thinking.

追記――人間の本質に迫る革新的な未来に向けたスキルを万人に提供するために

前著『人間＋マシン』では、その売上を、ＡＩ時代の成功に必要なスキルの育成を支援する組織に寄付することを公約していた。本書の売上に貢献してくれた世界中の読者のおかげで、筆者は実際にさまざまな組織の活動に有意義な影響を及ぼすことができた。こうした組織の中には、ローンチコード（テクノロジー関連の仕事を求める労働者に就労のための訓練や実習を斡旋するアメリカの非営利団体）、イーストロンドン・ビジネス・アライアンス（略称ＥＬＢＡ。公共セクター、民間セクター、ボランティア団体を結びつけてイーストロンドン周辺に好ましい変化をもたらそうと、社会的流動性やコミュニティの福利に関する問題に取り組むイギリスの慈善団体）、クルス・ロハ（弱者の支援・社会的包摂・健康・教育・雇用の問題に取り組む国際赤十字のスペイン支部）、ニュー・プロフィット（社会起業家により社会起業家のために設立されたアメリカのベンチャー慈善団体。Ｘプライズ財団の「迅速なスキル再教育」コンテストやマサチューセッツ工科大学の「アメリカ雇用経路再考」コンテストを支援している）などがある。

そこで本書の出版に際しても、この公約を続けることにしたい。今回は、本書の売上から得られた印税を、サポートが必要なキャリア半ばの労働者を対象とする教育・訓練プログラムの資金として寄付する。人間の本質に迫る革新的な未来が目前に迫る中、こうした労働者が新たなスキルを磨いて成功を手に入れることを願っている。

謝辞

本書の核となるアイデアについて議論を始めたのは、２０１８年暮れのことだった。当時は、ビジネス関係者やテクノロジー関係者に向けた前著『HUMAN＋MACHINE　人間＋マシン——ＡＩ時代の８つの融合スキル』に関する講演のため、世界中を駆けまわっていた。前著ではＡＩについて、誰もが聞き慣れていた内容とは異なる考え方を提示した。人間とＡＩシステムとの競争ではなく、両者の協働を訴えたのだ。このときには、企業の経営者、起業家、テクノロジーの専門家などが、ＡＩを好意的に捉える筆者の新たな見解を採用・敷衍《ふえん》し、積極的に実践してくれた。また、人間とマシンの協働が現実となり、企業にも幅広い社会にも価値を生み出しているという筆者の主張を、多くのエコノミストや研究者が吟味し、正当性を立証し、さらに発展させてくれた。

　本書を執筆しなければならないという切迫感は、こうした状況から生まれた。『人間＋マシン』の内容は、現実世界の証拠により立証された。新たなテクノロジーの飛躍的な進歩により、期待と同時に新たな問題や懸念が生まれた。ビジネスのデジタル化により、新たな勝者と敗者が現れつつあった。だが、世界的なパンデミックが起き、これらのルールが書き換えられた。

またしても人間的な体験や能力が前面に押し出されてきた。この急速に変化する環境で成功を収めるためのガイドを提供するのが、筆者の研究や本書の目的である。

本書の出版にあたっては、多くの人々が（たいていはスマートマシンの支援を受けながら）多大な貢献をしてくれた。この場を借りて、その人たちに感謝の言葉を伝えたい。なかでもブルース・タッカーとは、このプロジェクトの最初からずっと協力関係にあった。筆者がこれまでに出会った中でも最高の編集者であり、最も優れた創造的精神の持ち主でもある。これほどの知見と洗練された編集能力を備えた人物と仕事ができてよかった。

また、優れた才能に恵まれた人たちが、本書の土台となった世界的な調査プログラムに貢献してくれた。バスカー・ゴーシュとフランシス・ヒンターマンは、これらの調査プログラムを指揮し、重要な場面で調査員にアドバイスをしてくれた。ラムナス・ヴェンカタラマン、アダム・バーデン、アネット・リッパート、カレン・ボベア、ポール・バルバガッロ、ジャスティン・ハージグ、レジーナ・マルーカ、プラシャント・シュクラは、テクノロジーの進化に関する筆者の考え方に深い影響を及ぼしてくれた。カーティック・ナレーン、スルヤ・ムカジー、エイミー・セイグ、ケイト・グリーン、シャラブ・クマー＝シン、ダグ・チャンドラー、ガーギ・チャクラバーティ、デイヴ・ライト、タイス・デブレアは、クラウドコンピューティングについて詳しい情報を提供してくれた。ケリー・モナハン、レイラ・ヨセフ、ガブリエラ・バーラクーは、クリスティ・スミスと緊密に連携して、人材や人間の可能性に関する筆者の考え方を発展させてくれた。クリスティは、協力者として優れた才能を発揮し、人材に関する筆者２人の議論を一段上のレベルにまで高めてくれた。エリン・シュックは、人間とテクノロジーとの関係について多くのアイデアを引き出してくれた。

本書を執筆する過程で筆者の考え方に影響を及ぼした先見の明のある先駆者たちの名前も、ここに挙げておきたい。リストがやや長くなるが、ダグラス・ホフスタッター、カイフ・リー、アルバート・ボーグマン、ヒューバート・ドレイファス、ダニエラ・ルス、トム・マローン、ケン・ゴールドバーグ、ロドニー・ブルックス、ジュリー・シャー、フェイフェイ・リ、ゲイリー・マーカス、ジェフ・ヒントン、エリック・ブリニョルフソン、Ｃ・Ｋ・プラハラード、ショシャナ・ズボフ、エヴァン・セリンジャー、ダグラス・エンゲルバート、キャシー・バクスター、ブラッド・スミス、アンドリュー・ングといった方々である。

必要なときに有益な意見や関連する研究成果を提供してくれた、テクノロジーや戦略、ＡＩの専門家の方々、中でも、シェイル・ジェイン、サンジェイ・ポダー、プラヴィーン・タングトゥリ、ラム・ラマリンガム、マルク・カレル＝ビリヤール、アンディ・ファノ、マイケル・ビルツ、エディ・ライオンゴサーリにも謝意を述べたい。また、マーク・グッドマンとポール・ヌネスは、初期の草稿について綿密な査読を行ない、実用的なコメントを提供してくれた。マサチューセッツ工科大学やそのデジタル経済イニシアチブ（ＩＤＥ）で一緒に作業をした多くの研究員にも感謝している。

さらに、本書の執筆をサポートしてくれたアクセンチュアのＣＥＯジュリー・スウィートにも、深い感謝の意を表明したい。ジュリーは、企業の目的はテクノロジーと人間の知恵とを駆使してあらゆる利害関係者に全方位的な価値を提供することだと考えているが、そのような考え方は本書の内容にふさわしく、多大な刺激や影響を与えてくれた。

数多くの同僚たちも、ケーススタディの分析や各章の修正、グローバル企業との連絡や本書の研究開発チーム内のコミュニケーション支援に尽力してくれた。チェイス・ダヴェンポートは、筆者と協力して最初期のケーススタディを行なうなど、このプロジェクト全体を通じて重要なときにはいつも手を貸してくれた。ミッキー・バッツは、本書の重要部分に優れた見識をもたらすとともに、図版を精緻なものに仕上げてくれた。エド・メイニー、ミシェル・ウッドワード、スワティ・サーは、原稿全体に散らばる何十もの企業事例の確認・調査・修正プロセスを指揮してくれた。執筆のペースを維持するのを支援してくれたジェン・サリヴァンにも礼を述べたい。

ジェフ・キーホーなど、ハーバード・ビジネス・レビュー・プレスのチームとまた仕事ができたのもうれしかった。本書が発売される際に、ジル・トーテンバーグやキャロリン・モナコなど、同社のチームの方々と引き続き仕事ができるのを楽しみにしている。

また、人間の本質に迫る革新的な取り組みを促すアクセンチュアを信頼してくれた、数多くの先駆的な顧客企業にも感謝の意を表したい。これらの顧客企業のおかげで、本書のアイデアを調査するだけでなく、その指針を実際に適用して結果を確認することができた。

最後に、個人的な内容になるが、筆者２人を支えてくれた家族や友人に感謝の気持ちを伝えておきたい。

まずはポールから。妻のベスには深く感謝している。夜も週末も含め、このプロジェクトに費やした数えきれないほどの時間にわたり、辛抱強さを発揮してくれた。そして何よりも、さまざまな話し合いや議論の相手になって、人間の本質に迫る私の活力をさらに高めてくれた。

次いでジムから。家族のスーザン、ベンジャミン、ブルックに心からの謝意を述べたい。私を大いに励まし、支えてくれた３人である。また、過去18カ月にわたり健全な陽気さや人間的なつながりをたっぷりと提供してくれた３人の友人にも感謝したい。セールスフォースのビル・コールマンとドン・サルヴッチ、ロボット会社キャンバス・コンストラクションのアラン・フィーダーマンである。

――ポール・ドーアティ＆ジム・ウィルソン

監修者紹介

保科学世　Gakuse Hoshina

アクセンチュア ビジネス コンサルティング本部
AIグループ日本統括　AIセンター長
アクセンチュア・イノベーション・ハブ東京共同統括

慶應義塾大学大学院理工学研究科博士課程修了。博士（理学）。アクセンチュアにてAI・アナリティクス部門の日本統括、およびデジタル変革の知見や技術を結集した拠点「アクセンチュア・イノベーション・ハブ東京」の共同統括を務める。AI HUBプラットフォームや、業務領域ごとに体系化したAIサービス群「AI POWEREDサービス」などの開発を手がけるとともに、アナリティクスやAI技術を活用した業務改革を数多く実現。『データドリブン経営改革』（日本経済新聞出版）、『責任あるAI――「AI倫理」戦略ハンドブック』（共著、東洋経済新報社）、『アクセンチュアのプロが教えるAI時代の実践データアナリティクス』（共著、日本経済新聞出版）、『日経ムック AIフロンティア』（監修、日本経済新聞出版社）、『HUMAN＋MACHINE　人間＋マシン――AI時代の8つの融合スキル』（監修、東洋経済新報社）、『データサイエンス超入門――ビジネスで役立つ「統計学」の本当の活かし方』（共著、日経BP社）、『アクセンチュアのプロフェッショナルが教えるデータ・アナリティクス実践講座』（監修、翔泳社）など著書・監修書多数。厚生労働省保健医療分野AI開発加速コンソーシアム構成員など、中央省庁にて各種委員を歴任。一般社団法人サーキュラーエコノミー推進機構理事。

訳者紹介

山田美明　Yoshiaki Yamada

英語・フランス語翻訳家

東京外国語大学英米語学科中退。訳書に『つくられた格差――不公平税制が生んだ所得の不平等』『アスペルガー医師とナチス――発達障害の一つの起源』『24歳の僕が、オバマ大統領のスピーチライターに?!』（以上、光文社）、『スティグリッツ PROGRESSIVE CAPITALISM』『ファンタジーランド――狂気と幻想のアメリカ500年史（上、下）』（共訳）（以上、東洋経済新報社）、『喰い尽くされるアフリカ――欧米の資源略奪システムを中国が乗っ取る日』（集英社）など多数。

H・ジェームズ（ジム）・ウィルソン　H. James (Jim) Wilson
アクセンチュア
グローバル・マネジング・ディレクター
ソートリーダーシップ&テクノロジーリサーチ

アクセンチュアのITおよびビジネスリサーチ部門で、テクノロジーが労働やイノベーション、業績に及ぼす影響に関する調査プログラムを指揮している。共著者として上梓した『HUMAN＋MACHINE　人間＋マシン――AI時代の8つの融合スキル』のほか、テクノロジーが労働や社会にもたらす影響について数多くの書籍や記事を執筆しており、近著には『ハーバード・ビジネス・レビュー BEST10論文――世界の経営者が愛読する』（ハーバード・ビジネス・レビュー編集部編、DIAMONDハーバード・ビジネス・レビュー編集部訳、ダイヤモンド社）、『How AI Is Transforming the Organization（AIはいかに組織を変えるか）』、『Artificial Intelligence: The Insights You Need from HBR（人工知能――『ハーバード・ビジネス・レビュー』誌から得られる必要な知見）』がある。

『ハーバード・ビジネス・レビュー』誌や『MITスローン・マネジメント・レビュー』誌に頻繁に寄稿しており、これらの記事により、経営思想家ランキングの「Thinkers50」の最終候補に名を連ねたこともある。『ニューヨーカー』誌、『エコノミスト』誌、『フィナンシャル・タイムズ』紙、『ウォール・ストリート・ジャーナル』紙など、さまざまな出版物の特集記事にも登場している。

また、基調講演を行なったり、テクノロジー関連会議のパネリストを務めたりする機会も多く、世界的なテクノロジー企業のネットワークであるコデックスにより、世界のトップイノベーター50人に選ばれた。さらに、教育にも熱心に取り組み、マサチューセッツ工科大学やニューヨーク大学、カリフォルニア大学ロサンゼルス校などで、AIをはじめとする新興テクノロジーに関するゲスト講師を務めている。マウンテンバイクとトライアスロンをこよなく愛する。家族とサンフランシスコのベイエリアに在住。

著者紹介

ポール・R・ドーアティ　Paul R. Daugherty

アクセンチュア
テクノロジー担当
グループ最高責任者 兼 最高技術責任者（CTO）

テクノロジーのイノベーションがビジネスや社会の未来にもたらす影響を研究する第一人者。アクセンチュアでは、テクノロジー事業全般を指揮しているほか、テクノロジー戦略の策定、テクノロジーの研究開発やベンチャー事業、エコシステム関係の管理を担当。また、クラウド、人工知能、ブロックチェーンなど、最新テクノロジーに関するアクセンチュアの事業の創設者として、世界のトップ企業や主要テクノロジー企業を相手に、テクノロジーを利用して企業の未来をいかに再考・再創造していけばいいのかをアドバイスしている。

共著者として、AIビジネスの管理戦略を解説してベストセラーとなった『HUMAN＋MACHINE　人間＋マシン――AI時代の8つの融合スキル』を出版。また、イノベーションの未来やそれがビジネスや社会にもたらす影響について、講演活動や執筆活動を行なっており、ブルームバーグ・テレビジョンやフォックス・ビジネス、CNBCなどさまざまなメディアにも定期的に出演している。人工知能など、21世紀の革新的テクノロジーの開発や利用に倫理的原則の導入を促すこうした取り組みが認められ、FASPE倫理的リーダーシップ賞を受賞した。

さらに、職場のジェンダー平等を熱心に推進し、STEM関連の職場の包摂性や多様性を高める取り組みに出資しているほか、コンピューター科学分野での女性の地位向上を支援する非営利団体ガールズ・フー・コードの理事も務めている。これらの活動により、女性リーダーシップ協会から「オナラブル・ガイ（尊敬に値する男）」に認定されるとともに、職場の多様性や、テクノロジーなどのSTEM分野における女性の地位向上をサポートした功績により、「ガイズ・フー・ゲット・イット（話のわかる男性）」賞を受賞した。アクセンチュアが、世界中の学生にコンピューター科学教育を提供する非営利団体Code.orgと提携する際にも、そのスポンサーとなっている。そのほか、ITコンサルティング企業のアバナード、コンピューター歴史博物館、ミシガン大学のコンピューター科学・工学プログラムの役員を務めている。妻とニュージャージー州メイプルウッドに在住。

RADICALLY HUMAN　ラディカリー・ヒューマン

人間の本質に迫る、革新的AI活用のアプローチ

2022年10月13日発行

著　者――ポール・R・ドーアティ／H・ジェームズ・ウィルソン
監修者――保科学世
訳　者――山田美明
発行者――駒橋憲一
発行所――東洋経済新報社
〒103-8345　東京都中央区日本橋本石町1-2-1
電話＝東洋経済コールセンター　03(6386)1040
https://toyokeizai.net/

カバーデザイン…………橋爪朋世
本文デザイン・DTP……アイランドコレクション
印　刷…………………図書印刷
編集担当………………藤安美奈子
Printed in Japan　　ISBN 978-4-492-76262-2